Reflection on the Environmentally Friendly Rising of Revolutionary Jiangxi Province

红色江西
绿色崛起的思考

刘善庆 等著

经济管理出版社
ECONOMY & MANAGEMENT PUBLISHING HOUSE

图书在版编目（CIP）数据

红色江西绿色崛起的思考/刘善庆等著. —北京：经济管理出版社，2015.8
ISBN 978-7-5096-3874-3

Ⅰ. ①红… Ⅱ. ①刘… Ⅲ. ①产业经济—经济发展—研究—江西省 Ⅳ. ①F127.56

中国版本图书馆 CIP 数据核字（2015）第 159438 号

组稿编辑：丁慧敏
责任编辑：张　艳　丁慧敏
责任印制：司东翔
责任校对：车立佳

出版发行：经济管理出版社
（北京市海淀区北蜂窝 8 号中雅大厦 A 座 11 层　100038）
网　　址：www. E-mp. com. cn
电　　话：（010）51915602
印　　刷：北京九州迅驰传媒文化有限公司
经　　销：新华书店
开　　本：720mm×1000mm/16
印　　张：16.5
字　　数：296 千字
版　　次：2015 年 8 月第 1 版　2015 年 8 月第 1 次印刷
书　　号：ISBN 978-7-5096-3874-3
定　　价：49.00 元

目 录

第一篇

基于低碳经济和产业集群理念的鄱阳湖生态经济区小城镇发展研究

第一章
绪　论

第一节　中国城市化概述

一、城市化及其本质

“城市化”也叫“城镇化”，有学者认为其是指人口向城市或城市地带集中的现象或过程以及乡村自身的城市化。它包括同时发生的两个过程：一个是农业人口向非农产业转移，向城镇集中，城镇人口和城镇数量的逐渐增加；另一个是农村生产、生活质量的逐渐城市化。城市化不仅是农业人口转移为城镇人口，城镇在空间数量上的增多、规模的扩大、功能设施的逐步完善，而且是城市的经济关系、生活方式和价值观念广泛渗透到农村的过程。从这个层面理解，城市化主要是农村人口的非农化，与农业、农村、农民关系密切。换言之，城市化主要是处理农民、农业、农村“三农”问题，核心是农民问题，这是“三农”问题的本质以及城市化的实质。从社会经济学意义来说，其本质就是农民就业问题或者说农村人口的非农化（翁贞林、张爱萍，2003），目标是促进广大农民的自身发展和公平发展，实质在于承认和保障农村人口享受与城市人口同等的生存权和发展权。

非农化具体的实现形式需要根据不同地区发展的独特性判断进行恰当的选择。

从国内外发展的经验来看，非农化的实现通常包括以下几种形式：

一是通过大城市的工业化，走集聚型城市化道路。实现农村劳动力的转移就业、在城市中实现非农化。这是“人口异地城市化”模式，是城市化的传统路径，也是具有普遍意义的非农化实现形式。

二是由大城市或区域性中心城市的辐射扩张引起的人口小范围集中居住，人口转移主要表现为城乡一体化的自我吸收。这就是近来所讨论的“成都模式”或者“城乡一体化模式”，也是过去 10 多年来我国东部地区大城市扩张的普遍模式。

三是通过乡镇工业化，大力发展小城镇，带动农村剩余劳动力就近转移就业，可以称为“小城镇模式”，例如我国苏南地区的“苏南模式”和日本的小城镇发展等。这种模式往往需要一定的外部条件，要么整体经济发展水平高、民营经济活跃，要么区位条件优越、外来资本较多，大多发生于乡镇企业的发展和大型企业的带动。

四是通过农业产业化，提升农业生产效率和农民生活水平，在不转移就业的情况下实现“非农化”。德国的巴伐利亚“等值化试验”是这方面的成功典型。在农村通过土地整理和村庄改造，实现农业的产业化经营，并逐步消除农村与城市在生产效率和生活质量等方面的差异。

五是通过乡村产业由农业向服务业和制造业的转化，就地实现非农化。例如美国，在城市化高度发达的今天，仍有 21%的人口居住在农村，这些人口 58%的收入来源于乡村非农产业的发展，尤其是服务业。

因地制宜地选择非农化的实现形式，本质上是为有针对性地确定规划所要采取的城镇化战略。我国地域广阔，不同地区的发展条件和动力来源各异，各地的城镇化基础也并不相同，注定了传统的大城市集中型的城镇化道路并不适应我国的大部分地区。不同的非农化实现形式反映在空间上就表现为不同的城镇化道路，也决定了城乡基础设施、公共服务设施空间配置的方式不同（赵群毅，2010）。

二、中国城市化的意义

城市化（城镇化）水平是衡量一个国家发展程度的重要标志。世界各国现代化发展的历史表明，生产力越发达的国家，其城镇化水平越高，城镇人口的比重也就越大，这是向现代化社会迈进的必然趋势。

在中国，城市化是解决“三农”问题的根本出路，也是解决乡镇企业问题的重要条件；还是扩大国内市场需求的捷径，将为我国工业发展创造良好条件，带动第三产业发展，从而带动整个国民经济增长。因此，加快城市化进程是保证经济持续、快速、健康发展的必要条件，具有重大历史意义和现实价值。

自 18 世纪工业革命以来，世界逐渐进入人口城市化时期，工业化成为城市化最强劲的动力。迄今为止，人口城市化已从欧洲蔓延到世界各地，成为全球过程。继发达国家城市化之后，世界城市化发展的主流正在向发展中国家转移，大城市继续占据支配地位，城市间合作将跨越区域界限，在经济全球化的推动下，多极化、多层次的世界城市网络体系逐步形成，世界变成“地球村”，导致城市化进程空前加速，涌现出更多新城市。

诺贝尔经济学奖获得者、美国经济学家斯蒂格利茨（J. E. Stiglitz）认为，中国的城市化和美国的高科技发展是影响 21 世纪人类发展进程的两大关键因素。

三、中国城市化的发展模式及其特点

（一）中国城市化概况

新中国成立以来，中国城市化发展的进程受到中国经济社会结构、政治体制变迁、文化生活观念等极其深刻的影响。新中国成立初期，城市化进程缓慢，城市化率较低。1949 年城市化率只有 17.43%，到 1952 年城市化率反而下降到 14.42%。改革开放以来，城市化率由 1978 年的 15.82%提至 2006 年的 32.53%。按照国际通行标准，城市化率在 30%以下为初期发展阶段，30%~70%为中期加速阶段，70%以上为后期成熟发展阶段。按照这一标准，中国进入了城市化的中期加速发展阶段。

2008 年，世界城市化水平为 49.2%。其中，发达国家为 74.9%，最高的达到 100%，欠发达国家为 45.8%，中国为 40.5%，最不发达国家为 27.7%。

（二）中国城市化的发展模式、主要特征

中国的城市化发展基本上按“行政区经济”模式发展。在由计划经济向市场经济转轨的过程中，由于行政区划对区域经济的“规划约束”，城市化产生了一种特殊的经济现象，城市似乎是为了规划而非为了居住环境、产业和就业综合功能发展。

改革开放 30 多年来，中国整体进入转型社会。与此相适应，城市化发展模式也处于转型过程，其主要特征有：

第一，行政区经济受地方政府的经济职能和经济行为直接影响。

第二，行政区经济的行政中心与经济中心具有高度重合性。

第三，行政区经济具有边界特征和内在结构的相对稳定性。在具体表现形式上，我国行政区经济包括三个层面：省市区层次的经济区、地市层次的经济区和县市层次的经济区。

与世界城市化一般进程相比，中国城市化发展有其独特的特色。

特点一，中国城市化发展表现出爆发式和跳跃式的特点。世界城市化的发展

表现为一个循序渐进的过程，其特点可以概括为前后相继的两个层次：“集中化”和“分散化”。

“集中化”特点，即工业革命到 20 世纪 50 年代前后，其间经历了近 200 年的时间，完成了城市化的集中过程，表现为工业和城市人口渐进的、持续的和大规模的集中。城市数目逐渐增多，规模不断扩大，功能日趋完善，环境日益改善。

“分散化”特征显现在 20 世纪 60 年代以后，发达国家城市化表现出“市郊化”甚至“逆城市化”的动态。而中国的城市化发展虽然也有明显的阶段性，但阶段之间的发展没有一个渐进的过程，而是像“井喷”般的爆发式推进。1979~2000 年中国城市化水平的年均增长率为 0.81%，这个增长速度是 1949~1978 年城市化水平年均增长率 0.25%的 3.24 倍。其原因在于：一方面，长期的城乡二元分割，使得城市化发展停滞不前，加上一些特殊时期的反城市化政策，非但不能解决城市人口的聚集问题，反而使城市化问题积重难返。这样，进入改革开放时期，随着体制障碍的基本撤除和政策的松动，人口从农村向城市的流动以一种突然爆发的形式表现出来。所以，一旦放开闸门，农村人口流入城市的现象就会如山洪暴发，如迄今为止方兴未艾、蔚为壮观的“民工潮”现象，这在世界城市化历程上是极其罕见的。另一方面，随着中国改革开放的不断深入，社会经济进入了前所未有的持续、高速增长时期。伴随着工业化的进展和产业结构的调整升级以及城乡居民收入差距的扩大，城市化多年积蓄的矛盾和能量终于爆发，在较短的时间内推动着中国城市化进入加速发展的轨道。

特点二，目前中国城市化发展总体上出现的滞后性与局部上的过渡性并存。从世界各国城市化发展的经验来看，城市化水平与工业化水平及经济社会发展水平同步运行，说明城市化完全反映经济发展和社会进步的成果与要求，两者处于良性互动、正常状态。反之，城市化发展水平落后或者超前于工业化速度及经济社会发展程度，都会表现出异常。

在世界城市化进程中曾出现过两种异常情况：城市化滞后和城市化过度。城市化滞后或城市化不足，主要是指一个国家或地区在一定时期内城市化发展水平大大落后于工业化水平和经济发展水平。这种情况在发达国家和发展中国家都曾出现过。城市化过度，是指在一个国家或地区的城市化进程中，城市化速度大大超过工业化进度，造成城市化水平与经济社会发展水平的脱节。这种城市化不是由工业化推动的，而是由大量失去土地的乡村移民无序流动和人口的高度失业所造成的，是典型的超前城市化，或者称之为虚假城市化。

目前中国城市化发展中的一个特殊现象是集上述两种异常情况于一身。

从总体上看，中国城市化水平无论与我国工业化发展速度相比，还是与同期世界城市化水平相比都偏低，表现出城市化的滞后。

城市化滞后大大制约了经济发展、产业结构的调整升级和就业规模的扩大，成为当前解决农村失业问题的“瓶颈”。

中国城市化总体水平滞后，这是学术界的主流观点。然而，从局部看中国城市化发展中的过度性现象，至今没有引起人们的关注，经济学界在这方面的讨论也甚少。

所谓局部性的过度城市化，是指我国一些城市在农村流动人口大量涌入的情况下，城市里的人口急剧上升，超过城市经济发展需要和城市基础设施的承载能力，表现出城市化早熟和畸形发展的现象。这种情况被一些社会学家称为“城中村”现象，也被一些学者称为“隐性城市化”。在一些城市的城郊结合部或者繁华市区内，形成了聚集外来农民工进行生产、生活的特定区域。如北京的浙江村、安徽村、四川村，广州的石牌村、瑶台村、三元里村等。而“城中村”的异常畸形也是有目共睹的，“城中村”的规划、建设、管理极其混乱，外来人口膨胀，出租屋成为黄赌毒的温床，成为“超生游击队”的藏身之穴，成为制假贩假来源之地……这些和现代城市的生态、风貌与文明大相径庭。可见，中国城市中“城中村”形式的贫民区已初见端倪。产生原因是中国农村剩余劳动力向城市流动，采取的不是世界各国在城市化进程中普遍采取的劳动力和人口转移的方式，而是农民工流动的形式。

农民工作为“城中村”活动的主体，本身就带有边缘化的色彩，一方面，他们的社会身份是农民，但又长期生活在城市；另一方面，他们的职业身份是工人，但又不是城市居民。他们既不是传统意义上的农村人，也不是纯粹意义上的城市人，只有用“边缘人”这样的概念才能较为准确地表达出这个社会群体的基本特征。他们本人及其家属往往被排斥在城市主流社会之外，遭受各种歧视，生活在城市社会的最底层；他们怀着对未来的美好憧憬来到城市，但梦想又往往被现实碾得粉碎；他们的权益随时可能受到侵害，他们的子女不能正常入学，他们没有任何形式的保障，他们在城市社会找不到自己的位置，被封闭的城市体制抛向城市公共政策和城市管理的社会边缘。因此，这个社会群体越来越具有被边缘化的倾向，这种新的边缘化贫困群体正随着我国局部的过度城市化而膨胀，成为当前城市发展中最不稳定的因素（王朝明，2005）。

局部性的过度城市化是改革开放 30 多年来中国城市化实践的一个重大教训。它使中国走上了一条给未来积累巨大社会风险的城市化道路。它并不比拉美和印度以贫民窟方式为主的城市化道路优越。

如果不对这条道路进行调整，结果无疑会造成诸多社会不稳定因素。

除了局部地方的过度城市化外，中国城市化方面还存在以下亟待解决的矛盾：①宜居土地和水资源稀缺，人地矛盾尖锐；②能源存量结构失衡，建筑能耗增长过快；③机动化与城市化同步发生，城市蔓延趋势初显；④城市化推动力失调，污染排放失控；⑤自然和历史文化遗产遭到破坏，城市风貌类同；⑥城乡居民收入差距日益扩大，社会冲突增加；⑦城市区域化加速来临，城市间恶性竞争加剧。

我们在选择城市发展模式的过程中，始终存在着相互矛盾的地方，如果我们采取紧凑型的城市发展模式，将给后代留下大量良田、生态资源和土地；如果走美国式的发展模式，必须增加更多的高速公路、汽车和石油消耗，甚至低效率的农业，以至于不得不依赖进口食用油和粮食。

四、中国特色的城市化道路

大体而言，城市化的实现途径有两条：①增加城市的数量；②扩大现有城市规模，让人口无限制地增加。但是，中国的具体国情决定了中国城市化道路的特色。我国的城镇化要走城镇化速度和城镇就业机会创造能力、接纳迁移人口能力、公共服务提供能力相协调的道路。把全体人民共享改革开放和经济发展成果，促进经济社会全面协调可持续发展作为城镇化的核心目标，是中国特色城镇化道路的本质规定。

改革开放以后，中国选择了“小城镇，大战略”的城市化模式作为城乡社会转型的一种平滑过渡。

进入21世纪以来，在科学发展观的指导下。小城镇建设进入了新的发展阶段。2003年，中共十六届三中全会明确提出了“五个统筹”的战略思想，“统筹城乡”发展上升为国家战略，并首次明确提出了“建立有利于逐步改变城乡二元经济结构的体制”。在2004年中共十六届四中全会上，胡锦涛提出的“两个普遍性倾向”；从2005年中共十六届五中全会，“社会主义新农村”建设的提出，到2007年中共十七大“形成城乡经济社会发展一体化新格局”的明确提出，标志着国家在战略层面真正进入了推进城乡经济社会发展一体化的新阶段。如何实现一体化？答案是工业化和城镇化及其快速扩散。

从2003年提出“统筹城乡”开始，到2007年中共十七大明确提出“形成城乡经济社会发展一体化新格局”，标志着小城镇建设进入了一个新的阶段——国家战略主导下的“以城带乡”阶段，其核心目标导向就是“城乡经济社会发展一体化新格局”。

目前，我国城市化正处于城市化中级阶段的加速期，此时迫切需要工业化高速发展来带动城市化的加速。中国经济已经经历了20世纪90年代中期以来大规模基础设施建设的“投资拉动型”增长阶段，正进入消费升级的“需求拉动型”发展阶段，这需要千方百计增加农民收入来启动广大农村消费市场，同时要继续实行开放引资政策，促进制度和技术创新，实现产品的升级换代，以此保证经济持续快速的发展。近年来，中央根据国内外形势的最新变化，试图将城市化进程重点放在小城镇建设上，而不是让人口大规模涌入大城市。

重点建设小城镇的决策既是对过去城市化经验教训的总结，也是在世界性经济危机爆发后，出口导向战略面临重大困难时的现实选择。在扩大内需、保增长的背景下，小城镇建设成了新经济增长点的首选。在此情况下，不少地方政府也将地区内重点镇建设作为城市化建设的一个着力点。重点镇是县城的副中心，是城市化的第一站。有的地方政府对辖区内的重点镇建设提出的要求是，必须达到县城的标准。推进小城镇建设，推行撤村并乡等。

总体来看，各地重点镇的建设基本可以分为两类：一类是完全仿效城市建设，给重点镇大量财政投资，将其建设成小型城市；另一类则是一些带有民族、地区特色的特色镇建设。

第二节　国内外小城镇建设述评

一、国外小城镇建设经验教训述评

本节分三个部分，分别概述欧美发达国家、东亚（日韩）国家、拉美国家小城镇建设的做法，并对这些做法进行评述。

（一）欧美发达国家小城镇建设的主要做法

主要选取了美国、德国、英国、法国作为案例，分别介绍了四个国家在小城镇建设方面的一些做法。

1. 美国小城镇建设

美国小城镇建设的主要做法是建设“都市化村庄”。

（1）美国的小城镇建设。由于工业的发展，美国产业结构的转换出现以中心城市为轴心横向扩展，从而使其市区和郊区规模不断扩大。一些规模较大的城市超越原有的地域界线，向周边扩展，将周围地区纳入城市化轨道，并与中心城市紧密相连，融为一体，形成大都市。城市规模的急剧膨胀导致城市居住环境恶化。为了解决“大城市病”，缓解大城市的交通、人口、住房、环境恶化状况，美国在20世纪50年代提出了在郊区建设小城市的观点，促成中小城镇的发展。为规范小城镇建设，美国修改并实施了交通规划法，规定5万人以上的城市要做3C（综合、协调、连续）规划，经联邦审查批准后，照此施行者，由联邦补助成本的90%。此举大大推进了城乡道路的建设。1968年，美国国会通过《新城市开发法》，第一批批准建立63个新城市，其平均人口规模在2万人左右。此后，美国又实行了“示范城市”试验计划，实现分散型城市化。

上述举措导致美国居民居住空间急剧郊区化。根据美国人口统计，1950~1980年，郊区人口的增长率分别为：20世纪50年代为56.4%，20世纪60年代为37.7%，20世纪70年代为34.3%。从20世纪70年代开始，郊区城市与原有大中城市商业中心之间存在的土地差价，使许多大公司纷纷把自己的总部迁往郊区城市。随着郊区人口的增多，零售业、服务业、教育娱乐设施乃至很多公司、金融机构也纷纷出现在郊区。原来集中于中心城市的多种经济活动日益分散到郊区的各个中心点上。这样在郊区又形成功能较为完备的中心区。但是仍依赖于中心城市的信息和服务，与中心城市保持一定的联系。1985年，美国城市总面积中，道路占15%~25%，随着道路的修建，小城镇的基础设施建设也得到了加强，逐渐在原来的乡村建设起了新型城市，这些新城兼有城市和乡村的优点，被冠以“都市化村庄”的美称。据美国人口调查局的最新数据，2008年美国有八成以上的人住在城市，其中10万~20万人口的城市有131个，3万~10万的有878个，3万以下的小城市（镇）达34000多个。美国城市的规模以10万人以下的小城市（镇）居多，约占城市总数的99%左右。

就美国目前的城市化形态来看，与其说它是一个城市国家，不如说它是一个郊区国家。依托大城市的辐射影响，小而多的城市快速发展，逐步形成了密集的城市带（都市区）。从空间形态上看，这些城市带绵延数百公里，城市与边缘、城市与郊区甚至城市与乡村的差异已不明显，似乎处于完全开放的松散状态，人口因分布在若干小城市而相对分散。

（2）美国小城镇建设的基本经验。一些学者通过对美国小城镇建设的研究，认为以下经验富有启发意义。

第一，根据经济发展需要设市（镇）建市（镇），城市（镇）发展不受行政级别限制。根据经济发展需要设市，依据经济规模和城市竞争能力建市，而不是按行政级别来设定城市规模，是贯穿美国城市化进程的指导思想。在城市化发展理念上，美国的大小城市都是平等的，没有行政级别的高低，一个拥有几百万人口的大城市市长和一个只有几千人的小城市（镇）市长，在职级上是平等的，这种平等体现在政治法律地位和城市（镇）经营管理自主权等多个层面。

第二，城市（镇）化与资源开发和工业化相互促进、协调发展。正是工业化与城市（镇）化的同步发展、互相促进，大大推进了美国的经济发展和现代化进程。

第三，城市（镇）建设注重比较成本，城市（镇）发展立足竞争优势和特色。美国城市（镇）建设和发展十分重视城市（镇）富有竞争优势的强势产业和具有吸引力的亮点。由此，美国的城市（镇）风格各具特色，无一不是产业特色显耀、个性鲜明的功能城市（镇），具有较强的吸引力和辐射力（刘淼，2005）。

2. 德国城市化的经验与启示

德国是以中小城镇为主的城市化。在工业化之前，德国是个封建割据的国家，在各个狭小的诸侯领地上只能发展小规模的中心城市，统一后的德国采取平衡发展政策。这种政策在 20 世纪 90 年代德国统一后被贯彻得更加淋漓尽致。2001 年，德国的非农业就业人口高达 96%，城市化水平高达 95%以上。大多数人住在 2000 人至 20 万人的小城镇。

德国的小城镇战略促进了城市化的快速发展。德国在小城镇建设方面积累了丰富的经验，总结起来，主要如下：

（1）其城市化建设遵循“小的即是美的”原则。

（2）其产业政策的重点均以中小城市和小城镇为主，这些城镇虽然规模不大，但基础设施完善，城镇功能明确，经济异常发达。

（3）市政管理实行市政经理负责制。市政经理由市民聘任，统管城市管理中的日常事务。这种管理体制融服务、经营、收益于一体，把城镇资源的开发和经营作为市政管理的重要内容，围绕服务和开发来聘用管理人员，真正把“该管的事管好”。

（4）德国很重视城市规划工作。其指导思想是：城市不能太集中，大中小城镇合理发展，组成城市网，便于发挥辐射带动作用。对于人口密度少于 1000 人/平方公里的小城镇，政府应注重依托产业布局，促进城市化均衡发展。采取措施扶持其发展工业，使人口相应集中。德国南北各有特色，东西部的差距在逐步缩小。城镇的功能各有侧重，如鲁尔区城镇为能源钢铁型中心，亚琛为科技和新兴产业区。城市的规模注意与自然条件相协调，避免在不适于城市发展的地方扩展城市规模。通过规划，力求使城镇、工业、人口得到合理配置，大中小城镇在各自位置上发挥应有作用。

总之，德国的城市化是比较成功的。除汉堡等少数大城市外，大多数中小城镇规模适当，布局合理，较少受到“城市病”的干扰。农村剩余人口大多移入中小城镇，城乡差别进一步缩小。

3. 英国的小城镇建设

英国的小城镇建设经历了两个阶段：第一个阶段是工业革命前期；第二个阶段是“二战”之后。

第一个阶段处于工业革命前期，这个时期被称为“原始工业普遍发展”时期。16~17 世纪，从农业转移出来的大部分剩余劳动力在当地建立大量“茅屋工业”、“乡村工业”，从事纺织、编织、服装、酿酒、粮食加工、皮革制作、冶炼、采煤、制盐等各种工业活动。这一时期除种植业外，农村工业有了长足的发展和进步，农村产业结构发生了较大变化。原始工业的发展不仅解决了农村剩余劳动力就业问题，而且利用廉价、丰富的劳动力开发了当地自然资源，使得这些农业地区成长为连接农村和大城市的小城镇。此外，原始工业的出现在农村人口向城市流动过程中增加了一个“中转站”，分流了农村地区涌出的大量失业、半失业等剩余劳动力，从而缓解了大城市人口的就业压力，使得城市经济能够稳定发展，可谓一举多得，为工业革命做了先期准备工作，为城市化健康、稳定发展创造了条件（谷延方、黄秋迪，2003）。

英国小城镇建设的第二阶段发生在“二战”后。英国对国土进行了重新规划，兴建了一大批——被冠以“新城”雅号的新兴城市。这些新城的规划和设计深受霍华德花园城市思想的影响。走入新城，仿佛置身乡村。马路旁看不到高楼大厦，而是绿树成荫，丛林后才是一个个分散的住宅。住宅区有完善的城市设施，工厂区与住宅区相交错，中间有道路和绿带相隔，密度很小，环境良好。

英国小城镇建设的经验是统筹人与自然的关系，非常注重小城镇与所处自然环境的和谐统一。

4. 法国的“卫星城”

法国一直存在着各地区经济发展不平衡的问题。巴黎仅占法国总面积的 2%，却集中了全国 20%的人口。东北部仅占国土面积的 17%，却占全国总就业人口的 51%。为了改变这种平衡状况，1954 年起，法国开始“领土整治”，调整城市布局，限制大城市的发展，发展中小城市，建立协调的城市网络。

为此，法国采取了三方面的措施：

一是调整工业布局。国家禁止巴黎等大城市建立占地500平方米以上的工厂，通过补偿和优惠的办法鼓励巴黎和北部工业区企业迁入落后地区或就地办厂。

二是大力发展落后地区原有企业。兴建基础设施，加强对外交流；发展教育和农业技术培训，推动当地的农业现代化。

三是调整城市布局。在巴黎等大城市周围建设新型城市，引导人口外迁。仅1954~1962年巴黎等大城市就有300万人迁到其他地区，1968~1975年又有450万人迁出。其他一些大城市的人口也有所减少。中小城市和小城镇得到发展，城市结构和布局趋于合理。

法国最初建“卫星城”的目的是疏散大城市人口，改善环境状况，但卫星城建成后，都各自成了经济中心，并不依赖于母城。这里有方便的交通、完善的基础设施，居民既可以在此定居、工作，也可以到母城寻找工作。

在“卫星城”建设成功的基础上，为了使城市经济进一步均衡发展，并带动乡村经济，法国2000年的城市规划着重强调了两点：①继续坚持疏散政策，使大都市和中小城市、正在城市化的村镇地区形成一个城市网络，重点做好“两个疏散”和“两个发展”，即对过分拥挤和污染严重的第一产业、第二产业的疏散和科研、文化部门的“智力疏散”，以及大城市中心区的扬弃式改造和中小城镇的全面发展；②由国土区域经济发展评议会统抓那些未被充分利用的海岸的治理和保护工作，以充分挖掘其潜力。

（二）东亚（日韩）国家小城镇建设的主要做法

日韩的城市化被公认为是体面的城市化，但两者的具体做法又各具特色。

1. 日本小城镇建设

日本小城镇发展经历了由慢到快的发展过程，大致可以分成三个阶段。

第一阶段是小城镇缓慢发展时期。20世纪50年代后期至20世纪70年代中期是日本大城市发展时期，这个时期小城镇发展非常缓慢，甚至停滞、萎缩。

第二阶段是小城镇开始受到重视时期。20世纪70年代后期以来，日本政府开始注重小城镇的发展，采取了一系列措施促进小城镇发展，如国家出资建设村镇的公共服务设施（如学校、医院、图书馆、体育场馆等）及基础设施（如公路、道路、排水等）。

第三阶段是小城镇快速发展时期。20世纪90年代中期以来，随着经济结构的调整，日本的大城市发展呈现停滞趋势，而小城镇发展则十分迅速。小城镇作为一个地区经济的中心，对镇村经济辐射的功能与范围也不断扩大。

日本在小城镇建设中非常注意抓住自己的特色，发展优势产业。如日本东北部山形县小国町，现有 1.1 万人口，面积 738 平方公里，远离大城市，四周被群山包围，97%的土地都被林木覆盖。小国町政府依托当地资源优势，大力开发旅游资源，在小河、山沟边建起很多野营设施，吸引了很多大中城市居民来此度假，有力地带动了当地旅游产业的发展。

2. 韩国的“新村运动”

从 20 世纪 70 年开始，韩国政府开展了著名的“新村运动”，开创了农村向现代化推进的“韩国模式”。

“新村运动”是因韩国工农业发展严重失调而出现的。快速的工业化一方面导致农村人口大量无序迁移，带来了诸多城市问题和社会难题；另一方面，大量农村人口离开农村，从而使农村劳动力老龄化、弱质化，农业后继无人，加上农业机械化发展滞后，导致部分农村地区的农业濒临崩溃的边缘。为了解决上述问题，韩国开展了“新村运动”。

“新村运动”从农村发端，在农村广泛开展的同时逐渐进入城市社区。随着产业化的发展，在 20 世纪七八十年代，大批农民离开农村到城市就业、谋生，人口和产业向城市转移，城市社会文化走向繁荣。随着人口和产业转移，农村开展的“新村运动”逐渐向城市扩展，又为城市源源不断地输送了道德和文化素质较高的人才，一定程度上避免了农民进城就业引发过多的社会问题。通过“新村运动”，韩国农民整体脱贫，城乡差距缩小。1988 年，农村经济收入和生活水平已接近城市居民的生活水准（张秀凤，2009）。

韩国的“新村运动”既是农村城市化的动力，也是经济社会和谐发展的润滑剂。到 2000 年，韩国的城市化率达到 100%。韩国 2004 年网上公布的数据表明，全国共有人口 4800 多万，其中 89%以上居住在人口为 2 万以上的市、镇；居住在 8 个人口在 100 万以上大城市的人口总计有 2391 万人，相当于全国人口的 49%。

（三）拉美国家过度城市化

概括来讲，拉美城市化是以“贫民窟”为主的城市化，是简单模仿发达国家导致的过度城市化。

过度城市化是当前发展中国家城市化的突出现象。这种城市化不是建立在工农业充分发展的基础上，城市人口过度增长，城市却不能为其提供必要的就业机会和生活条件，从而导致一系列严重的“城市病”，并最终危害经济和社会的健康发展。拉美国家是过度城市化的典型代表，因而也被称为“拉美陷阱”。

1950~1980 年，拉美经历了一个城市化加速期，城市化率由 41.6%提高到 65.6%；100 万以上人口的大城市由 7 个增加到 48 个；有 10 多个国家的首都分别集中了全国人口的 40%~66%。墨西哥城的人口由 300 万人增加到 1500 万人，圣保罗由 250 万人增加到 1350 万人，里约热内卢由 290 万人增加到 1070 万人，布宜诺斯艾利斯由 530 万人增加到 1010 万人，都成为世界级超大城市。

一般认为，城市化率与工业化率（工业增加值占 GDP 的比重）的比值应该为 1.4~2.5。1999 年，拉美这一比值达到 2.5，远远高于世界平均水平（1.48）（苏振兴，2006）。拉美国家的城市化一开始就先于本国的工业化，其后城市化水平的发展速度更是远远超过本国工业化，并且超过了国家经济的承受能力。“二战”后，巴西、墨西哥、委内瑞拉、哥伦比亚和秘鲁这 5 个属于半工业经济类型的国家，工业吸收了经济自立人口的 13%，可是在其后 20 年里，这个比例没有发生大的变化，但同期城市化的进程却一跃再跃。“二战”前，城市化比率和工业化比率大致相等，都为 10%~15%；但到了 1960 年，工业化比率仍维持在 10%~15%，而城镇人口的比例却增至 30%~50%，远远超过了工业就业人口的比例（陈一筠，1986）。到 1995 年，拉美国家的城市人口比重更大，如委内瑞拉达到 92.8%，乌拉圭为 90.7%，阿根廷是 88.1%，智利为 83.9%，巴西为 78.2%，墨西哥为 75.3%（徐英，1997）。这些国家的城市人口比重几乎都超过了美国和其他发达国家，然而，这些国家的社会经济发展水平却比美国和其他发达国家低得多。

“拉美陷阱”的后果非常严重。由于城市工业无力承担如此快速的城市化带来的压力，从而导致城市人口严重超载，失业率居高不下；城市贫富悬殊，人口贫困向城市转移，城市被贫民窟包围；环境污染；治安混乱，社会失序，政局动荡；资源生态遭到严重破坏，形成了典型的“过度城市化”现象。

拉美国家过度城市化给我们的最大启示就是要坚持走城镇化道路，防止“过度城市化”、“大城市化”。我国是人口大国，搞“大城市化”、“超大城市化”既不现实，其后果也不堪设想（苏振兴，2006）。中小城镇是地方经济发展的产物，凡是偏远、落后地区，城镇发展也滞后。坚持城镇化道路就要求在加快地方经济发展的基础上努力推动中小城镇的发展。

二、国内兄弟省市小城镇建设述评

本部分主要是关于沿海省市小城镇建设的经验、教训总结，分别介绍了江苏、浙江、上海、广东小城镇建设的一些做法，并对其进行评述。

对沿海地区小城镇发展模式的研究由来已久。费孝通（2001）从经济角度总结出了苏南模式、温州模式和珠三角模式，认为苏南模式是政府主导的乡镇工业和集体经济发展模式；温州模式是以家庭、联户企业等民营企业为主体的发展模式；珠三角模式是借助与中国香港毗邻的地理优势发展外向型经济和政策支持的乡镇工业发展模式。在此基础上，又有学者提出了新苏南模式。宋言奇（2005）对新苏南模式的解读是以乡镇集体企业产权制度改革即建立现代企业制度为核心，引进外资，发展民资实现经济形式多元化。周德文等（2003）总结出了“以民引外，民外合璧”的开放接纳、借鉴融合、面向全球的新温州模式。据此，可以认为长三角、珠三角小城镇发展动力主要是外资、民资和集体经济，表现形式主要是乡村工业、乡镇企业、家族企业的快速发展。

（一）江苏小城镇建设的主要模式

江苏小城镇建设取得了许多经验，形成了多个模式。以下介绍江苏三个地区小城镇建设的主要做法。

1. 苏南模式及其成功转型

苏南以乡镇企业发展和改制为动力，带动城乡一体化，以工补农，以工建农，协调工农关系，促进第一产业、第二产业、第三产业的协调发展。苏南模式的小城镇发展路径是与当时我国的具体国情密切相关的。当初，我国生产力低、资本稀缺、户籍受限，但工业发展客观上又必须“聚集”，因此，造就了“离土不离乡”的小城镇化。

20 世纪末 21 世纪初开始，苏南模式因应新形势，城镇化进程发生了重大转折——小城镇经历大规模调整、撤并。整个苏南板块原来星罗棋布的建制镇数量急剧减少。许多小城镇因地理位置、经济实力和产业结构不同，或依托中心城市，或依托开发区，实施了“土地向规模经营集中、农民住宅向镇区集中、工业向园区集中”的城镇化战略；一些调整后的城镇和经济超强镇开始走上城镇现代化道路（王朝明，2005）。

2. 昆山模式

昆山模式是城园一体化的城镇化模式。具体手段是以开发区的建设来拓展城市发展空间。20 世纪 80 年代后期，昆山市开始兴办自费开发区，并很快获得了成功。由于选址紧挨老城区，工业项目和生活服务同步建设，很快形成了城市的新区和经济发展新的生长点。昆山的成功经验为江苏省城市化的发展产生了示范效应（张二震、方勇、马野青，2001），这种效应迅速扩展到全国其他地区。稍微不同的是，昆山工业模式被命名为“都市型工业”。

3. 常州嘉泽镇发展模式

常州嘉泽镇非常注重生态网络建设与都市农业发展，其发展模式的主要内容是生态网络与生态经济的一体化。

嘉泽镇距常州市区约 15 公里，自然生态条件优越。嘉泽镇所在的常州市，是中德两国政府“生态城市规划与管理”技术合作项目试点城市之一，以“加强生态城市战略，促进可持续的城市发展进程，使项目区的发展从社会上、经济上、生态上日趋平衡”为总体目标，开展了引入生态概念修编城市总体规划及相关规划等研究。在此基础上制定的常州市城市总体规划，划定了嘉泽镇行政管辖范围内包含湖水源涵养区和夏溪花木生态园两块常州市域景观生态斑块。此外，几乎在所有上位规划中，嘉泽均被作为“常州市后花园”、“全国花木之乡”等。

据此，嘉泽的经济、产业发展必须满足区域分工的要求，总体上保持生态化发展的方向。基于此，在 2008 年编制的嘉泽镇总体规划中，确定了以生态保护为基础，完善生态网络——花木产业为龙头，构建科技支撑体系实现产业化生产；一体化推进生态环境维育与生态经济发展的目标。通过镇域生态景观斑块及其功能布局、镇域生态链接的廊道设计、生态网络与镇域生态化产业格局的整体布局，有效地体现了该镇生态化农业产业的发展路径。

嘉泽镇生态化小城镇建设说明：生态网络与生态经济一体化的发展需要在遵从区域生态斑块、廊道的基础上构建城市生态安全格局，使国家生态安全体系在城镇范围内实现网络具体化。同时利用确立的城镇生态网络已具备的景观风貌、生态资源，寻找具有地域性、阶段性、易推广和多功能性特点的产业作为城镇生态经济发展方向（黄耀志、陆志刚、李清宇，2010）。

（二）浙江小城镇建设的主要特点

浙江城镇化的突出特点是“农村社区化、工业园区化、园区城市化”；小城镇发展快，数量多，但大中城市数量少，发展相对缓慢。

浙江小城镇不仅数量多，而且普遍规模偏小。建制镇中人口在 1 万以下的占 80%，0.5 万人口以下的建制镇占 53%。从小城镇布局来看，呈现分布过密、过散的特征。如杭嘉湖平原，宁绍平原城镇间平均间距只有 5~6 公里，而从温州龙湾地区状元镇到瑞安市城关镇 104 国道沿线不到 50 公里，就分布了近 20 个小城镇，平均间距只有 3 公里，有些镇如永中、永兴和沙城等基本上已连在了一起（宋炳坚，1999；黄祖辉、鲁柏祥，2000）。

（三）上海模式

上海模式可以简单地概括为“一城九镇”的发展模式。2001 年初，上海市政府颁发《关于上海市促进城镇发展的试点意见》，并根据批准的城市总体规划，提出改变上海中心城区无序蔓延扩张、郊区村镇自发分散布点的格局，构筑由“中心城—新城—中心镇——般集镇”组成，梯度辐射、层次分明、各具特色、功效互补的城镇体系。文件首次明确提出了“一城九镇”的规划概念，有序推进以“一城九镇”为典型的城镇建设试点，加快郊区的产业集聚，促进人口向城镇集中，产业向园区集中，土地向规模经营集中，建设和形成工业化、城市化、现代化的郊区城镇群和都市经济圈。

1. 成功经验

第一，非常重视试点镇的选择。选择依据是以综合条件评价为依据。具体把握三个原则：第一，交通区位的选择，这些试点镇基本都是位于《上海市城市总体规划》（1999~2020 年）确定的外环沿线附近，保证了它们与中心城区的便捷联系，为中心城区的人口疏散提供了可能。试点镇不仅要满足土地和人口的一定规模。还要注意试点镇在经济发展水平和产业发展方面的潜力，为将来的可持续发展提供保障。

第二，规划设计模式注重高标准、前瞻性。上海鼓励通过组织国内外优秀设计人才，开展特色风貌规划设计招投标，引入国际的先进设计理念，提高城镇规划的起点与水准。在国际招标方案中，要求综合考虑城镇的功能定位、城郊特点、产业特色、地貌特征、历史文脉等因素，借鉴国外特色风貌城镇建设的经验，引进国内外不同城市和地区的建筑风格，因地制宜地塑造“一城九镇”的特色风貌。

第三，综合开发模式以景观环境营造为先导。在“一城九镇”出台之初，10 个城镇就相继拟定了各自的“特色风貌”，以环境营造为开发建设的重点。其中 7 个城镇的“特色风貌”指向不同的西方国家和地区，其余 3 个城镇则根据各自的历史、地域、产业及环境特点拟定了“特色风貌”。

第四，运作方式注意政府主导与企业参与相结合。为确保“一城九镇”规划的顺利实施，上海市委、市政府及时制定了相关配套政策，并采取了一系列行之有效的运作措施与手段：

（1）加强领导，明确责任主体。市委、市政府成立“一城九镇”规划建设推进协调小组，负责相关政策的制定和重大问题的协调工作。

（2）研究提出了相应的配套政策。如规定“一城九镇”建设用地指标计划单列，以及建设用地“占一补二”、“延时平衡”等规定。

（3）将政府引导和市场运作有机结合起来，由各区、县成立城市投资开发公司，重点负责土地一级市场的开发，用活、用好土地资源，以此引导和带动信贷资金。在项目推介招商过程中，将公益性项目和非公益性项目捆绑招商和开发建设，促进了项目实施的良性循环。

2. 主要教训

第一，开发模式上的过度商业化。上海市建设“一城九镇”的过程，是我国城市化发展最快的时期，也是中国城乡差距不断拉大的时期，由于“城乡二元格局”的客观存在，“一城九镇”从规划到建设都受到体制的制约，从而打上了“重城轻农”的沉重烙印。最明显的就是，这场由政府主导、企业参与的小城镇试点尝试，在很大程度上成为了一场“高端房地产的角逐”，在环境品质不断改善的同时，新城建设与旧城改造的分离式做法，使这些小城镇也逐渐与试点初衷偏离方向。

第二，软环境与民生工程建设的配套相对落后。正是由于高端房地产的过度开发，导致了试点小城镇的物价和生活成本不断加大，将城市普通市民挡在了门外，同时原居民也逐渐被边缘化，城镇的人口集聚作用没有得到发挥。重视商业化的出发点也让参与建设的企业过于关注短期开发效益，而忽视民生工程的建设，大型商业超市、学校、公共交通等设施相对缺乏，出现了普通居民生活成本高、出行难等问题，新区呈现出“只见建筑不见人气”的空城化现象（曹春霞，2009）。

（四）珠三角城镇群的发展经验与启示

1. 珠三角城镇群的发展历程

需要说明，珠三角城镇群发展有两个先决条件：首先，地理空间上的相互邻近性（同属岭南地区）和社会文化上的同源同根性（岭南文化的根脉）。其次，珠三角城镇群发展不可忽视一个重要的外部关联，即其与中国香港、中国澳门尤其是与中国香港的联系。虽然“珠三角”的概念 1994 年才正式提出，但“珠三角”作为一个地理和文化概念存在性源远流长，作为城镇群的核心要义——城际联系和互动早已存在。

总体上看，珠三角城镇群联系要素不断丰富，从初期的基于河流等地理要素的有限联系，转向中期的基于商品贸易等要素的经济联系，到后期的基于社会、经济、文化等多层面的全方位、宽领域和多层次的广域联系。城镇群空间结构层面，先后经历了“无中心—单中心—双中心—多中心—多中心、多组团”等演进阶段。从城镇群外部联系发展历程看，与中国香港、中国澳门及海外经济联系日趋紧密，社会交往日趋频繁。

回顾珠三角的发展历程，比邻中国香港、中国澳门的地缘优势、改革开放的发展政策和求真务实的地方文化造就了这一地区 30 多年的经济崛起。区内各大、中城市和小城镇在经济上都实现了快速发展，不仅在广东和华南地区经济和社会发展中处于引领和主导地位，在全国区域经济格局中也占据重要地位。

在取得伟大发展成就的同时，珠三角各城镇在发展过程中也暴露出诸多问题，集中表现为以下几点：①发展模式粗放，知识与技术创新不够；②区域产业同构，恶性竞争激烈；③外向依赖度过高、地方发展自主性差；④社会问题突出等。

面临上述发展压力，党中央审时度势，于 2009 年 2 月及时出台了《珠江三角洲地区改革发展规划纲要（2008~2020 年）》（以下简称《纲要》），明确了珠三角未来发展的五大定位，即科学发展模式试验区、深化改革先行区、扩大开放的重要国际门户、世界先进制造业和现代服务业基地、全国重要的经济中心。为实现珠三角在新时期的振兴，促进珠三角各城镇协调发展，《纲要》明确提出了珠三角区域经济一体化发展战略，强调珠三角各市要打破行政体制障碍，遵循政府推动、市场主导，资源共享、优势互补，协调发展、互利共赢的原则，创新合作机制，优化资源配置。其实质是建立区域“利益命运共同体”，从而实现产品与生产要素优化配置、区域整体利益最大化和整体经济性。在推进珠三角区域经济一体化方面，重点采取了以下发展策略。

转变发展观念——从城市发展观转变为区域发展观。作为由不同等级、不同层次城镇构成的城镇群，各利益主体之间的利益协调成为发展的关键问题。过去珠三角发展趋向于各自为政，其结果是资源、能源的巨大浪费，各城市之间竞争远强于合作，内耗巨大。区域经济一体化的总体目标是整体利益最大化，要求各城镇按照自身条件和基础，发挥优势，规避劣势，建立与自身地方性相匹配的产业结构，实施错位发展、优势互补、产业联动。在经济和社会转型的背景下，珠三角各城镇力求通过产业转型大力发展装备制造业和现代服务业、产业结构不断优化和升级、主城区的“退二进三”、延长产业发展链条、加速产品结构的高端化、增强企业自主研发能力和科技创新能力、不断增加产业和产品发展的知识和技术含量、在保持出口的基础上提升内需对经济发展的贡献，从“制造大省”向“创造大省”转变，从而提升和增强珠三角的综合发展实力。

珠三角城镇群包含城镇众多，发展层次不一，整体范围内一体化的可操作性不强。依据地理邻近性、经济和社会联系强度的差异，珠三角城镇群被细分为广佛肇、深莞惠、珠江中三个亚圈，分别作为珠江口、珠江东岸和珠江西岸三大区域发展中心。其中，尤以“广佛同城化”作为珠三角经济一体化的典范。城镇群内部各城市在产业合作、商贸联系、人员往来、旅游发展、生态保护、环境治理、城市管理等方面进行密切合作，主导和引领珠三角未来经济发展。

2. 珠三角城镇群的发展启示

纵观珠三角城镇群的发展历程，可以得到三个方面的启示：

第一，城镇群内部各城市要采取差异化发展战略。区域经济一体化不是绝对意义上的同城化、均一化和扁平化，而是异中求同，求同存异。差异化战略的实质是错位竞争，区别发展，表现在城市基本职能、优势产业、分工合作、产品生产、高端服务、品牌营销等方面的差异化，其结果是各城市之间分工明确、优势互补、主业突出，形成互利互惠和多赢的良好发展格局。

第二，加强区域交通设施一体化。交通一体化是区域经济一体化的前提和基础。在城镇群所在地政府和有关部门的领导下，在各城镇政府的共同努力下，加强城际快速道路的建设和投资力度，着力改善区域交通通达性和对外交通的联系性。

第三，加快制订城镇群近期和中长期发展战略规划，积极开展围绕城镇群内部各城镇未来发展的相关研究。规划决策形成过程中尽量照顾各方核心关切和利益诉求，强化公众参与机制。此外，鼓励各类专家、学者和普通市民对城镇群发展中的大议题开展专题研究，积极鼓励和支持来自企业的、民间的围绕区域经济、社会和文化发展的论坛、学术研讨会和各类型非正式会议，为城市群发展献计献策。

从上述介绍的发达国家以及沿海发达地区小城镇建设的情况看，不难得出以下几个结论：

第一，政府主导下的城镇化发展日益表现出共性特征。发达国家或沿海发达地区的政府在城镇化进程中的作用日益突出，表现为政府以行政力量，通过制定法律、法规或者地方性政策，对城镇化进程进行推动、引导和调控；政府通过制定和执行产业发展政策、运用土地资源“筹码”，直接影响城镇化发展。

第二，小城镇的建设必须先做好规划。这既包括大中小城镇合理布局的全局性规划，也包括小城镇规模设计、环保生活空间设计和支柱产业选择设计等方面的规划。这样可以最大限度地控制“城市病”，促成小城镇的健康有序发展。

第三，十分注意城市与产业的关系。20 世纪 70 年代，英美等西方国家开始认识到城市问题的根本原因在于选择什么样的经济发展模式，重点在于产业布局的不断调整，协调整个城市的各种产业布局和人文关系，这些产业布局是以企业为典型代表体现出来的。很多城市已经成立了商业、工业、城市规划的工作部门共同参与未来的经济发展规划。

第四，“低碳战略”应是城市发展目标。低碳城市建设表面上看是为减少温室气体排放，实际结果是经济发展、能源消费、人类生活等方式的一次全新变革。低碳城市的工业产业布局应以低碳化为目标、以循环化为技术手段，规划新型的工业布局，实施清洁生产，控制高碳产业发展速度，加快经济结构调整，提高发展质量，最终实现低碳生产、可持续增长的生产模式。通过产业结构调整和发展模式转变，使碳排放与经济增长逐步“脱钩”，平衡经济增长和就业机会增加的关系。

要实行可持续的城市低碳消费模式就必须选择“低碳”生活方式和生态产业结构布局，生活方式直接影响能源消费。通过构建绿色交通体系，发展绿色建筑、改变居民生活方式等，倡导人们在不断提高生活水平的同时，尽量减少使用消耗能源多的产品。

第二章

鄱阳湖生态经济区小城镇建设举措

第一节　鄱阳湖生态经济区内小城镇发展的历史、现状及其成因分析

一、江西小城镇发展概况

小城镇的含义非常丰富，在不同的地方，其具体所指也不尽一致。为了研究的方便，本书的小城镇特指建制镇。

据有关文献分析，江西的城镇人口承载能力、集聚能力还远没有达到较佳城镇规模的水平。在全省现有的 769 个小城镇中，非农业人口平均不到 3000 人，如果平均每个小城镇吸纳农村人口 5000 人，就可转移农村人口 348.5 万人，全省城镇化率可提高 8.5%。由此可见，发展小城镇既是适合江西省情、加快农村城市化进程的大战略，又是发展江西农村第二产业、第三产业的有效载体（翁贞林、张爱萍，2003）。

二、鄱阳湖生态经济区内小城镇发展的历史、现状

（一）鄱阳湖生态经济区小城镇的历史

《鄱阳湖生态经济区规划》（以下简称《规划》）在 2009 年 12 月 12 日正式获得国务院批复，这标志着建设鄱阳湖生态经济区上升为国家战略。按照《规划》，鄱阳湖生态经济区包括南昌、景德镇、鹰潭三市，以及九江、新余、抚州、宜春、上饶、吉安的部分县（市、区），共 38 个县（市、区）。这一地区的国土面

积5.12万平方公里，2008年实现地区生产总值3948亿元，2008年末总人口2006.6万人。可以说，以江西30%的面积，承载了全省近50%的人口，创造了60%以上的经济总量。

在上述38个县（市、区），除了浔阳、珠山两个区没有建制镇外，其他县（市、区）均设置有数量不一的建制镇。36个县（市、区）建制镇共计184个。其中，丰城市拥有的建制镇最多，达到20个，其次是高安市和临川区，分别达到18个。这些建制镇存续的时间长短不一。建镇时间最短的浮梁县三龙镇为2005年之后建制的，最早的则在公元25年建制，两者相差将近2000年。

在这些建制镇中，有一批具有悠久历史的古镇。如新干县的三湖镇建镇于东汉元年（公元25年），历代为江西航运交通的重镇；现在是全省柑橘的主要产区，其出产的商洲枳壳为国家重要出口药材。新干县金川镇于公元590年置镇。樟树市的临江镇是唐朝于公元625年设置的，一直是军、路、府署、道台所在地；明朝更成为全国33大工商课税重镇。改革开放以来，先后成为省重点建设小城镇、全国小城镇经济综合开发示范镇（2002年）、全国重点镇（2004年）。余江县的锦江镇为宋朝置镇；清同治年间改锦江镇，自宋朝988年设县开始至1961年为县城所在地，现在是全国小城镇建设试点镇（1995年）、全省小城镇建设重点镇（2000年）、全国小城镇经济综合开发示范镇（2002年）。该县的邓埠镇古时是水运船埠码头，明朝于1555年置镇，现在是县城所在地，也是全国重点小城镇、全国第二批完成电气化建设的乡镇。东乡县的孝岗镇建立于明朝1512年，既是县政府所在地，也是粮食、生猪、蔬菜、林果、花卉等三高农业生产基地。这些古镇或者位于交通要冲，或者工商业发达，或者农业商品化程度比较高，为当时商品集散之地，分别属于农业型、工商业型、交通枢纽型。无论当初，还是现在，这些古镇均发挥了两个作用：区域政治中心或者区域经济发展中心，或者两者兼有。尽管这些古镇兴起的原因不一、作用不同，但是其共同的特点是集镇的设置及兴盛均与当时生产力水平、社会经济发展密切相关。

除了上述的部分古镇以及新中国成立前建立的几个镇外，绝大部分建制镇都是在新中国成立后设置的，其中，以20世纪80年代、90年代建立得最多（150多个），少部分是2000年之后设置的。

（二）鄱阳湖生态经济区内小城镇发展的现状

1. 鄱阳湖生态经济区小城镇建设概况

分别以人口规模、人口集聚程度、城镇化率为标准，汇总各个建制镇的人口规模和人口集聚度、城镇化率，制作成表2-1、表2-2、表2-3。

表 2-1　鄱阳湖生态经济区小城镇人口规模

单位：万人

人口	≤1	≤2	≤4	≤6	≤8	≤10	≤12	≤14	≤20
建制镇（个）	1	40	92	36	6	0	3	1	1

表 2-2　鄱阳湖生态经济区小城镇人口聚集度

单位：万人

人口	≤ 0.5	≤ 1	≤2	≤3	≤6	>6	>10
建制镇（个）	49	13	14	4	5	1	1

注：本表只统计了已经明确标示了非农业人口、集镇人口、墟镇人口、城镇常住人口、镇村人口、镇区域内人口、常住人口、城镇人口、城镇居民、镇区人口、外来人口、集镇常住人口、驻地人口等建制镇人口，对于大量未列出该项人口的建制镇则无法统计。

表 2-3　鄱阳湖生态经济区小城镇城镇化率

百分比（%）	≤30	>30	≥40	≥50	≥60	≥70	≥80
建制镇（个）	65	2	5	6	4	4	4

注：本表只计算了已经明确标示了非农业人口的建制镇与该镇总人口比率，对于大量未列出该项人口的建制镇则无法统计。

综合表 2-1、表 2-2、表 2-3，可以看出，鄱阳湖生态经济区小城镇建设已经取得了很大成就。人口少于 1 万的小城镇只有一个——贵溪市的冷水镇，而且是全省 9 个边际乡镇之一。从城镇化率衡量，鄱阳湖生态经济区小城镇城镇化率极度不平衡，两极分化非常严重，高的达到或者超过 80%，低的甚至没有 10%。绝大多数建制镇城镇化率低于 30%，超过 50%以上的建制镇 18 个，达到或者超过 80%的有 4 个。按照国际通行标准，城市化率在 30%以下为初期发展阶段，30%~70%为中期加速阶段，70%以上为后期成熟发展阶段。以此衡量，则鄱阳湖生态经济区绝大多数小城镇仍处于城镇化初期发展阶段，大大低于全国平均水平。

为了从整体上更加明了鄱阳湖生态经济区的小城镇发展情况，可以依据经济发展水平将鄱阳湖生态经济区小城镇发展分成四类：发达型，成熟型，成长型，初级型。

（1）发达型：包括湖坊镇。其中，湖坊镇全镇人口达到 20 万。其支柱产业是纺织服装业，形成了实力比较强大的纺织服装产业集群，被誉为中国乡镇企业之星、江西第一镇。本区域小城镇人口集聚度与镇人口规模均取得了高速增长，城镇化率最高，超过 80%。

（2）成熟型：包括罗家镇、竟成镇、龙津镇、涌山镇、邓埠镇、金川镇 6 个镇。其中，金川镇是千年古镇，为新干县政府所在地；城南、城北、城东三个工业园坐落其中；还有中药材种植。邓埠镇古时是水运船埠码头，同样为县城所在地；其支柱产业是制药、医疗器械、雕刻等，为全国重点小城镇；其农业产业化程度也相当高，是中国“葛之乡”、全国夏天无的最大产区、国家瘦肉型商品生猪出口基地。涌山镇以煤炭等矿业、农业、物流为支柱产业，是全国重点镇、全省小城镇示范镇、百强乡镇。龙津镇建镇于 1938 年，也是县政府所在地，其支柱产业同样为工业。竟成镇的乡镇工业发达，以工业为支柱产业，是全国发展乡镇企业先进单位、全国文明村镇、江西省百强乡镇。罗家镇早在 1961 年就建镇，自 1995 年起就是全国小城镇综合改革试点镇，区内有多个工业园。总的来看，这 6 个建制镇工业比较发达，是支柱产业。由于工业比较发达，吸纳了众多农村人口就业，人口集聚度取得高速增长，城镇化率比较高。这些镇虽然有的有工业园，但是园内企业数量多少不一，而且园内企业之间的关联性并不强，从事多种互不相关的产业，不是互为利益相关方，尚未形成比较完整的产业链，没有上升为产业集群，谈不上发挥规模经济、范围经济的效应，导致这些小城镇在腹地区域无法发挥经济增长极效应。

（3）成长型：包括京东镇等，人口为 4 万~8 万人，人口集聚度在 5000 人至 6 万人的近 120 个建制镇。这些建制镇支柱产业以工业、农业为主，有的工业收入已经超过农业收入，多数建制镇工业正处于上升阶段，工业成分不断加大，很有可能超过农业收入。随着工业化程度的不断提高，吸收了更多农村人口从事非农产业，导致镇区人口规模明显增加，小城镇人口集聚度不断提高，城镇化率有了明显提升。但是，这些镇的工业的普遍情况是小而散。小是指工业企业自身规模普遍比较小，规模化的企业不多。散表现在两个方面：①工业企业分布散，布局不集中；②这些分布不集中的企业所从事的行业众多，相互之间没有形成协作、竞争关系，不是利益相关方。因此，多数建制镇的工业仍处于乡村工业阶段，无法形成规模效应，竞争力非常弱。总的来讲，这些建制镇已经有了一定的工业基础，只要采取合适的政策，引导得法，就能够在比较短的时期内改变这种小而散的面貌，使之形成规模，增强竞争力，吸纳更多农村人口就业、居住，提升城镇化率，从而带动小城镇的建设、发展。

（4）初级型：主要指那些人口本身基数小、小城镇人口集聚度少于 5000 人的建制镇，如大岗镇等。这部分小城镇的普遍特征是工业不发达、农业产业化程度不高，支柱产业仍然以传统的种植业为主。由于现代农业不发达，农业产业化程度不高，农村人口仍然居住在农村。个别建制镇虽然是周边乡镇的商贸中心，但是人口集中仅限于集市日。固定集市日，吸引了比较多的流动人口，却由于就业岗位极端有限，无法吸引他们在镇上长期居住下来，小城镇人口集聚度与镇区人口规模增长均缓慢，城镇化率非常低，从而严重影响了小城镇的发展。

2. 鄱阳湖生态经济区小城镇存在的问题

从本书所收集到的鄱阳湖生态经济区小城镇建设的相关资料分析，鄱阳湖生态经济区小城镇建设在取得很大进步的同时，还存在如下一些问题。

第一，不少小城镇建设投入不足，基础设施落后或者不完善。由于多数建制镇经济发展水平比较低，导致镇区基础设施建设乏力，基础设施落后，缺乏相应的水、电、路、气和环卫、文化体育等配套设施；小城镇畜禽养殖污染、农药化肥污染、废水污染和工业“三废”污染等问题越来越严重。至今尚未形成科学合理的投资机制，还没有走出一条充分运用市场机制筹措小城镇建设资金的道路，严重制约着城镇的发展和功能的提高，无法吸引产业和人口集聚，难以从根本上提高居民的生活水平，促进就业，创造良好的人居环境。

第二，工业化水平低，集镇仍以外延扩展为主。由于缺乏区位优势，加上经济基础薄弱、开放较晚等原因，多数建制镇工业化水平不仅落后于沿海发达地区，甚至大大落后于同区域的发达建制镇，城市化发展的产业基础十分薄弱。

第三，城市化的内生动力不足，城市竞争力低。从鄱阳湖生态经济小城镇发展概况的分析中发现，当地发达型城镇的城市化是一种“外生型”的城市化过程。其发展主要是依靠外来资本对资源开发的直接推动作用。“外生型”城市化过程客观上促进了区域经济的发展，使工业化、城市化迅速推进，迅速实现了非农化。“外生型”城市化必须具备比较好的条件，但是区域内多数小城镇却比较缺乏这些条件。这些小城镇人口规模较小，其中 2/3 的建制镇人口规模都不足 4 万，加之区位、基础设施等因素影响，外来资本不易引入，内生动力又不足，对周边农村人口的吸引力不够，城镇化率较低，小城镇总体实力较弱，发展动力不足。

鄱阳湖生态经济区小城镇的一个突出特点就是资源诱导成为城市发展的最直接动力。城市化发展过分依赖自然资源、低成本劳动力等初级生产要素，忽视高级人力资源、知识、技术与信息等高级生产要素的发展，从而导致其产业化程度不高，更无法形成规模化，结果，在实际竞争中，丰富的资源或廉价的成本因素往往造成资源配置没有效率（张秀凤，2009）。这种低端化发展模式很容易形成路径依赖，导致小城镇竞争力低下。

第四，小城镇结构不合理，小城镇建设缺乏特色。受计划经济思想和自然经济的影响，不少小城镇发展的产业强项和特色不突出。一些小城镇决策者忽视或不懂区域规划，看不到在经济全球化、区域一体化浪潮下，小城镇之间联合协调发展的必然趋势，在小城镇建设与发展上，各行各业齐头并进，贪大求全，把小城镇建成了“大而全”或“小而全”的“全能小城镇”。在产业结构上，缺乏区域统一规划。

第五，一些小城镇的异地城镇化特征明显。异地城镇化是指由于本地产业对劳动力的吸纳能力不足，在预期城乡收入差异的驱动下，大量劳动力自发外出寻求就业机会，并在外地城市长期生活居住，从而产生异地城镇化现象。一些建制镇如青泥镇总人口为 2.5 万人，却有 1 万余人外出务工、经商，占户籍人口比例达 40%。姚圩镇在外务工人员过万，占总人口的 37.8%；梓埠镇常年在外省务工人员 1.8 万多人，占总人口的 36%。这些镇均出现了比较严重的异地城镇化特征。

3. 鄱阳湖生态经济区小城镇发展影响因素分析

鄱阳湖生态经济区小城镇的建设、发展既取得了不俗的成绩，也存在不少问题。取得成就的原因是什么？又有哪些因素制约、影响了其建设、发展呢？总结起来，主要有下列因素。

第一，城市化背景因素作用。进入 21 世纪以来，江西城市化进程加快。南昌在不断壮大中心城市规模的同时，大都市区扩展带动了周边农村城镇化进程。九江、新余、抚州、宜春、上饶、吉安作为鄱阳湖生态经济区地区相对滞后的区域，近年来按照大都市区空间布局，城市区域化发展推进了小城镇集聚与规模扩张。

第二，战略政策引导。进入 21 世纪以来，各级政府强化城市化战略引导，大力推进小城镇发展。与此同时，加强产业投入与用地政策创新，导致产业集群与小城镇发展形成良性互动。在城乡统筹发展战略指导下，每年投入大量引导资金用以改善投资环境。与此同时，还通过乡镇撤并整合资源，有效引导了重点小城镇的发展。

第三，区域经济条件。在持续的农村城镇化发展进程中，小城镇人口集聚度与镇区人口规模的动态增长，与区域经济发展水平的对应性变得不很明显，但小城镇人口发展的静态特征与区域经济发展水平的相关性更为明显。

第四，工业化是城市化的根本动力。工业化、城市化、现代化三位一体，工业化是基础；只有坚持工业化，城市化才能健康发展，现代化才有现实基础。没有工业化，小城镇建设最终将失去物质支撑。个别地方为了提高城市化，不是求助于现代工业自身的扩展，而是着力于城市规模的扩展；不是求助于以城带乡，而是撤乡并镇、撤县改市，以至于出现有“城”无“市”，有城区无产业的局面。

可以讲，凡是上述四个方面做得好的，小城镇建设成效就显著，凡是做得不够的，小城镇建设就停滞不前，或者成效不大。

第二节 鄱阳湖生态经济区小城镇发展对策研究

一、鄱阳湖生态经济区小城镇建设应该坚持的原则

鄱阳湖生态经济区小城镇建设和发展已经无法复制珠三角、长三角的小城镇发展模式了。其原因在于低成本时代已结束。珠三角、长三角小城镇的快速发展，在很大程度上是依赖低成本实现的，包括低廉的劳动力、低廉的土地以及未被列入成本核算的环境等。随着环境保护和劳动者权益保护这两道门槛的提高，高成本时代正在逼近。珠三角、长三角地区的环境压力日益增大，土地日益紧张，能源难以为继、城市超负荷承载、环境严重透支等，意味着未来的小城镇建设必须考虑和计算环境成本。要搞好鄱阳湖生态经济区的小城镇建设，应该坚持以下原则。

第一，城镇化的核心目标是全体人民共享改革开放和经济发展成果，促进经济社会全面协调可持续发展。这是中国特色城镇化道路的本质规定。搞好小城镇建设，推进城镇化，先要有利于不断改善全体人民的生存环境；不断提高全体人民的生活质量，使全体人民共享我国改革开放和经济发展的成果。城镇化不仅仅是工业化的成果，也是工业化的动力。有效和健康地推进城镇化，也有利于提高效率、促进创新、扩大需求、节约资源、保护环境等，从而为经济社会的平稳较快发展奠定基础。

第二，坚持区域统筹、城乡统筹、经济社会统筹和人与自然统筹是推进小城镇建设的重要原则。

(1) 坚持区域统筹，就是要突破区域分割式的城镇化规模，打破一切阻碍要素特别是阻碍劳动力要素流动的壁垒。促使经济活动迎合人口流动向更适于城镇化的地区集中。

(2) 坚持城乡统筹，就是要突破城乡二元结构，实现城乡规划的一体化，产业布局的一体化，基础设施建设和运行的一体化，公共服务一体化，管理体制的

一体化和市场的一体化。

（3）坚持经济社会统筹和人与自然统筹，就是要使人口向城镇聚集与城镇就业岗位的创造和农业生产方式的变革结合起来；要使城镇空间的扩展布局和国土开发结构的优化特别是与主体功能区规划的实施结合起来。

第三，遵循城镇化发展的一般规律，密切结合鄱阳湖生态经济区工业化所处的阶段和基本区情特点，是推进城镇化健康发展必须坚持的一个重要原则。推进城镇化，既不能违背规律，也要考虑区情的特点。同时在工业化的不同阶段，城镇化面临的主要矛盾和突出任务不同，所需要的政策也不同，需要根据实际情况做出调整。

第四，坚持科学与法治原则，科学调整小城镇总体布局和产业定位，严格依法治理。

（1）在小城镇布局上要因地制宜，合理规划，充分考虑鄱阳湖生态经济区区域内各地的区位优势和各种资源的总体条件以及长远发展的潜力，根据经济和产业发展的需要，统筹人口、资源、能源、交通、环境等因素，借鉴发达国家和地区的先进做法，科学定位，注重小城镇文明的综合建设，充分体现特色；采取空间适度扩张和人口聚集并举的城镇化策略。

（2）健全并完善小城镇规划和管理法规，按照法律程序规划、管理和经营小城镇。以提高小城镇领导管理水平为核心，建立完善小城镇管理的新机制。

第五，坚持效率优先原则，充分发挥大城市的规模效应和带动效应，积极发展城市群。大城市规模经济的优势强，产业和人口高度集中，为现代化、专业化的生产协作与联合提供了有利的空间环境，其巨大的扩散效应和辐射作用可以带动周边中小城市、小城镇和地区的迅速发展，形成以大城市为中心的城市群，构建完善的城市链；逐步优化域内城镇与城镇、城镇与乡村之间的功能分工。

城市链的核心是城镇体系结构优化问题，这是城市化协调发展的关键。鄱阳湖生态经济区域内各类城镇均应选择符合自身特点的发展模式。城市化的协调有序发展又需要空间支撑系统的有力支持，主要包括区域性基础设施、生态网络、社会设施网络几个空间实体部分，形成了城镇体系相互联系、相互作用的物质系统。

城市群是现代生产力集聚过程中产生发展起来的一种人口分布的城市化新形式，它既可以利用生产力区域高度集中的积极作用，又能克服过度集中带来的某些不良后果。为此，应遵循经济发展规律，不断调整优化大城市的产业结构，特别应优先发展第三产业，促进产业的升级转换。政府部门应以积极的就业政策引导就业市场的扩容和开放，更多地强化脱贫、安置、管理、教育、改造和服务等新功能。小城镇的规划、建设要充分考虑大城市、地区中心城市的辐射作用，千方百计主动纳入城市群、城市链中，接受其辐射，在大城市、中心城市的带动下健康发展。

第六，坚持可持续发展原则，处理好小城镇建设和区域发展的关系，正确引导小城镇的健康发展。中国人均占有土地仅为世界人均土地面积的29%，这决定了城市发展不能以危及后代的生存能力和发展为代价，中国城市化不能走盲目扩张的道路（刘淼，2005）。

生态环境是城市持续发展的根本问题。小城镇的可持续发展主要包括生态、经济与社会可持续发展，这就要求正确处理好人口、就业、资源和环境等方面的关系。可持续发展的首要问题在于认清对小城镇发展的关键性制约因素，并将小城镇的发展限制在这些关键性制约因素的允许范围内，避免过度发展对环境资源造成不可逆转的破坏。由此，可持续发展的城镇化，必须正确处理小城镇与区域的关系，促进社会的公平、稳定与多样化发展等社会内容，不断完善区域内小城镇的功能和发展新的小城镇，正确引导中小城镇的健康发展，直至逐步建立起符合鄱阳湖生态经济区区情的布局合理、功能齐全、各具特色、大中小城市相互协调的城市体系。小城镇建设和发展的生态化、产业经济生态化、生态经济产业化应该是这种可持续发展的模式。

第七，坚持规模效益原则，择优培育重点中心镇。发达国家和地区的城市化历程告诉我们，兼并发展和重点建设是小城镇发展同时面临的历史使命（朱东凤，2009）。鄱阳湖生态经济区的小城镇发展现状告诉我们，在兼顾多数小城镇建设、发展的同时，必须提升部分重点镇规模效应，壮大人口规模，使之跻身于区域城市网络体系，从而更好地发挥辐射、带动作用。而一些区位条件差、产业实力弱、发展潜力小的小城镇难以集聚大量人口，最终将回归农村聚落体系，成为农村社区中心或一般镇。如此一来，就能够形成以大中城市为核心，以发展中心城镇为重点，积极稳妥地提高城市化水平和城市发展质量。当然，在建设小城镇时，要拓宽投融资渠道，发挥市场机制在小城镇建设中的作用。

二、鄱阳湖生态经济区小城镇建设、发展路径——低碳生态小城镇

鄱阳湖生态经济区的建设对实现江西崛起新跨越具有重大而深远的意义。其总的战略构想是保护生态、发展经济。要把它建设成为全国生态文明与经济社会发展协调统一、人与自然和谐相处的生态经济示范区和中国低碳经济发展先行区。

低碳经济是指在可持续发展理念指导下，通过技术创新、制度创新、产业转型、新能源开发等多种手段，尽可能地减少煤炭石油等高碳能源消耗，减少温室气体排放，达到经济社会发展与生态环境保护双赢的一种经济发展形态。发展低碳经济，一方面是积极承担环境保护责任，完成国家节能降耗指标的要求；另一方面是调整经济结构，提高能源利用效益，发展新兴工业，建设生态文明的要求。这是摒弃以往“先污染后治理、先低端后高端、先粗放后集约”发展模式的现实途径，是实现经济发展与资源环境保护双赢的必然选择。

在推进低碳经济的过程中，城市是发展低碳经济的基本节点，所以建设低碳城市就成为了建设鄱阳湖生态经济区，实现科学发展、协调发展、可持续发展的重要内涵。

从碳排放来讲，城市是碳排放最主要的来源。我国有 600 多个城市，20000 多个小城镇，对其中 287 个地级以上市进行统计，这些城市的能耗占中国总能耗的 55.48%，二氧化碳排放量占中国总排放量的 58.84%。近 300 个城市就占到能耗和碳排放总量的一半以上，如果把其余的城市、集镇都加进来，至少占到社会总能耗的 80%以上。10000 多年以来人类历史进化的过程，就是城市化的过程，从原始的城市化一直到工业化推动的快速城市化。未来，城市人口仍将不断增加，二氧化碳排放将更加集中在城市。城市既是人类的最终归宿，又可能成为摧毁人类栖息地——地球的最主要因素。所以城市化是一柄“双刃剑”，一方面使人们生活条件更好，另一方面也可能成为灾难之源。关键在于我们如何控制建造城市的过程、如何有效地管理城市，解决方法就是走低碳生态城市道路，建设、发展低碳生态小城镇。仇保兴《从绿色建筑到低碳生态城》（2009）一文中关于低碳生态城建设的一系列观点值得我们在鄱阳湖生态经济区小城镇建设中学习，以下是其主要精神。

（一）我国生态城规划与国家“两型社会”发展目标相协调

生态城规划与国家“两型社会”发展目标相协调，其建设必须符合我国科学发展的需要，实现以下几方面的目标。

第一，以国家总体发展战略规划为基础，分步骤、分阶段、重点突出地开展以城市为单位的“碳减排”与“碳补偿”行动，短期内尽可能减少碳排放，中长期力争实现保持温室气体排放的增长速度小于经济增长速度。

第二，结合低碳城市和生态目标，使城市的增长模式发生转变，建立起低能耗、低排放、高效能、高效率、高效益的中国特色的城市化模式。

第三，通过低碳生态城建设，促进产业布局优化和结构调整与升级，推动低碳产业发展，引导低碳消费模式。

第四，建立全面的合作平台。在这方面，欧美发达国家成本高、技术起点高，经测算，这些国家降低 1 吨二氧化碳排放要付出 150~200 欧元的成本，而中国只需几十欧元，成本仅为欧美国家的 1/10 左右。

（二）我国发展低碳生态城的总体思路

第一，建立不同类型的低碳生态城动态评价综合指标体系，按照可持续发展程度对低碳生态城进行分级评价；引导城市政府和市民建设生态城的创新意识，逐步推动同类城市在生态城建设方面开展友谊竞赛并实现互帮互学。

第二，建立利益相关方参与的合作机制。像绿色建筑一样，使设计师、建造师、物业管理、房地产商、材料供应商、业主均参与在内（业主的态度和行动是最重要的），使各方形成共识，才能推动绿色建筑、生态城的发展。城市的发展取决于市民的意识，生态意识必须先行。

第三，充分借鉴中国传统的生态思路，创建有中国特色的低碳生态城。我们不能照搬美国等西方国家的模式，而应该创建出有自己特色的中国模式。中国传统文化充满着敬天、顺天、法天、同天的原始生态意识，上万年的农耕文化造就中华各民族进行过大量天人同物、天人相付、天人一体、天人同性的原始生态文明实践，中国几千年积沉下来的文明是世界其他国家难以企及的。我们要传承并弘扬千百年来聚积下来的地方建筑文化传统。

第四，生态城必须通过良好的设计和精细的管理，使城市成为景观上具有吸引力，具备良好服务、设施齐全、社会和谐的宜居城市。

第五，低碳生态城应当是建设成本可负担，发展模式可模仿，自身发展可持续的城市。这类“先锋”城市的实践，应当能够引导全国其他城市转变发展模式。

（三）低碳小城镇的发展路径

城市（含小城镇）的低碳发展涉及经济、社会、人口、资源、环境等各个领域，是一项复杂的系统工程。能源是城市发展的动力，是城市系统的输入端，从源头上改变输入能源的基底，加快碳基能源向氢基能源的转变，是实现城市低碳发展的根本；经济结构影响能源消耗，优化产业结构是实现城市经济低碳发展的重要措施，同时通过发展低碳技术提高能源的利用效率也是实现经济低碳发展的关键所在；公众的出行方式、消费方式和居住方式对社会的低碳化有重要影响，鼓励使用公共交通，提倡消费低碳产品，推动树立能源节约理念，是实现低碳社会的重要举措；低碳技术是实现城市能源、经济、社会低碳的支撑和保障，城市系统终端碳排放的减少依赖于碳捕捉和储存技术的利用。

必须强调的是，建设低碳小城镇不是指小城镇的建设已经达到了低碳城市的水准，而是指小城镇的建设、发展路径或者说方向。

1. 能源发展的低碳化：基底低碳

从基底上改变能源供给，加速从“碳基能源”向“低碳能源”和“氢基能源”转变，彻底实现小城镇的低碳和零碳发展。当然对于我国以煤炭为主导的能源消费结构，在短时间内实现这一转变是相当困难的。由于煤炭消费是温室气体排放的主要来源，这就要求我们加快研发煤炭制取氢气技术、氢气储存与运输技术、碳中和技术、碳捕获和埋存技术等，实现煤的清洁、安全、高效利用。另外，充分利用水能、风能、太阳能、潮汐能、核能等清洁、可再生能源发电，逐步提高新能源在能源结构中的比例。

2. 经济发展的低碳化：结构低碳

经济结构决定能源的消费结构，在一定程度上也决定着温室气体的排放强度。第二产业的能耗强度远高于第一产业和第三产业。2006 年第一产业的能耗强度为 0.34 吨/万元增加值，第二产业为 1.73 吨/万元增加值，第三产业为 0.41 吨/万元增加值。可见，第二产业的能耗强度为第一产业的 5 倍多，为第三产业的 4 倍多。根据相关数据统计结果，从 1995~2006 年经济结构和产业能源消费结构的变化趋势看，第一产业呈现持续下降趋势，而第二产业表现出先降后增的态势，相继第三产业表现出先增后降的趋势。产业结构的变化相应影响产业能源消费结构的变化，除第一产业比例与其能源消费比例之间的相关性较弱外，另外两个产业的相关性都比较强，第三产业最强，相关系数达到 0.92，且显著相关。电力、交通、建筑、冶金、化工、石油石化等行业的能源消费占全部消费量的 50% 以上，2006 年工业部门能源消费量占全部的 78%。产业结构影响能源消耗总量和经济能耗强度，第二产业是节能减排的重点行业。为了降低经济的能耗强度和碳排放强度，需要加快产业结构的优化升级，严格限制高耗能产业的发展，淘汰落后产能，从结构上实现经济的低碳、高效发展。

3. 社会发展的低碳化：方式低碳

随着经济的不断发展，对物质和舒适生活的需求也与日俱增。2000 年生活消耗能量为 14911.83 万吨标准煤，2006 年增加为 25387.87 万吨标准煤，为 2000 年的 1.7 倍。主要原因有以下几个。

第一，电冰箱、洗衣机和彩电等家用电器的普及。2006 年平均每百户电冰箱、洗衣机和彩电拥有量分别比 2000 年增加 17%、14.5%和 17.7%，城镇家庭普及率分别达到 96.8%、91.8%和 137.4%。

第二，城市规划的失误导致城市规模不断扩大，居民平均交通距离不断增加，而公共交通相对滞后，使得对私人汽车的需求不断上升。2006 年城镇平均每百户家用汽车拥有量为 2000 年的 8.6 倍。

第三，城镇人均住房面积大幅度增加，家庭户规模呈下降趋势。2006 年比 2000 年下降 8%。

为实现小城镇的低碳发展，人们要改变以往高消费、高浪费的生活方式。通过调整交通方式，大力发展公共交通和轨道交通，大容量公共交通的发展可以有效削减未来城市道路交通的能源需求和温室气体排放。同时，城市建设应推行紧凑的城区格局，让居民徒步或依靠自行车就能方便出行。通过调整消费方式，民众应优先选择低碳产品。每个家庭尽量使用节能电器和节能灯，尽量不使用一次性用品，尽量不用塑料袋。通过调整居住方式，提倡居住低碳建筑和公共住宅。对于办公楼、宾馆、商场等大型商业建筑，公开其能源消耗情况，进行能源审计，提高大型建筑能效。

4. 技术发展的低碳化：支撑低碳

低碳技术是指有效控制温室气体排放的新技术，包括节能、煤的清洁高效利用、油气资源和煤层气的勘探开发、可再生能源及新能源、二氧化碳捕获与埋存等领域，涉及电力、交通、建筑、冶金、化工、石化、汽车等部门。在发展低碳技术方面，英国重点研究、开发和示范供暖与能源分布、大规模更洁净地发电、可再生电力、化石燃料发电和碳捕获与存储、核电、低碳交通、可再生能源等低碳技术。日本投入巨资开发利用太阳能、风能、光能、氢能、燃料电池等替代能源和可再生能源，并积极开展潮汐能、水能、地热能等研究。欧盟 2007 年底就提出了战略能源技术计划，该计划包括欧洲风能启动计划，重点是大型风力涡轮和大型系统的认证（陆上与海上）；欧洲太阳能启动计划，重点是太阳能光伏和太阳能集热发电的大规模验证；欧洲生物能启动计划的重点是在整个生物能使用策略中，开发新一代生物柴油；欧洲二氧化碳捕集、运送和贮存启动计划，重点是包括效率、安全和承受性的整个系统要求，验证在工业范围内实施零排放化石燃料发电厂的生存能力；欧洲电网启动计划的重点是开发智能电力系统，包括电力贮存；欧洲核裂变启动计划的重点是开发第Ⅳ代技术。

低碳技术是实现我国城市低碳发展的核心，是提升未来城市竞争力的关键，也是摒弃发达国家老路和老的技术模式，实现我国城市跨越式发展的途径。为获得低碳技术，我国城市一方面可以通过清洁发展机制（CDM）引进发达国家的成熟技术，这种方式的优点是成本低廉，但往往不能获得国外的核心技术；另一方面，国内通过原始创新和集成创新，重点攻关中短期内可以获得较大效益的低碳技术，尤其针对提高重化工行业能耗的新技术（付允、汪云林、李丁，2008）。

三、鄱阳湖生态经济区小城镇建设的物质支撑——产业集群

世界各地特别是中国沿海发达地区以及鄱阳湖生态经济区域内部分小城镇工业化、城镇化和经济增长、发展的历史与现实证明，产业集群是实现区域工业化、城镇化和经济奇迹的灵丹妙药。产业集群发达，区域工业化、小城镇及其区域经济发达；产业集群不发达，则区域工业化、小城镇及其经济也不发达。鄱阳湖生态经济区城镇化、经济增长、发展不理想，很大程度上是产业集群不发达。因此，要加快鄱阳湖生态经济区城镇发展，实现经济以比较健康的方式获得快的增长和发展，就要以低碳经济理念大力培育、扶持产业集群的生成、发展、壮大。通过培育、壮大产业集群，使更多农业人口实现非农就业，吸引更多农村居民迁入小城镇，提高城镇化率，推动小城镇的建设、发展。

1. 按照城园一体化模式培育产业集群

在培育产业集群，提高城镇化率，建设、发展小城镇的方式上，可以有多种选择。各个小城镇可以结合自身的实际情况，选择合适的方式。本书认为，江苏昆山模式是值得推广的一种模式。

昆山模式是城园一体化模式。必须注意，并非所有的工业园都可以称为产业集群。只有那些园内企业互为利益相关方的工业园才可称为产业集群。昆山工业园就属于这类产业集群。

走“产业进园、产业成链、集约发展”道路，已成为城市经济发展的新途径、新方向。大力发展工业园区已经成为一股推动城市发展的新生力量。这种大力发展工业园区的模式被称为“都市型工业”模式，特别适合于大城市、中心城市周边小城镇建设。其特征是：城市市域工业园区以都市工业的集群式发展为基础，是工业园区在城市空间的一种具体发展形式。其基本内涵是指依托城市范围内的特殊环境，以城市区域内有生命力和发展前途的，并为城市运行和经济发展提供生产性配套服务的那部分都市型工业企业或公司为基础，划出特定的区域进行集中发展；根据生态工业链的设计和构成，合理引入必要的工业企业，建立与城市市域内、城市与周边区域工业企业之间的联系，从而组建成的新型工业园区。其布局范围主要位于城区及城市近市区区域，是城市化发展及现代化新城区不可分割的重要组成部分。主要有以下特点：①环境形象表现为具有良好的建筑外形，与城市自然生态环境相协调；②生存空间相对集中；③产业特点为劳动密集

型、技术密集型、研究开发型和轻加工型；④企业类型主要以多种所有制多元化投资的企业为主体。

此外，还可以根据相关产业之间的关联程度，在有利于构造比较完整的产业链、增强周边辐射力的基础上，组织整合几个镇的资源，合建工业园区、基础设施等，实现产业联动发展，形成产业集群，促进城市化。

2. 打造特色产业集群

鄱阳湖生态经济区域内多数小城镇均有一些特色产业。有的工业已经具有相当基础；有的具有优质的农产品种类，粮食、水果、肉类、鱼类等主要产品产量相当丰富；有的经济作物历史悠久（如药材、花卉苗木、蔬菜、棉花、苎麻、竹木、茶叶等）；有的在历史上就是有名的陶瓷产地。虽然多数规模化程度、产业化程度不高，然而各具特色，异质性很强，可以解决乡镇与城市工业的同构性带来的竞争问题，很有发展潜力。其手段就是培育特色产业集群，提升其产业化，早日形成规模化。

特色产业集群的培育问题已经得到了国家层面的重视，财政部专门安排预算资金，用于支持地方特色产业集群和特色产业聚集区内中小企业技术进步、节能减排、协作配套，促进产业结构调整和优化。应该讲，培育特色产业集群正当其时。

具体而言，鄱阳湖生态经济区域可以培育如下一些特色产业集群：

第一，创意类特色产业集群。该类产业集群的最大特色就是产品的研发，讲究新、奇、特，与众不同。如景德镇地区可以发挥千年陶瓷的优势，大力发展陶瓷创意产业。余江的马荃镇可以发展以木雕为龙头的创意产业集群。在潢溪镇建立毛发类创意产业集群。中童镇可以建立眼镜类的创意产业集群。

第二，农产品加工类特色产业集群。总体而言，目前鄱阳湖生态经济区的农产品加工业发展相对不足，发展潜力巨大。小城镇企业依托农业和农村，不但可以降低运输成本，还可以提高加工农产品的新鲜度。张哲、张蕾（2001）曾做过比较，得出的结论是乡镇农产品加工企业的经济效益高于城市农产品加工企业的经济效益；也高于乡镇非农产品加工企业的经济效益，应大力发展乡镇农产品加工业，培育各自的特色产业。如新干三湖镇是全省柑橘的主要产区，商洲枳壳为国家重要出口药材，应该更上一层楼，进一步加大力度发展柑橘产业，提升枳壳产业化，扩大规模，形成规模效应。丰城杜市镇冻米糖有着 200 多年历史，素有“江南小切”的美誉；瑞昌的水北镇是米粉之乡。这些都有发展潜力。

第三，生态农业类特色产业集群。生态农业涵盖的范围很广，包括花卉、苗木产业、养育、珍珠等。其中花卉、苗木产业是生态农业的标志性产业，是生态农业中科技含量、文化和资本含量很高的部分。据世界经济贸易专家预测，在21世纪最有发展前途的十大行业中花卉业排第二位，是各国农业中唯一不受农产品配额限制的产业，是最具有活力的产业之一，被誉为“朝阳产业”。在多个建制镇，如九江马回岭镇、湾里罗亭镇等，花卉、苗木产业的种植面积不断扩大，发展势头迅猛，并逐渐成为农村经济新的增长点；但都面临基本相同的问题：科技含量低，资金投入粗放，经济效益差；盲目建设，资源浪费；经营落后，恶性竞争严重等。产生这些问题的根本原因是产业内部没有形成比较完整的产业链，具体表现则大致有如下几个方面。

一是经营水平低，以农民自主经营为主，未形成产、运、销一条龙服务；产业经营水平较低，缺乏科学管理，市场竞争力不强；缺乏利益共享、风险共担的经济共同体，一定程度上增加了内耗，减少了收益。

二是研发能力弱，品牌特色不明显。传统小农经济自产自销的特点突出，缺乏科技研发支持，农业产品和衍生产业科技含量、附加值低。

三是旅游品质不高，配套设施水平有待提高。对旅游资源潜力的挖掘不够。

解决以上问题的办法就是依据产业集群理论，构建花卉、苗木产业链，培育产业集群。从生产的初始投入到最终产品消费为止，在整个农业生产全程的各环节应全面地、多元化地导入各种科技成果，提高科技进步的贡献率。应立足于现有资源基础，加强规划，大力发展。具体可以从以下几个方面着手。

第一，提升产业化水平，构建产业链。推动特色花木、种苗研发机构、专业化骨干企业、大型交易市场及体系和园艺资材等的发展，注重研发、生产开发、营销、园林工程、技术推广信息服务一体化建设。

第二，提高集约化水平。优势品种生产区域化、专业化，培育特色基地，提升产业核心竞争力。建设花卉、苗木新品良种基地，大苗及高档花卉基地，盆景及盆栽草花基地，鲜切生产基地以及各类特色生产与深加工基地。

第三，提升科技创新能力。增强研发力量，提高产业技术创新和应用能力，调优品种结构，提升栽植技术水平，主导品种标准化生产，扩大容器苗栽种面积。

第四，拓展旅游功能。结合生产供给优化区域生态环境、整合景观资源，精心设计和打造各具休闲旅游功能的花卉、苗木基地，提升市场服务功能。

第二篇

江西产业集群的形成机理

第三章

江西产业集群的形成机理

第一节 产业集群分类综述

产业集群很早就已经存在，自产业革命以来规模不断扩大、数量日益增多（Steiner，1998）。在国外，20 世纪 70 年代末开始，产业集群的研究逐渐引起学术界的普遍关注，成为管理学、经济学、经济地理学以及社会学等学科的研究热点之一，并引起决策部门和产业规划部门的极大兴趣。我国产业集群的研究历史较短，但成果显著。由于国内外研究者的知识结构、考虑问题角度各异，所得出的结论各有特色。产业集群的分类就充分体现了这一特色。

一、国外产业集群分类研究概述

Humphrey（1995）以商品链的概念将产业集群分为生产者驱动的商品链和消费者驱动的商品链两大类。Alex Hoen（1997）则从两个维度进行分类：按分析的范围和层次，将产业集群分为微观层（即公司群）、中观层和宏观层（即产业集群）；根据实体间的关系又可分为基于创新链的产业集群和基于产品链的产业集群。Markusen（1996）则将产业集群分为四种类型：①马歇尔式产业区，意大利式产业区为其变体形式；②轮轴式产业区，其地域结构围绕一种或几种工业的一个或多个主要企业；③卫星平台式产业区，主要由跨国公司的分支工厂组成；④国家力量依赖型产业区。Peter Knorringa 和 Jorg Meyer-stamer（1998）对 Markusen 分类方法进行了深入研究，分析不同类型产业集群的特征、发展轨迹及政府干预政策，得出了三种类型：①意大利式产业集群；②卫星式产业集群；③轮轴式产业集群（见表 3-1）。

表 3-1　以 Markusen 理论为基础的产业集群分类

	意大利式产业集群	卫星式产业集群	轮轴式产业集群
主要特征	以中小企业居多 专业化强 地方竞争激烈，合作网络 基于信任的关系	以中小企业居多 依赖外部企业 基于低廉的劳动成本	大规模地方企业和中小企业 明显的等级制度
主要优点	柔性专业化 产品质量高 创新潜力大	成本优势 技能/隐性知识	成本优势 柔性 大企业作用重要
主要弱点	路径依赖 面临经济环境和技术突变适应缓慢	销售和投入依赖外部参与者 有限的诀窍影响了竞争优势	整个集群依赖少数大企业的绩效
典型发展轨迹	停滞/衰退 内部劳动分工的变迁 部分活动外包给其他区域 轮轴式结构的出现	升级 前向和后向工序的整合，提供客户全套产品或服务	停滞/衰退（如果大企业衰退/停滞） 升级，内部分工变化
政策干预	集体行动形成区域优势 公共部门和私营部门合营	中小企业升级的典型工具（培训和技术扩散）	大企业/协会和中小企业支持机构的合作，从而增强了中小企业的实力

资料来源：陈剑锋. 国外产业集群理论研究综述［J］. 外国经济与管理，2002（8）.

Michael Allbu（1997）充分吸收了其他学者的成果，提出了一个以市场导向和协作方式为基础的分类方法，将产业集群分为四类：①手工艺/传统工业产业群（如意大利的制鞋业）；②组装的生产网络（如韩国的消费电子装配）；③高技术综合体（或园区）；④基于大企业的工业中心（见图 3-1）。

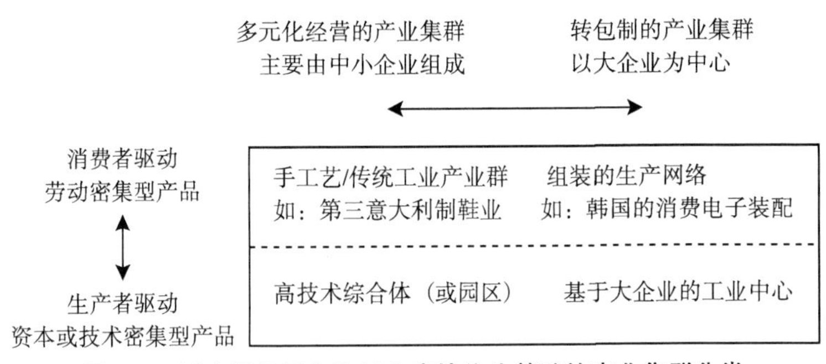

图 3-1　以市场为导向和以生产协作为基础的产业集群分类

资料来源：Michael Allbu. Technological Leaning and Innovation in Industrial Clusters in the South, SPRU［R］. Electronic Working Papers Series，1997.

1998 年，联合国贸发组织秘书处（UNCTAD）根据网络化中每个企业的技术水平、市场的扩展和企业之间的合作程度，将产业集群分为五种类型：①非正式的合作网络；②有组织的合作；③创新型集群；④科技园区；⑤出口加工区等。Philip McCann，Tomokazu Arita 和 Ian R.Gordon（2002）运用交易成本理论将产业集群分为纯集聚体、产业综合体和社会关系网络三类，并对不同种类产业集群的特点、入群条件、空间分布等进行了深入研究（见表 3-2）。

表 3-2 基于交易成本观点的产业集群分类

特征	纯集聚体	产业综合体	社会关系网络
公司规模	小	部分企业较大	变化
企业间关系的特点	无法确认、不稳定	可确认、稳定的贸易关系	信任、忠诚、合作、共同承担风险、机会主义行为少
成员资格	开放	封闭	部分开放
入群条件	土地租金	内部投资	历史传统、风俗、经历
空间结果	偏好租金	对租金无影响	
空间分布	城镇	非城镇	非城镇
案例	竞争性城市经济	钢铁或化工产业综合体	新产业区
分析方法	纯集聚模型	投入产出分析	社会关系网络理论

资料来源：Philip McCann，Tomokazu Arita，Ian R.Gordon.Industrial Clusters，Transactions Costs and the Institutional Determinants of MNE Location Behaviour [J]. International Business Review，2002（11）.

二、国内产业集群分类研究状况

国内关于产业集群的分类研究大约始于 20 世纪 90 年代。其中三分法最常用。仇保兴（1999）根据集群的结构状况，将集群分为三种形式：①“市场型”集群，其特征是群内企业之间的关系以平等市场交易为主，各生产厂以水平联系来完成产品生产；②“椎型”（中心卫星工厂型）集群，其特征是以大企业为中心，以众多中小企业为外围；③混合网络型群落，其特征是以信息联系为主，而不是以物质联系为主，以计算机辅助设计和制造业的柔性生产方式来进行生产。此外，按企业性质又可将产业集群分为制造业集群、销售业集群和混合型集群（仇保兴，1999）。王永杰等（2004）根据产业集群的运行模式将产业集群分为模仿扩散式、合作网络式和政策导向式。陈耀基于产业关联度、区位优势，认为产业集群主要可以分为以下几类：①纵向集群，是由产业的纵向关联形成的产业集群；②横向集群，是由产业横向关联而形成的产业集群；③区位指向集群，由区位优势指向形成的产业集群。国家发展和改革委员会工业司综合处（2004）根据我国产业集群的结构，将我国产业集群划分为三类：①古典的产业集群区——“马歇尔产业区”。②“龙头+网络”的形式，其特征是龙头企业在研发、生产、营销中发挥创新和导向作用、横向支撑作用、纵向纽带作用；众多中小企业和家庭工厂形成网络状，实现生产社会化、组织网络化和流通市场化，既自己开拓市场又需依靠龙头企业和区内网络集体力量拓展市场。③以核心大企业为主导，与中小企业相配套形成的产业集群。还可将产业集群分为市场创新模式、外商直接投资形成模式、内源型品牌企业带动模式（胡昱、刘文俭，2003）。

两分法也用得不少。冯得显（2003）从产业集群形成的作用力方向出发，认为产业集群既有自生性和外生性之分，也有自发的和诱发的、生成性和构建性之分。陆岸萍（2003）从产业升级的角度将产业集群分为两类，一类是传统产业集群，如福建晋江的鞋业集群；另一类是高科技产业集群，如美国硅谷。还可根据FDI介入程度的高低将中国产业集群大致分为两类：一类是FDI介入程度高的（FDI-intensive，简称高介入产业集群），如珠江三角洲产业集群；另一类是FDI介入程度低的（FDI-intensive，简称低介入产业集群），如浙江和福建晋江产业集群（赵蓓等，2004）。

也有学者用五分法。如周兵等（2004）根据产业集群形成的原因，将产业集群划分为五类：①学习型产业集群；②品牌型产业集群；③功能关联型产业集群；④植根型产业集群；⑤整合营销型产业集群。由于不同的区位成本因素与路径依赖，在不同的背景下，我国产业集群也可这样划分：①建立于农村或乡镇工业基础上的特色产业集群，如浙江近百个劳动密集型专业化产业区；②在科技实业家创业基础上形成的高科技产业集群，如北京中关村IT产业集群；③在本地“三来一补”基础上发展起来的产业集群，如广东东莞劳动密集型集群；④由外资配套企业发展起来的产业集群（技术密集型集群），如北京亦庄的诺基亚星网工业园；⑤改造后的公有企业经繁衍和集聚形成的产业集群，如青岛海尔、重庆嘉陵摩托等，均与相关企业繁殖和衍生，最终形成产业集群（于树江等，2004）。

金碚等（2003）对产业集群分类问题进行了深入研究，提出三种分类方法。第一种方法是按集群的产业性质划分，可分为三类：①传统产业集群；②高技术产业集群；③资本和技术结合型产业集群。第二种方法是从产业组织结构角度将产业集群分为两类：大中小企业共生型、小企业群共生型。第三种方法是从集群的功能出发，将产业集群划分为三类：①传统的纯集聚型模式；②产业综合体模式；③社会网络（俱乐部型）模式。王雷（2003）对产业集群的分类着力尤多。他认为，国外产业集群的基本模式主要包括以下几类：①由大企业改造、分拆而形成的企业集群，其中的典型是20世纪克罗地亚造船业企业集群；②以中小企业协会等中介服务机构为组织主体而形成的企业集群，其典型代表是中国台湾出口型中小企业集群；③以大制造企业为核心，通过分级下包制度而形成的企业集群，日本企业集群是其典型代表；④以家族关系和共同的文化背景为基础形成的企业集群，其典型代表是意大利普拉托毛纺织业集群；⑤跨国公司对外投资形成的企业集群，典型代表有美国电子通信公司在新加坡、马来西亚投资形成的电子元件企业集群等；⑥大学、科研机构与企业间协同作用形成的高技术企业集群，美国的硅谷是其典型代表。就中国产业集群而言，按地域划分可分为三类：①以浙江为代表的原生型产业集群（或称本土民营企业集群）；②以广东为代表的外向型产业集群，其特征是“嵌入型”产业集群；③以北京为代表的高科技产业集群。

王缉慈对中国产业集群进行了深入研究，提出多种分类方法。2001年，她将集群分为五类：①一些沿海外向型出口加工基地；②一些智力密集地区；③一些条件比较优越的开发区；④一些乡镇企业集聚而形成的企业网络；⑤由国有大中型企业为核心的企业网络。2004年，她修改了五分法，重新将中国产业集群划分为四类：①建立在乡镇工业基础上，基于当地企业家的内力和工商业传统的特色集群，此类集群一般由中小企业组成，如浙江的专业化产业区、河北的清河羊绒产业集群等；②在中国香港、中国台湾产业转移基础上形成的产业集群，如广东、福建的一些专业镇，它们往往又与乡镇工业、当地企业家精神和工商业传统交织在一起；③与大型企业配套形成的产业集群；④在民营科技企业集聚基础上、在政府规划下发展起来的高科技产业集群，如北京中关村的IT产业集群、湖北武汉光电子产业集群等。此外，她又从嵌入性角度提出将中国产业集群分为两大类：国土嵌入型（Embedded）集群和非嵌入型（Disembedded）的集群。

随着研究的不断深入，一些学者还对各地产业集群进行了细分（陈雪梅等，2001）。张一力等（2003）从描述产业集群的存在形态出发，将浙江产业集群分为四种：①空间集聚型发展模式；②“块状经济”模式；③民营企业的群落式发展模式；④以家庭关系和共同的文化背景为基础而形成的中小企业集群模式。由于本土资本是浙江产业集群形成的主要资本基础，国际市场是浙江产业集群延续的主要途径，因此，本土资本与国际市场结合型是浙江产业集群的模式。广东产业集群则可以具体分成三种形式：①历史形成的企业集群；②沿全球商品链形成的企业集群；③创新网络企业集群（李新春，2001）。珠江三角洲产业集群有自身的特点，其集群模式也可分为三种：①专业镇模式，表现出特色经济；②沿着国际商品链整体转移模式，如“三来一补”模式；③以创新带动的企业创新网络的形成，主要表现在高技术领域（熊晓云等，2003）。

从上述分类方法可以得出以下结论：①产业集群分类方法非常丰富，多个学科从不同角度进行了概括；②国外产业集群分类涉及发达国家、发展中国家；③国内产业集群的分类则显示了明显的地域特征，主要集中于经济发达地区。对于经济欠发达的广大中西部地区，由于产业集群相对较少，以及研究力量相对薄弱，针对该地区的产业集群分类方法比较少见。与经济发展水平不一致，学术研究也显示了明显的地区不平衡。

第二节　赣南脐橙特色产业集群形成机理分析

一、赣南脐橙特色产业集群中知识投入类型及其作用分析

（一）问题的提出

知识投入与特色产业集群核心竞争力正相关。知识投入甚至也是特色产业集群核心竞争力的重要组成部分（刘善庆、陈文华、叶小兰，2007a）。与具有悠久历史的景德镇陶瓷特色产业集群不同，赣南脐橙特色产业集群的知识投入也有自身的特点。本书试图就赣南脐橙特色产业集群中知识投入的类型、投入的途径及其所起的作用展开讨论，总结知识投入在赣南脐橙特色产业集群中的若干特点，以便于人们从一个新角度探寻赣南脐橙特色产业集群快速形成、发展的缘由。

（二）赣南脐橙特色产业集群中知识投入的类型和作用

赣南脐橙特色产业集群形成的时间比较短。虽然脐橙比较早就来到了中国，但是在赣南出现的时间不到40年。由于其丰富的自然资源、优越的地理环境以及政府的强力扶持、顾客的消费偏好等多种原因的影响（刘善庆、叶小兰，2007b），赣南脐橙特色产业集群在最近几年形成，并得到了长足发展。

在赣南脐橙特色产业集群形成、发展过程中，群内存量知识并不丰富，主要是增量知识。增量知识大致可以分成以下几类：有关脐橙产前、产中、产后的各种种植和管理技术，各种行业标准和规范，对知识产权的有效运营和保护。其中，大量的技术、技巧可以分成显性知识和隐性知识，隐性知识主要通过经验积累而成，显性知识则可以通过各种有效载体而标准化，从而成为行业标准或国家

标准，因此，行业标准包括部分种植和管理技术。

有关脐橙产前、产中、产后的各种种植和管理技术，主要包括改革“矮、密、早”的栽培管理制度，积极推行稀植、脱毒容器育苗、高位定干、生草栽培、大枝修剪、增施有机肥、病虫害综合防治“七改”技术以及脐橙气调贮藏库保鲜技术、各种营销技术和技巧；提倡无公害栽培技术。

在赣南脐橙特色产业集群形成过程中，存在技术研究、推广、应用脱节，技术支持缺乏生力军的现象。

先进的生产栽培技术如测土配方施肥技术、喷灌技术没有得到广泛推广。在脐橙发展初期，由于强调扩大面积，采用的基本都是普通苗，近年来开始大力推广脱毒苗，但进展不大，全市脱毒苗区占脐橙总种植面积的比例仍然不高。没有广泛推广、进展不大的原因是果农经济承受能力有限和政府推广力度不够。

果农们的技术支持没有生力军。目前大部分农户的技术支持是依靠技术员、不系统的宣传资料和针对性不太强的培训，农民很少能够单独判断如何用药、施肥等，也不能很及时地找到解决办法。

病虫害对赣南脐橙的影响可能是灾难性的，其中比较厉害的有溃疡病和黄龙病。特别是黄龙病，一旦发现，只有连根拔掉，导致资源浪费和成本提高，如何研究有针对性的技术以解决这个问题在很大程度上关系到集群的健康发展。

果品技术含量低，品质良莠不齐，包装滞后。由于果农素质存在差异，脐橙的培植有很大的随意性和盲目性。许多果农在种植过程中缺乏经验和自主能力，盲目跟从别人施肥、打药，并且大部分果园培植过密，整形修剪不合理，造成枝叶茂密，病虫害较多。赣州地区由于受台风影响，枝梢交叉，造成果实擦伤严重，果品无卖相。商品化处理技术、设备落后，包装滞后，外观整齐一致、漂亮的果实供应能力有限，从而大路货多，难以占领中、高档消费市场。

虽然赣南多数地区不存在或者较少存在工业上排出的“三废”，但存在滥用化肥、农药等现象，从而造成大气、土壤、水域等的严重污染和破坏，使果实有毒物质残留量高。在人们越来越关心食品安全和身心健康的今天，“绿色壁垒”贸易保护措施在一些国家形成。这就要求柑橘产业必需改变原有的栽培技术，以IFP（综合果实生产管理技术体系）生产方式结合本地实情进行果实的生产、管理，以符合国际和时代要求。2001 年 9 月，农业部颁发《无公害食品——柑橘》、《无公害食品——柑橘生产技术规程》、《无公害食品——柑橘产地环境条件》，从而为无公害柑橘生产提供了依据。无公害栽培主要包括以下关键技术：①选择的生产基地要远离工业区、城区、交通区域，要求土壤、大气、水域未被污染和破坏，达到生态标准；②苗木脱毒；③在果园内播种草种；④果实套袋；⑤病虫害防治，严格按照国家颁发的《生产绿色食品的农药使用原则》适时适量用药，提倡生物防治。

为了解决上述问题，赣南相关机构与高校、科研单位合作，进行脐橙育种育苗、需水需肥规律等基础研究和测土配方施肥、控制枝量、疏花疏果、防晒措施、分期采收、病虫草害综合治理等栽培技术的研究。进行绿色 A 级、AA 级脐橙生产关键技术、脐橙农药残留和有害元素含量快速检测技术及无损检测技术研究，并结合当地实际，为绿色脐橙生产构建涵盖产前、产中、产后全过程的技术体系并将之落实到各家各户。加强脐橙采后处理技术、气调贮藏技术，改进橙汁、酒、酱等的加工工艺，完善脐橙采后商品化处理技术规范和脐橙加工品标准体系，实现果实分级、包装、运输、贮存以及果品加工一体化，通过产后处理提高果品的商品性。加强黄龙病、衰退病等危险性病虫害监测设施网络建设与防治技术研究，随时掌握病虫害发展趋势，切实有效地控制这些关系赣南脐橙生死存亡的国内外植物检疫对象的发生和危害，为确保群内脐橙业健康持续发展配置装备。

通过多年来的研究攻关、集成创新，赣南脐橙标准化栽培技术体系已经形成。与华中农业大学合作研究的“柑橘优异种质资源发掘、创新与新品种选育和推广”项目获得 2006 年度国家科技进步二等奖。在新知识、新技术的创新过程中，赣州市各级果业局作用明显。如由赣州市果业局高级农艺师钟八莲等 6 名专家承担的《“纽荷尔”脐橙良种示范推广及无公害栽培技术研究与应用》科技项目，紧贴赣南脐橙产业发展实际，从引进品种（系）中筛选出了当家良种“纽荷尔”，16 年推广种植百万亩，打造出了世界知名品牌赣南脐橙并培育出了产值数十亿元的脐橙优势产业集群，其经济效益、社会效益十分可观。在推广“纽荷尔”的同时，课题组还集成组装、组合创新了一套具有鲜明地方特色的赣南脐橙标准化栽培技术和无公害栽培技术标准。

赣州市政府以提高果品质量、降低生产成本为核心，大力推进技术创新，推广普及“七改”新技术，即改小苗为脱毒大苗，改密植为稀植，改低杆定位为高杆定位，改精细修剪为大枝修剪，改精耕细作为生草栽培，改化学防治病虫害为主为生物综合防治病虫害，改常规施肥为测土配方施肥，并取得明显成效。在开发建园上，大力推广“三大一篓”（大穴、大苗、大肥和营养篓假植）和“三保一防”（保水、保肥、保土和防护林）技术。在果园管理上，牢牢抓住“扩穴施肥、保花保果、攻促秋梢、整形修剪”四个重要环节。

全面改革落后的生产管理方式。按照“主推一批、示范一批、攻关一批”的办法，有计划、有重点地推广贮藏保鲜、整形修剪、疏花疏果、硼肥施用、二病二虫防治五项主推技术，示范了半自动化灌溉与施肥等四项关键技术，启动了配方施肥等六项攻关技术，用现代科学技术改造果业，进一步提升群内果业科技水平。将每项技术最关键、最重要的操作要点编印成小册子，制成光盘，做到一项技术、一本册子、一张光盘，培训到每一位果农，确保 90%以上的果农基本掌握五项技术最关键、最重要的技术要点，整体提高产业科技水平。

截至 2006 年，集群基本建设成为无公害脐橙基地，超过 80%的脐橙果品获无公害产品认证；绿色食品认证 4 万亩；无公害出口基地认证 8.3 万亩；有机转换期认证 0.12 万亩；绿色食品（脐橙）原料基地创建示范县 3 个，面积 80 万亩。

果品从栽培到市场，是一个从产品到商品的连续转化过程。它包括采前优良品种选育、果园管理（包括病虫害防治、疏花疏果、套袋增色、分期无伤采收等）、采后预冷和贮藏、上市前的商品化处理（包括洗果、涂蜡、分级、贴标、包装等）以及运输和上市销售，有些品种还需做催熟处理，所有环节构成了一个完整的“产业链条”。因此，对果品产销链上的每一个环节都应有相应的标准，标准间彼此衔接呼应，形成从采前到市场的完整标准体系。这些标准包括文字和实物（如各种示范基地、苗木管理的规范化）。

整体言之，我国柑橘产业目前尚未实现标准化。由于行业行规还未形成，致使果实品质参差不齐、市场混乱、国际市场竞争力低，影响我国柑橘产业整体的发展和在国际市场的竞争。赣南脐橙要成为一个优势的农产品品牌，就必须建立品牌的质量标准，使柑橘的生产、加工、质量检测、销售一体化、规范化，对果品质量进行全程控制，做到与世界名牌果品同步甚至有所超越，并能根据国际市场做出相应变化、更新，使标准体系与国际市场体系一致。

近年来，赣南先后承担了农业部基本建设项目“江西赣南柑橘良种繁育场建设”、江西省农业重点科技计划项目“柑橘无病毒良种苗木繁育技术研究集成与示范推广”、国家农业科技跨越计划“江西省早、晚熟柑橘（脐橙）新品种及无公害生产技术中试与推广”等一批国家科研计划；组织制定了《赣南脐橙》、《脐橙》2 个国家标准，《赣南—湘南—桂北脐橙生产技术规程》农业行业标准和《无病毒苗木繁育规程》、《病虫害防治规程》、《产地环境标准》、《果品采收标准》、《贮藏保鲜标准》、《商品化处理标准》6 个地方标准。2006 年 8 月《赣南脐橙》国家标准已正式获国家标准委批准，11 月《脐橙》国家标准通过专家评审，《赣南脐橙》成为我国首个脐橙国家标准。

赣州市政府组织了脐橙适宜区域的详细调查摸底，制订了《赣南优质脐橙产业开发规划》及《实施方案》。2005 年又委托中国农科院柑橘研究所进行规划的充实完善，制订了《赣州市柑橘产业发展规划（2005~2020 年）》。按照规划，各地采取“五统一分”（统一规划设计、统一租用山地、统一建设水电路、统一供应苗木、统一管理服务和分户承租经营）的办法，对规划区内的基地，尤其是 300~500 亩的重点基地，集中时间、人力、资金进行规模化、规范化开发。推广“三大一篓”、“三保一防”技术和“猪—沼—果”的生产模式，大面积推广种植了纽荷尔、朋娜、奈沃里娜等脐橙良种，示范种植了红肉脐橙、福本脐橙等新品种；2005 年启动了加工橙种植计划，产业结构进一步调优。

示范性、标准化基地建设初具规模。创建了 1 个全国无公害水果生产示范基地县、1 个全国无公害水果出口示范基地县和 3 个全国绿色食品原料（脐橙）标准化生产基地县。目前已建成国家级赣南脐橙标准化示范区 1 个，省级标准化示范区 3 个，实施市级标准化示范区 19 个。全市建成无公害脐橙基地面积 110 万亩，脐橙出口基地 22 个，面积 8.3 万亩，有机脐橙基地（转换期）面积 1227 亩。

在集群初期，赣南脐橙苗木基本上是个体户生产，在良种接穗、砧木、检疫性病虫害、苗木标准等方面呈现无序管理状态，难以保证生产高质量、高纯度的苗木。为了解决苗木管理的混乱和无序状态，赣州建立了赣南柑橘无病毒良种苗木繁育场（省级）和安远、寻乌等 4 个全国一流的良种繁育场，引进无病毒良种母本树 8000 余株，2005~2006 年推广无病毒苗木 242 万株。制定了《赣州市果树种子苗木管理办法》及《实施意见》等一系列政策措施，基本形成了“统一管理、统一标准、统一价格、统一供苗、专业经营”的良种繁育与供应体系，保障了脱毒苗木供应，新植脐橙种苗纯正。

随着上述标准、措施的先后制定和执行，赣南脐橙特色产业集群产前、产中、产后的质量标准初步实现了规范化。

知识产权（包括著作权、专利权、商标权、原产地标志权等）成为衡量一国综合竞争力的重要指标，是国民创新能力的集中体现，更是企业核心竞争力最关键的组成部分，也是最具价值的无形资产。企业只有通过获得专利、著作权、商标、商业秘密等多种形式，形成自主知识产权，才能在国际竞争中占据优势地位。

在建立赣南脐橙品牌管理与保护体系方面，赣南走过了从忽视到初步认识再到比较重视的阶段。虽然群内部分企业比较早就开始着手品牌的有效管理，先后注册了十几个商标，但从总体看，品牌作为全区的重要资产的认识始于 2003 年。

市委、市政府2003年印发了《关于进一步加快赣南脐橙产业发展工作的意见》，在此基础上，市政府又下发了《关于加强我市脐橙品牌管理的意见》（简称《意见》），从而启动了赣南脐橙品牌管理和保护工作。《意见》首次确定将“赣南脐橙”作为赣南脐橙特色产业集群内所产脐橙的商品名。统一了使用赣南脐橙品牌的方法，即采取“统一品牌、商标各异、注明基地、保护产地、政府引导、统一管理”的办法，将全市的脐橙统一到赣南脐橙一个品名上来，并坚持“五统一”（统一开采时间，统一包装设计、统一宣传口径、统一产品形象、统一赣南脐橙商品名称）、“四区分”（区分各自商标、区分不同品种、区分果品等级、区分产地或企业）、“三不准”（不准染色、不准假冒、不准以次充好）的原则。

赣州市政府在采取行政手段强制规定全区统一使用赣南脐橙品名的同时，也成功申报了赣南脐橙这一“地理标志”，《地理标志产品赣南脐橙》国家标准得到实施。2004年9月，国家质监总局原产地域产品保护办公室组织专家对赣州申报赣南脐橙原产地域产品保护进行技术审查，通过审查合格，发布了136号公告并颁发了《中华人民共和国原产地域保护产品赣南脐橙》证书。2005年7月，国家质量监督检验检疫总局出台《地理标志产品保护规定》，赣南脐橙原产地域产品保护从而顺利转换成赣南脐橙地理标志产品。2005年10月27日，《地理标志产品赣南脐橙》国家标准报国家质量监督检验检疫总局批准，经过公告，由国家质量监督检验检疫总局正式发布实施。为了实施国家地理标志产品保护制度，依法有效保护赣南脐橙品牌，根据《地理标志产品保护规定》，赣州市质量技术监督局、赣州市出入境检验检疫局、赣州市果业局共同制定了《赣州市赣南脐橙地理标志产品保护管理办法（试行）》，于2005年11月1日起施行。同时，赣南脐橙地理标志产品保护办公室也正式挂牌成立。这标志着赣南脐橙标志保护取得了实质性进展。2006年，《赣南脐橙》国家标准获国家标准委批准，成为我国首个脐橙国家标准，标志着赣南脐橙具备了“国际知识产权”的法律保障。同年，赣南脐橙产品获得国家“地理标志”保护产品，被列为全国十一大优势农产品之一，赣南脐橙生产基地被批准为“全国农产品加工业示范基地”，“赣南脐橙”品牌被列为全省20个重点扶持的农产品品牌之首。

从20世纪90年代的无品牌，到21世纪初的多品牌，到统一赣南脐橙品牌，再到2005年11月，赣南脐橙顺利获得中国果品流通协会授予的“中华名果”称号，2007年4月，赣南脐橙荣获“中国十佳区域公用品牌”，赣南脐橙终于从不为人知的地区品牌成长为一个具有全国乃至世界声誉的知名脐橙品牌。

（三）赣南脐橙特色产业集群中知识投入的主体和投入途径

有关脐橙产前、产中、产后的各种种植和管理技术的研发、投入，各种行业标准和规范，对知识产权的有效运营和保护的主体既可以是企业，也可以是政府以及科研机构、学校、协会等中介组织。

在赣南脐橙特色产业集群的萌芽期和初期，企业和个体种植、生产、加工、运销户是脐橙产前、产中、产后各种种植和管理技术的研发、投入主体。他们的投入使得脐橙技术从赣州个别县逐渐向全区扩散，扩散途径主要是社会关系网络，通过面对面的学习、交流。由于掌握该类技术的人才有限，传播的效率较低，从而影响了传播面的进一步扩大。随着政府对本地自然资源和实际情况的进一步了解和掌握，脐橙被作为调整和优化赣州产业结构的重要手段得到了政府的强烈重视和扶持。特别是21世纪，政府更明确提出要将赣南脐橙打造成全市的四大产业集群之一，政府从而成为群内脐橙产前、产中、产后各种种植和管理技术投入的主要承担者，企业、个人则在政府的引导下从事某些具体技术的研发和投入。不仅如此，政府也由此成为制定各种行业标准和规范、运用和保护各种知识产权的主体。

对于各种行业标准、规范和知识产权的有效运用和保护，政府主要采取行政、法律和经济手段施行，表现出比较强的强制性。对于脐橙产前、产中、产后各种种植和管理技术的投入，政府主要依靠行业协会、政府部门、新闻媒体，通过政府政令、政策引导、舆论宣传、经济刺激等手段进行。

举办各类培训是政府迅速传播脐橙各种相关知识行之有效的手段和途径。如科技服务方面的主要方式就是通过层层举办培训班，编发《标准工作历》、《果技简报》，每年举办各类培训班2000多期，培训人数15万多人次，发放技术资料40多万余份，保证所有果农和从业人员每年至少接受1次以上技术培训。在对果农进行技术推广和培训的同时，还对果农进行市场营销思想和策略的培训和宣传，使果农形成以市场需要为导向的营销思想，不仅要以国内市场更要以国际市场需求为导向，以适应WTO的要求。使果农清楚只有根据市场需要及其变化进行水果生产，满足消费者对水果品种和质量的需要，才能具有较强的竞争力和经济效益。在重视对群体进行大规模培训的同时，政府还组织技术人员按照农时实地进行个别技术指导，加强技术投入的针对性。为建立科技人员直接到户、良种良法直接到园、技术要领直接到人的科技成果快速转化长效机制，赣州市果业局每年都将重点推广技术和农民实用技术培训列入对县（市、区）党委、政府和县（市、区）果业局工作的重要考核内容，从而强化了技术的及时有效投入。

与赣南脐橙特色产业集群的发展速度相比，群内脐橙产业各类人才仍相当缺乏。目前仅有一批数量不多、结构不很合理的果业技术推广人才。要实现赣南脐橙的全球战略目标，只有生产技术人才是远远不够的，还急需大批生产技术推广人才、基础技术攻关人才及市场营销、电子商务、网络化建设、信息、农产品冷冻贮运管理、拍卖、期货、商贸、策划、经济、法律诸方面的人才。目前人才奇缺已成为影响赣南脐橙特色产业集群发展的“瓶颈”，人才培养已经迫在眉睫。

具有浓厚政府特点的果业协会、果业合作社是各类知识投入的重要途径。2005 年 5 月，赣州市赣南脐橙协会正式成立，全市 18 个县（市、区）全部成立了县级果业协会，在果业基地、乡镇、村组建立各类果业协会（分会）363 个，全市有各类果业协会 461 个，会员近 10 万人。按照“四有、三统、二公开”（有工商注册、有规章制度、有活动场所、有基本股金，统一生产标准、统一农资供应、统一果品销售，公开财务收支、公开议事程序）的模式，进行示范、引导，成立了 41 个企业型、与果农利益联系紧密的果业合作社，有 11 个果业协会和果业合作社列为了市级示范性农村合作经济组织。在发展果业协会和合作社过程中，坚持尊重广大从业人员的首创精神，坚持自愿入会入社、不搞行政捏合，不拔苗助长，不急于求成，切实注重实际效果，增强协会和合作社的服务功能。在协会和合作社初期，主要任务就是抓技术培训、技术指导，技术、信息交流密切、广泛，为广大果农和会员之间进行交流、沟通提供了很好的平台。目前，各级协会和合作社的主要工作是抓技术培训、技术指导、抓营销、抓市场、规范约束行为等。

赣南脐橙特色产业集群的形成和发展主要基于资源禀赋和政府的强力推动，从目前的文献和实地考察来看，群内知识以显性知识为主，隐性知识较少；在显性知识中，存量知识较少，主要是增量知识。赣南脐橙特色产业集群中的增量知识投入包括脐橙产前、产中、产后各种种植和管理技术，各种行业标准和规范，对知识产权的有效运营和保护。在赣南脐橙特色产业集群萌芽及初期，脐橙产前、产中、产后各种种植和管理技术的研发、投入主要由企业、自然人承担。当培育和发展赣南脐橙特色产业集群成为赣州市政府调整和优化产业结构的重大战略举措时，政府自觉成为群内知识投入的主体。对于脐橙产前、产中、产后各种种植和管理技术的投入，政府主要从两方面着手。一方面，政府充分运用现代传播手段，通过新闻媒体（广播、电视、新闻报纸、网络）大力宣传有关赣南脐橙的各种知识；另一方面，通过各级政府职能部门、协会等各种渠道，举办培训班，及时传播有关赣南脐橙的各种知识、信息。对于各种行业标准、规范和知识产权的有效运用和保护，政府主要采取行政、法律和经济手段施行。

尽管在知识投入方面，赣州市政府还有许多工作有待改进，如尚未将赣南脐橙注册成商标，从而可能影响了赣南脐橙附加值的进一步提高，但是，已经进行的知识投入方面的系列工作有力地加速了赣南脐橙特色产业集群的形成，赣南脐橙也由此成为一个比较成熟的知名农产品品牌。

二、地方政府在赣南脐橙产业集群形成、发展中的作用分析

（一）赣南脐橙产业集群形成、发展概况

1. 形成阶段

（1）引种培育阶段。20 世纪 60 年代中期至 70 年代，为了增加林场的经济收入，寻乌园艺场成功创办，信丰安西初次试种脐橙并获成功，开启了对赣南脐橙产业的探索。1971 年信丰县安西园艺场技术员袁守根借选购柑橘苗木之际，抱着试试看的心态从湖南邵阳引种 156 棵“华盛顿脐橙”。以“三年结果，五年成熟”为生长周期，这 156 株脐橙树 1974 年开始结果。1975 年 11 月赣州外贸公司来安西园艺场调柑橘出口中国香港，袁守根拿出脐橙款待来宾，对方一直以为是美国大橙，直到见了脐橙树之后才相信这是赣南生长出来的脐橙。1976 年 3 月，赣州贸易公司带着赣南的 20 个脐橙参展“广交会”，赣南脐橙给外贸界留下了深刻印象，同时赣南脐橙在中国香港的试销也备受好评。继信丰安西园艺场之后，华盛顿脐橙在原赣州地区园艺场、原赣州市（现章贡区）园艺场、寻乌园艺场、定南县礼亨水库和县农科所等单位也陆续被引进和试种。在有关部门的重视下，信丰安西、大余青龙、宁都田头作为外贸脐橙的出口基地先后在赣南建立。

（2）规划调整阶段。20 世纪 80 年代，胡耀邦给白栋材写了一封“关于赣南发展柑橘生产的方针”的信，此信开启了赣南果树品种以柑橘为主的大调整，同时随着纽荷尔等脐橙品种的引进，赣南脐橙进入规划调整期。1979 年，全国展开了从美国、西班牙引进脐橙新品的试种和生态适应性评价活动，此次试种共有 12 个新品系，赣州设有 1 个研究点和 2 个脐橙场共 3 个评价点。1980 年，赣南被勘察出具有适宜栽种柑橘的独特气候，理应打造为国内柑橘产品的重要生产基地，该结果由南方山区综合考查队经过实地勘察后给出。1982 年 1 月 21 日，胡耀邦通过信件指示赣南应放开手脚，充分调动社员的积极性去进行柑橘种植，不应采取“国营为主，集体为基础，个体为补充”的方针，也不应采取“个体为主，集体和国营为辅”的方针，而应坚定不移地以大力扶持个体种植为主，集体转业承包发展种植为辅的方针。另外还提出国家在提供苗种和技术指导等方面，

初期可以考虑无偿提供一部分资源来把赣南柑橘扶持起来。1985 年，在章文才的亲自指导下，赣州地区柑橘研究所建立了栽培试验园。1990 年 11 月，脐橙项目经专家现场验收和鉴定结果为亩产 2964.18 千克，创国内同类研究新高。章文才亲临鉴定现场，看到试验园脐橙树果大、量多、色艳、风味浓郁，评价说赣南是国内首个脐橙新品系试种成功的楷模，并向相关领导提议赣南应大力推广脐橙种植。赣州地委很快就做出了优先发展 30 万亩脐橙的决定，脐橙开始成为赣南柑橘产业的当家品种。

20 世纪 90 年代，“山上再造”和“兴果富民”战略的广泛推广和大力实施引发了赣南脐橙发展的首轮高潮，脐橙开始取代宽皮柑橘的主体地位，经过调整成为赣南柑橘品种的主力军。

2. 发展阶段

（1）规模壮大阶段。1998~2005 年，以安远 2002 年 8 月举办的关于赣州市加快脐橙产业发展誓师大会为标志，开始了关于果园机制特别是经营管理方面的改变，且赣南脐橙产业出现了向上发展的趋势。2001 年 11 月，农业部种植管理司经作处考察组在对赣南进行考察后，提交了一份报告，说明了加入 WTO 后中国赣南对我国柑橘业发展的重大作用，这促使我国农业部开始关心赣南产业的发展情况。中国为争取加入“世贸”组织，取消对美国柑橘的进口限制，从此赣南柑橘业开始直面强大的市场竞争对手。我国“首届赣州脐橙节”在 2001 年 11 月举行，参加学会有柑橘协会，柑橘协会为了表达对赣州脐橙的重视进行了题词：中国脐橙之希望。我国农业部 2002 年提出将赣南脐橙产区作为支持发展中的重点。同年，赣州的有关组织单位也下发文件，为了推进赣南脐橙产业的加速发展，从 2002 开始通过逐年增加 16.5 亩脐橙的种植面积来推进赣州脐橙产业的发展，形成规模化优势，成为世界脐橙的重要产区。因而脐橙面积从 2002 年开始迅速扩大，主要体现在两个方面：一方面，从 2002 年开始，赣州市新拓展的脐橙种植面积逐年以 20 万亩的速度增加；另一方面，2000~2005 年赣州市脐橙总面积和产量分别增加到了 115 万亩、36 万吨。

（2）转型提升阶段。2005~2009 年，赣南地区为促进上百亿元产业集群的顺利实现，逐步施行各类产业转型和提升活动。以该地脐橙产业变革为例，2005 年，赣州市政府重新调整了赣南脐橙产业发展战略格局，将产业经营重点从开发环节转向管理和营销环节，并将产品品质控制从注重数量转向注重质量，另外，还在宏观上把握各个产业之间的有机联系，力求构建以脐橙产业为主导的网状产业群。2009 年，赣南脐橙年产量达 112 万吨，总产值达 60 亿元，赣州市约 26

万户水果种植户，73万果农从中获益，并且果农人均收入达3300元，脐橙产业成为其重要的收入来源，而且脐橙产业的发展带动了近20万农村劳动者的就业。赣南脐橙产业的发展还带动了物流产业、养殖业、包装业等配套产业的发展。

（3）绿色崛起阶段。2010年以来，以赣州市第四次党代会为标志，赣南脐橙产业从规模化发展转向精品化、环保化发展。依托于脐橙研究中心，赣南脐橙幼苗基本实现了无毒化处理，同时果业局组织科技人员对现有的脐橙树进行病毒害监测，并对患病果树进行无害化处理，从源头保障了赣南脐橙产业发展的健康化。在赣州市委、市政府的指导下，赣南脐橙果园的建设标准正日益科学化，高水准化，脐橙生产过程中科学施肥、严格按照农药使用标准用药、统一采摘、拒绝染色和催熟，力争让消费者吃到通过国家质量体系检测的绿色、无毒害的脐橙。2012年，中央出台了振兴原中央苏区的建设政策，赣州政府积极争取资金为赣南脐橙产业的现代化、绿色化、无公害化、品质化、品牌化提供扶持。2013年，国家脐橙工程研究中心和"脐橙"博士后科研工作站在赣州成立，赣南脐橙科研成果的研究、应用和服务体系建设迈上了新台阶。赣州被誉为"世界橙乡"、"中国脐橙之乡"，2013年脐橙的种植面积达183万亩，位居世界第一，总产量达140万吨，居世界第三，果品品质世界一流，总产值达60多亿元，全市60多万农民从中得益。预计"十二五"规划末，赣南脐橙的种植面积将突破200万亩，产量将达到300万吨，成为区域种植面积和年产量均居世界第一的脐橙产业区，成为具有国际和市场话语权的绿色脐橙生产区。

（二）赣南脐橙产业集群形成阶段地方政府作用研究

1. 赣南脐橙产业集群形成阶段地方政府促进作用模型构建（见图3-2）

赣南脐橙从无到有，从零散种植到标准果园生产，地方政府的引导作用非常重要。赣南脐橙产业形成之初，地方政府依托南方科学研究所的勘察结果及农业部的相关政策支持，开启了赣南脐橙产业的形成之路。本书以赣南脐橙产业集群的形成阶段为研究范畴，对地方政府在该阶段对赣南脐橙产业集群的促进作用进行研究。

2. 赣南脐橙产业集群形成阶段地方政府的作用

赣南地区属于欠发达地区，产业基础薄弱，市场机制不完善，企业经营者的素质、观念都有待提高，而西方发达国家市场较为成熟，市场机制很健全，赣南政府如照搬西方发达国家政府在产业集群形成过程中的作为，那么赣南脐橙产业集群将很难培育出来，因为我国不具备那样的条件。鉴于赣南地区的现实情况，通过市场机制去调节赣南脐橙产业集群的发展缺乏现实性，不一定能达到好的效果，所以在赣南脐橙产业的形成过程中，地方政府的主导作用非常重要。

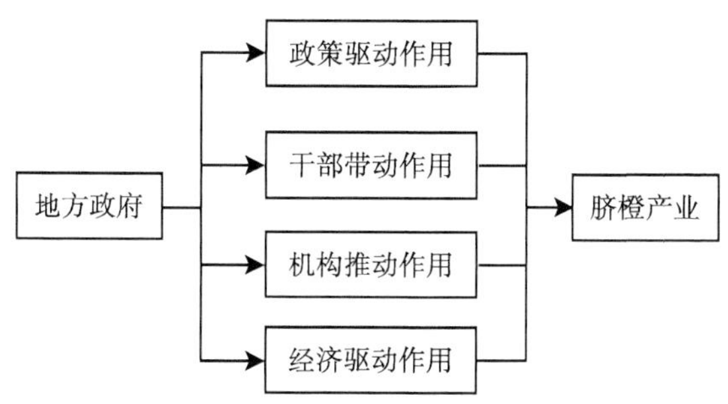

图 3-2 赣南脐橙产业集群形成阶段地方政府作用模型

（1）政策驱动作用。追溯赣南脐橙的发展源头，我们可以发现的确是偶然因素促成了赣南脐橙的出现，但是从其形成过程来看，赣南脐橙形成的关键因素是政府的驱动力。从 20 世纪 80 年代开始，当地政府就提出从调整农业产业结构，加快经济发展角度出发，要求各地方政府要从实际出发，结合自身优势，加快农业产业结构调整。赣南地区山地资源丰富，地理环境独特，具有发展柑橘类作物得天独厚的农业气候优势，为此，当地政府决定结合本地实际，发挥这一大优势，大力发展柑橘类等水果产业。地方政府经过综合分析国内外水果市场和赣南本地的区位优势，最终确定在保持柑橘适度发展的同时，将脐橙产业作为支柱产业优先发展。

（2）干部带动作用。赣南脐橙最初的种植主体是干部职工，大多数农民都是抱着试试看的心态，种几棵尝尝鲜。在赣州的许多县（市），几乎 80%的干部职工通过各种方式建立了自己的果园，在局部地区，干部果园的面积占到了全部果园的 50%左右。赣州市辖区范围内许多县领导都把脐橙发展作为一项重要任务来抓，提出"没有脐橙园的干部不是合格干部"的口号。各县规定了不同级别的干部应开发的脐橙园规模，一般干部 10 亩以上，局级干部 20 亩以上，县级干部 30 亩以上，干部的绩效考核与该任务的完成与否直接挂钩，次年仍没有完成任务的干部将被扣除一部分工资。同时，允许条件较好的部门给予本部门干部一定的经济支持。一般情况下，干部的经济条件比普通农民要好很多，发动干部种脐橙，进而带动农民种脐橙，比直接要求农民种脐橙容易许多，而且容易发挥农民的主体性和积极性，是一个比较可行的办法。目前，赣州市领导和许多政府部门都有自己的脐橙园，给当地农民起了很好的示范带头作用。

（3）机构推动作用。1991 年赣州先后在市级成立正处级、在各县（市、区）

成立正科级的果业局，在乡镇设立果业科技站，专门为广大果农和果品企业提供产业发展规划、技术培训推广、技术指导咨询、良种苗木生产与调运管理、果树病虫害防治、市场信息发布、品牌宣传推介等全方位、多渠道的管理与服务，形成了覆盖市、县、乡三级的产业管理与服务网络。这一网络的建立，一方面，有效解决了干部带头种植，却不精通乃至不懂脐橙种植技术的难题，为干部的示范带头作用提供了技术支持；另一方面，为果农敢于大面积种植脐橙提供了信心保障，一般果农的经济基础不是很好，又深受小农经济思想的影响，在接受新事物方面比较保守，缺乏冒险精神，在得知种植脐橙有政府技术指导后，便可以从心理上接受通过种植脐橙来获取收入的方式。果业局的设立，有效地推动了脐橙栽种主体从干部群体向农民群体发展，积极响应了政府让农民成为脐橙种植主体的政策，对脐橙产业集群的发展起到了很大的推动作用。

（4）经济驱动作用。地方政府不断调整思路，把脐橙产业作为加快农业结构调整、促进农民增收的新经济增长点来抓，确定并实施了“山上再造”和“兴果富民”的战略目标。地方政府着力优化脐橙品种，推进脐橙商品化进程、扩大脐橙销售市场，为赣南脐橙经济效益的提高不断努力。赣南脐橙的商品化、市场化不断激发农民群众的种果热情，也扩大了农民的经济回笼渠道。当地农民对种植脐橙的评价是“一棵脐橙树相当于三口猪”，这足以看出当时脐橙树对果农来说是很大一笔收入。赣南脐橙从当初的单株产量低、经济效益不明显，农民种果只是一种“尝鲜”行为发展到品种改良、单株产量提高、经济效益胜于养猪的“种果致富”行为，说明了脐橙的经济效益得以实现。

（三）赣南脐橙产业集群发展阶段地方政府作用分析

1. 赣南脐橙产业集群发展阶段地方政府作用研究

（1）规划产业集群的发展目标。政府的主要经济职能是为社会经济的发展做好宏观调控和规划，地方产业集群的发展依赖于政府的规划和宏观管理。赣州市各相关政府立足于赣南脐橙产业发展的不同时期，制订了相应规划。赣州果业局严格按照上述脐橙产业发展规划，科学组织实施，促进赣南脐橙产业的发展。经过这些年的发展，赣南脐橙产业集群在地方政府的科学规划和规范引导下已经发展成为中国脐橙界的先锋模范，成为柑橘业的希望，并且正向国际化迈进。日后，赣南脐橙产业发展依然要根据地方政府的规划指引、科学开发，把资源的充分利用与环境的生态保护相结合，既要着眼当前、更要立足长远，确保脐橙产业的可持续发展。

（2）积极的财政政策扶持。赣南脐橙产业集群进入快速发展阶段，现有落后的公共基础设施远不能满足脐橙产业发展的需要，成为脐橙产业发展的一大障碍。2002 年，各级地方政府加大投资力度，积极采用资金集中捆绑等方式筹措资金，其中果业基础建设资金达 1.5 亿元，果园通水、通路、通电等基础设施建设问题得到了缓解。2008 年开始，赣州市加大了对果业的财政支出，果业产业集群每年有 600 万元发展资金，加工甜橙产业每年有 1400 万元以上的发展资金。另外，加工甜橙的种植户可以获得 100 元/亩的财政奖励扶持，选种无病毒容器苗可获得 1 元/株的补助。2012 年，赣州市政府争取到了商务部对赣南脐橙实施“西果东送”政策和农产品现代流通综合试点，这两项试点共获得中央无偿项目资金 5140 万元。同时，地方政府全面贯彻落实温家宝对信丰果农袁守根信件批示的精神，积极争取到江西省委、省政府的大力支持，江西省人民政府办公厅专门下发了《关于进一步促进赣南脐橙产业发展的意见》（赣府厅发〔2012〕50 号），给予脐橙产业政策扶持、资金投入、科技支撑等保障措施。

（3）制定并推行脐橙标准体系。赣南脐橙标准体系包含《地理标志产品　赣南脐橙》和《脐橙》2 个国家标准以及 6 个地方标准。2003~2006 年，脐橙技术标准行业领导小组组织骨干技术力量，在查阅大量科技文献的基础上，进行抽样调查、布点观察试验、无公害检测和资料收集等系列的调查研究。同时通过多种渠道和多种形式聘请中国农科院柑橘研究所、华中农业大学、江西农业大学、江西省农科院、江西省质量技术监督局等的专家、教授对赣南脐橙产地进行调研，并对技术标准研究制定进行指导。在对脐橙标准化技术调查研究并取得系列成果的基础上，完成了《无公害食品——赣南脐橙生产技术规程》（DB36/T390-2003）、《无公害食品——赣南脐橙》（DB36/T389-2003）、《无公害食品——赣南脐橙产地环境条件》、《无公害食品——赣南脐橙病虫害防治技术规程》、《无公害食品——赣南脐橙贮藏运输操作规程》、《赣南脐橙无病毒苗木繁育规程》六项赣南脐橙无公害生产技术标准，构建赣南脐橙无公害生产技术标准体系。技术标准体系的建立，对全面推进赣南脐橙的标准化生产起了很好的促进作用。此外，赣州市果业局还承担了国家标准《脐橙》（GB/T21488-2008）的编制和参与了农业行业标准《赣南—湘南—桂北脐橙生产技术规程》（NY/T977-2006）等重要技术标准的制定工作。这些标准体系的建立和应用，保证了赣南脐橙产供销三个环节的标准化和绿色无公害化。

（4）建立了较完善的病虫害防控体系。2011 年，国内第一个脐橙冻害监测预警系统在赣州建立，该系统现有 41 个自动监测站点投入使用，这些站点辐射范围达 17 个脐橙产业县（市）。赣州市还安设了 9 个小气候站来监测实地气候变化，为脐橙应对气候灾害做好预报工作。赣州果业局将通过这些监测站监测到的信息来指导赣南脐橙做好冻害准备工作，促进赣南脐橙冻害防御能力的提升。另外，针对赣南脐橙易受冰冻、虫害等自然灾害影响的情况，赣州专门推出了政策性脐橙保险，给广大果农吃了一颗定心丸。一亩脐橙保险，政府补贴 24 元，果农出 16 元就可以获得 2000 元的保障，这是一份贴近民生的保障，深受果农喜欢。脐橙保险试点县宁都县果业局廖俊说，政策性脐橙保险是做大做强脐橙产业的有力保障，有利于完善这一支柱产业的支持保护体系，健全风险防范机制，有效维护果农利益，但目前脐橙保险的覆盖率不大，全市仅有 1.5 万亩脐橙享有保险政策。

（5）创建脐橙技术创新与应用体系。地方政府始终坚持科技为先，依托华中农业大学、中国柑橘研究所等科研院校的技术优势，聘请国内一流专家组成产业专家顾问团，实时把脉产业发展，为产业发展提供强有力的技术支撑；国家脐橙工程技术研究中心立足解决产业发展存在的技术难题，致力于进行产业科技研究和技术攻关，并整合现有资源，构建开放式的协同创新平台；“脐橙”博士后科研站的设立为赣南脐橙技术创新提供源源不断的高素质研究者。同时，赣州建立了一支覆盖产区的技术推广服务队伍，全市每年举办各类培训班 2000 多期，培训果农 15 万多人次，发放技术资料 60 多万份，让每位果农每年至少接受 1 次技术更新教育培训。

（6）打造赣南脐橙品牌。赣州地方政府非常重视赣南脐橙的品牌建设，并在 2007 年获得“中国农产品品牌建设政府贡献奖”。地方政府在赣南脐橙品牌建设上的作用主要体现在品牌建立、品牌宣传、品牌维护和监管三个方面，具体如下：

第一，赣南脐橙品牌的建立。赣州各县（市）基本都有脐橙种植，在脐橙统一品牌确定之前，各地纷纷打着各自的脐橙品牌在市场上售卖，如安远脐橙、信丰脐橙、寻乌脐橙等。在这种品牌混杂的情况下，容易出现各县（市）打脐橙“价格战”，赣州脐橙整体竞争力下降，并且易出现假冒情况。为了提升脐橙整体竞争力，地方政府通过科学的研究和认证，要求各地符合质量部标准的脐橙统一使用“赣南脐橙”品牌进行销售。在统一品牌口径的同时，地方政府还组织相关科研机构积极构建赣南脐橙品牌体系，为赣南脐橙品牌的合法化、扩大化努力。

第二，赣南脐橙品牌的宣传。地方政府利用现有平台积极宣传赣南脐橙品牌，如 2009 年以来，每年都举办中国（赣州）国际脐橙节，让更多人认识赣南脐橙品牌。

第三，赣南脐橙品牌的监管和维护。从内部看，地方政府相关部门严格监控赣南脐橙生产的标准化，指导脐橙种植户科学选育幼苗，合理施肥浇灌，按标准使用农药，统一采摘，保证脐橙生产的原始质量；脐橙加工要符合规范，不染色、不催熟，监管好赣南脐橙品牌背后的果品品质。从外部看，对市场销售的假冒赣南脐橙进行查处，对不符合质量标准的赣南脐橙进行下市处理，做好赣南脐橙品牌的维护工作。

2. 赣南脐橙产业集群发展阶段地方政府作用机理研究

近年来，产业集群是带动区域经济发展的重要载体，而区域经济的发展程度是地方政府的重要考核指标，这使得地方政府成为促进区域经济快速发展的重要主体。赣南脐橙产业集群是典型的政府主导型产业集群，是政府自上而下推动形成的，本书以政府与产业集群的关系为理论基础，从政府主导型产业集群的本质出发，对地方政府对赣南产业集群作用模式和作用机理做一个初步探索。

（1）赣南脐橙产业集群发展阶段地方政府促进作用模型构建。本书根据地方政府对赣南脐橙产业集群发展阶段的作用路径进行模型构建，主要思路为地方政府的相关政策通过果业局落实和贯彻执行，作用对象为包括果农、果品企业、批发商等在内的脐橙集群构成者。图 3-3 为地方政府在赣南脐橙产业集群发展中的作用模型。

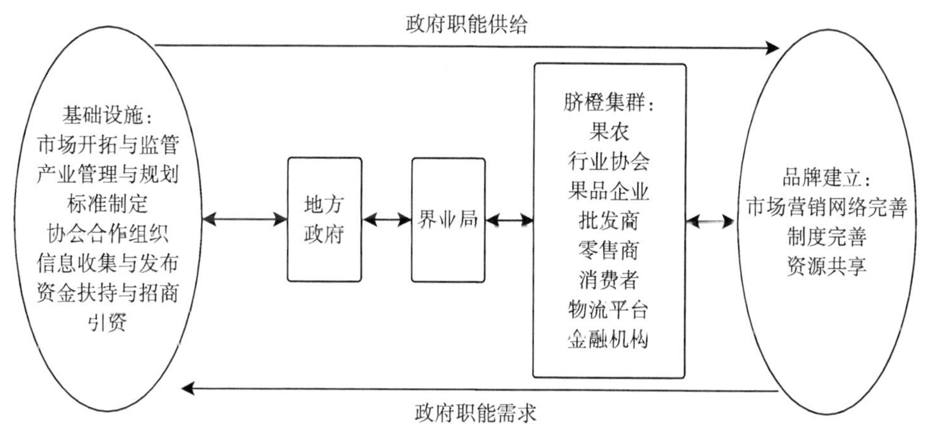

图 3-3　地方政府促进赣南脐橙产业集群发展的作用模型

地方政府为赣南脐橙产业集群的发展提供了基础设施，对产业进行管理和规划，进行市场开拓和承担市场监管职能，制定产业和产品标注，引导和鼓励果业协会和相关合作组织的建立，运用政府现有平台进行相关信息的收集和发布，同时提供资金扶持和开展招商引资工作。赣南脐橙产业是赣州的支柱产业，为了更好地促进脐橙产业的发展，赣州在各县区（市）政府成立了果业局，因此果业局就成了执行地方政府职能的实际主导者，地方政府作用通过各县（市）的果业局传递至脐橙产业集群，最后赣南脐橙品牌得以建立、市场营销网络不断完善、产业制度日趋完善、集群内信息和资源实现共享。

（2）赣南脐橙产业集群发展阶段地方政府促进作用机理研究。赣州把脐橙产业作为全市四大支柱产业之一来抓，基于赣州地区农业人口比重大，教育程度普遍不高，经济欠发达的现状，在全市各个县（市）都设有果业局，地方政府通过果业局落实公共基础设施建设，搭建公共服务平台，进行制度创新和优化市场环境，不断创造促进赣南脐橙产业发展的有利环境，消除影响赣南脐橙产业发展的不利环境，集群内的企业通过吸收政府创造的有利环境，进而转化为集群内部的品牌优势、网络优势、制度优势和资源优势，最终实现了赣南脐橙产业集群的发展升级。其具体作用机理如下：

第一，地方政府提供公共基础设施和公共服务促进赣南脐橙产业发展。地方政府通过加大对赣南脐橙产业集群公共基础设施的投入，让更多果园通水、通电、通路，为赣南脐橙产业发展的机械化、标准化、现代化提供基础保障。集群内公共基础设施的完善能够促进群内企业合作，有利于降低集群企业的运输成本、沟通成本等，从而促进赣南脐橙产业集群内企业的分工和合作。

地方政府通过构建公共服务体系来扩大赣南产业集群的经济效应。地方政府利用自身现有平台提供集群相关信息的统计与发布服务、集群企业信用评级服务、信用担保服务等，通过自身专门的信息收集渠道，辅助企业收集创新及合作信息，减少集群内企业信息搜寻次数、降低信息错误的概率，扩大赣南产业集群品牌的外部影响力。

第二，地方政府通过大力发展行业协会等中介机构促进产业集群合作。行业协会、合作组织等中介机构在信息收集与发布、协调集群企业合作、抑制集群企业机会主义行为、连接沟通政府与集群企业等方面具有优势。这些中介机构能够为果农提供市场信息，提升果农的市场谈判能力，还可以降低群内企业搜集信息的难度，促进果品企业之间、果农与果品企业之间的合作。同时，地方政府不断扶持和规范合作社，引导合作社加强自身建设，提高对农业龙头企业的议价能力和合作能力，并尝试在市级建立合作社联社协会，进一步增强脐橙产业的市场主体地位。

第三，地方政府科学管理与规划促进赣南产业集群发展。地方政府采取科学的管理办法对规划区内的基地进行管理，主要体现在“五个统一”和“一个分户”。“五个统一”是指规划设计、租用山地、建设水电路、供应苗木和管理服务的统一；“一个分户”是指分户承租经营。对规划区规模集中在300~500亩以上，地方政府将集中人、财、物对赣南产区基地进行大型开发，更好地完善赣南脐橙的标准化流程，按照标准化的流程进行操作。

第四，地方政府强化信息平台建设，实现信息共享。随着信息网络化时代的到来，运用网络平台进行信息搜集和发布成为信息传播的主要途径，也是企业用来推广和宣传产品的主要媒介之一。赣南脐橙现拥有4个用来发布消息和宣传脐橙的专业脐橙网站，但尚未形成体系。建设赣南脐橙体系网站需要对现有资源进行整合，形成一个综合的赣南脐橙网，这不仅可以节约成本，发挥有限的人力、财力、物力，且可以避免宣传不统一危机。另外，在专业网站发展的基础上，还应加强通信、网上交易等方面的发展，不仅仅局限在信息宣传，还对果农和经销商有很大帮助，帮助他们快速掌握市场信息，提高销售量。信息化方式有利于了解和宣传赣南脐橙信息，使得赣南产业链上各个主体都能及时了解到最新信息，将利益辐射到整个产业链，实现共赢。

3. 赣南脐橙产业集群发展中地方政府作用评价

赣南脐橙产业集群发展阶段地方政府作用的主要成就。赣南脐橙产业集群历经40余年的发展，从无到有，从小到大，在一届又一届地方政府的努力下，终于迎来今日的丰硕成果，本部分将从产业规模、产业链和产业效益三个方面总结地方政府在赣南脐橙产业集群发展过程中取得的主要成就。

第一，产业规模大、种植面积大、产量高。①近年来，赣州历届地方政府都将脐橙产业作为本地区的支柱产业进行发展，从源头对脐橙幼苗的选育把关，指导果农科学种植，严格监管脐橙质量，统一赣南脐橙品牌的使用，将赣南脐橙推向国际；②种植面积大，赣州被誉为“世界橙乡”、“中国脐橙之乡”，2013年，赣南脐橙的种植面积达183万亩，单一区域种植面积位居全球首位；③产量高，2013年，赣南脐橙喜获丰收，年产量达到150万吨，仅次于世界脐橙产量大户美国和西班牙之后，列居世界第三。

第二，产业链初步形成。赣南脐橙产业集群的产业链包括产前、产中、产后加工、流通、销售五个环节（见图3-4），其中产前主要工作是脐橙种植户采购农资供应商供应的化肥、农药、农资机械等，及时将相关科研机构研发的新品种投入实际运用；产中环节主要是指脐橙种植户对脐橙果园进行管理，等待脐橙成熟的过程；产后加工主要是对收获的脐橙进行初加工和深加工，初加工就是将脐橙清洗、打蜡、分级、包装为鲜果产品，深加工是将脐橙鲜果加工为脐橙糕、脐橙果酒、脐橙果醋、脐橙化妆品等产品。赣南目前有 212 家企业以果品加工和销售为主营业务，有 194 条用于果品分级的生产线，生产能力超过 2200 吨/时；流通环节是指加工后的脐橙一部分被暂时贮藏起来，绝大部分按照订单要求运往各大销售点；销售环节是指脐橙商品进入销售终端。经过地方政府、果业协会、果农、果企的不断努力，赣南脐橙深加工产业链条初步形成，目前，赣南脐橙产品的产业链从脐橙鲜果—初加工脐橙延伸到脐橙鲜果—鲜脐橙汁、脐橙鲜果—脐橙糕、脐橙鲜果—脐橙护肤品等深加工产业链。

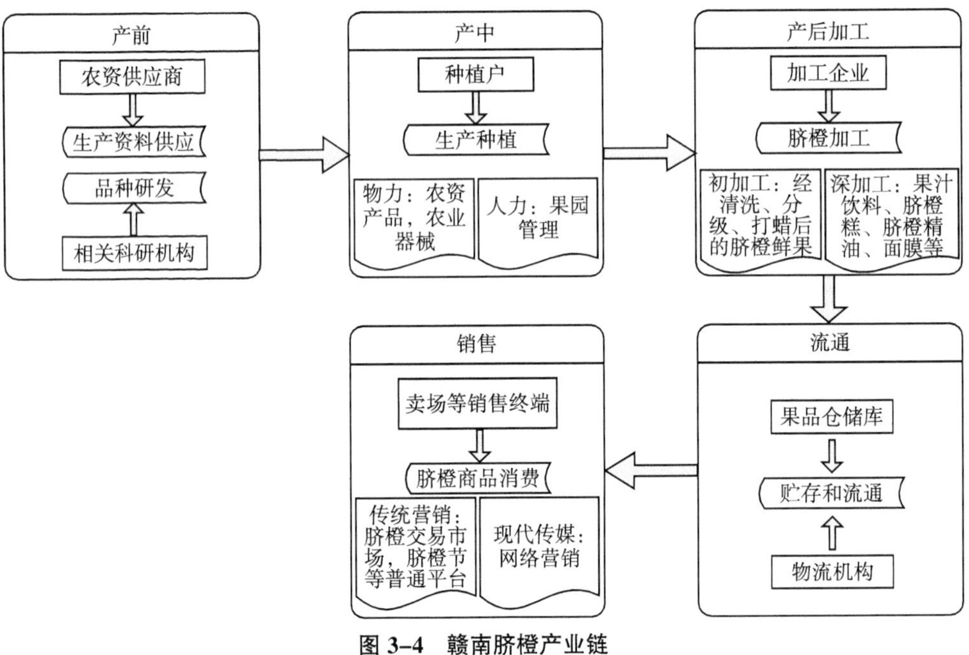

图 3–4 赣南脐橙产业链

第三，产业效益初步凸显。赣南脐橙的产业效应主要体现在社会效应和经济效应两个方面。一方面是社会效应，赣南脐橙产业集群的发展，使更多赣州农民能够种植脐橙，同时脐橙产业链的发展增加了对脐橙运输人员、加工人员、销售人员等的需求，提供了大量的就业岗位；另一方面是经济效益，2013 年，赣南脐橙产业集群总产值 80 亿元，其中鲜果产值 40 亿元，25 万种植户直接受益，户均增收 2 万多元，其中寻乌的果品产值超过 12.1 亿元。赣南脐橙成为赣州的纳税大户，成为赣州的支柱产业，是赣州农民的致富树。

4. 赣南脐橙产业集群发展中地方政府作用存在的缺憾

（1）产业布局不合理。赣南脐橙产业在政府的驱动下，从脐橙零种植状态发展为如今赣州的主要支柱产业，可以说赣南脐橙产业已经实现了质的飞跃，但是产业布局仍然存在一些不足，主要体现在品种结构单一和地区发展不平衡两个方面。

从品种结构单一方面来看，据统计，赣南各地种植的脐橙品种主要是纽荷尔、朋娜等几个以鲜食为主的品种，其中纽荷尔脐橙的种植面积高达 90%，占主导地位。这些品种的最早采摘期集中在 10 月左右，属于中熟品种，自然保鲜期为 2~3 个月。与此同时，脐橙种植大区奉节约占 80%种植面积的中熟脐橙也陆续上市，另外中熟脐橙面积占 60%以上的秭归也开始销售脐橙（见表 3-3）。随着脐橙的大量上市，供过于求，市场竞争非常激烈，极易导致产品滞销，而且赣南脐橙以农户为种植主体，脐橙商品化处理技术落后，保鲜时间短，容易在竞争中丧失优势地位。

表 3-3　早中晚熟脐橙分布表

类别	早熟脐橙	中熟脐橙	晚熟脐橙
代表品种	早红脐橙	纽荷尔、朋娜脐橙	伦晚脐橙
上市时间	9 月	10 月	次年 3 月
持续时间	挂树保鲜至次年 2 月	自然保鲜三个月	持续采摘至 7 月
分布区域	四川、重庆	赣南、四川、重庆、湖北	重庆

从地区发展的不平衡方面来看，寻乌、安远、信丰三个县最早种植脐橙，最早发展，同时也是脐橙产业发展最好的三个县。据 2012 年赣南果业局提供的数据，寻乌、安远、信丰脐橙的种植面积均超过 20 万亩，脐橙产量均超过 15 万吨，在赣南脐橙产业中占主体地位。同样以脐橙为主导产业的会昌、宁都、于都和瑞金各地的种植面积约 10 万亩，产量约 5 万吨，兴国、崇义、龙南等县（市）就更少了。目前，寻乌具有省级果品龙头企业 2 家，市级果品龙头企业 5 家，全县果品加工企业达 65 万家，加工能力达 743 吨/小时，还重点培育了如江西杨氏、源兴果业、富鲜果业等一大批有实力的大中型企业。安远、信丰等地的标准化果园、脐橙基地已陆续建成并完善，其他地区则主要以农民种植为主。

（2）集群内公共基础设施不到位。赣南脐橙的主要种植地主要分布在山区，经济底子薄，生产落后，脐橙园建设标准与国际标准相差甚远。赣州 98%以上的脐橙园都建于山地丘陵地带，果园水、电、路等基础设施不齐全，其中约有 50%

的脐橙果园不通道路，70%左右的果园不通电，有灌溉系统的果园仅占全市总种植面积的 18%，大部分果园都是“靠天吃饭”，依赖自然降雨浇灌，抗寒抗旱能力弱。集群内公共基础设施落后，导致果园的机械化程度低，人工劳动量大，劳动成本上升，造成果园管理成本提高，经济效益下降，竞争力不强。

（3）政府监管不力影响品牌形象。据报道，在赣南脐橙最早采摘时间之前，有些不法商家为了牟取私利，引诱果农提早采摘青果脐橙，通过染色提前上市。据有关专家介绍，果品是严禁上色的，因为染色脐橙若存放时间过长，染色剂量又大，色素就会从果皮渗入果肉，某些重金属也可能渗进果肉，人大量食用之后，会严重危害健康。“染色橙”风波出现后，以绿色水果为招牌的赣南脐橙受到了很大的影响，赣南脐橙品牌也受到严重损害。另外，市场上还充斥着各种假冒赣南脐橙，据有关部门报道，在赣南脐橙大量上市之际，包括南昌在内的全国各地都出现了“特价赣南脐橙”，这些脐橙大多来自湖南、湖北等地，外观和赣南脐橙形似，很难辨认，但是吃起来汁少渣多，远不如赣南脐橙的口感好。假冒赣南脐橙打着正宗赣南脐橙的幌子在市场上销售，不仅欺骗了消费者，而且严重损害了赣南脐橙的品牌形象，赣南脐橙打假工作刻不容缓。

（4）市场营销网络化程度低。赣南脐橙的销售模式可以归纳为四种：果农直接销售、省内外果业公司销售、果业协会销售和市县乡政府销售。果农直销模式是指果农直接将自己的脐橙卖给经销商，或者还作为中介收购其他果农的脐橙连同自己的脐橙一起运到外地，联系当地的经销商或者自己设卖点；省内外果业公司销售模式是指拥有脐橙分级打蜡包装产品线的脐橙经营公司，凭借自己的营销团队构建脐橙销售网络、制定营销策略来进行脐橙销售；果业协会销售模式是指经济人帮助代理商联系果农达成销售；市、县、乡政府销售模式主要通过在脐橙成熟前后举办大型展会活动以扩大脐橙的品牌，协调和指导全市脐橙的销售工作。如今，赣南脐橙 80%以上是依靠果业协会模式进行销售，但是协会成立较晚，经费大都来自政府拨款、会费和社会捐助，没有专职人员，电子商务平台初步建立，而且协会内部协调不统一，脐橙采摘、收购、加工都是会员自己联系，协会对其的控制力不强，联系不够紧密。总体看来，赣南脐橙销售网络体系还不成熟，在脐橙营销方面没有有效的策略进行指导，在市场开拓方面没有做好与国内市场和国际大市场的对接工作。赣南脐橙如果仅仅依靠现有几个较为大型的经销企业进行销售，必然会使果农无法行使其定价权。

（5）产业安全面临严峻挑战。黄龙病是柑橘类产业的“死神”，是一种毁灭性的病害，是威胁赣南脐橙产业安全的重要隐患。黄龙病通过脐橙木虱和带病毒的种苗进行传播，可导致幼苗脐橙树 1~2 年死亡，成年脐橙树 3~5 年枯死或丧失结果能力。如果病毒大范围流行，可导致果园大面积感染，对脐橙产业造成毁灭性打击。据统计，目前赣州有黄龙病树 500 万株，面积 10 万亩左右，约 2.5 万户果农受到影响，最严重的区域果园病树率超过三成，且有蔓延爆发之势，赣南脐橙重要产区安远就是黄龙病严重受灾区，为了抵制黄龙病的蔓延，安远砍伐了大量患病脐橙树。脐橙是赣州最主要的农作物品种之一，很多地区都将脐橙作为主要收入来源，一旦脐橙产业遭受重创，将严重影响广大果农的生存，目前虽然黄龙病处于可防可控范围，但如果不尽早采取有效措施，赣南脐橙产业 3~5 年将面临毁灭性打击。

（6）政府对集群人力资源管理有待加强。目前，赣南脐橙产业集群的科技研发能力较差，没有形成真正的产业科研平台，领导型的高端技术人才尤为缺乏，在果业科技推广的人才队伍建设方面非常滞后，与产业的飞速发展不相匹配，人员老化、断层现象严重，市场营销、加工贮藏、资本运作方面的精英甚少。总体来看，赣南脐橙产业各类人才仍然相当缺乏，目前仅有一批数量不多、结构不很合理的果业技术推广人才，要实现赣南脐橙（果业）的全球战略目标，只有生产技术人才是远远不够的，还急需大批生产技术推广人才、基础技术攻关人才及市场营销、电子商务、网络化建设、信息、农产品冷链贮运管理、拍卖、期货、商贸、策划、经济、法律等方面的人才。

历经 40 余年，赣南脐橙从无到有，赣南脐橙产业集群从小到大，地方政府坚持“大力发展赣南脐橙产业”方针不动摇，如今虽已取得了较好的成绩，但是与国际水果标准相比，还存在诸多不足。政府应该科学进行脐橙产业布局，优化品种结构，夯实公共基础设施建设，加强品牌监管力度，推进营销网络建设和引进高素质高匹配度人才等方面来促进赣南脐橙产业的健康发展。

（四）进一步完善赣南脐橙产业集群中地方政府作用的政策建议

1. 调整优化品种结构和区域布局

各级地方政府应全面贯彻落实《关于进一步加快赣南脐橙产业发展的意见》文件精神，积极配合市果业局制订和实施优化调整赣南脐橙品种结构和区域布局的方案，把赣南脐橙产业集群做大、做强，做成省级农产品示范产业。

第一，地方政府要引导果农、果企科学选择脐橙品种，并根据地理优势和市场需求合理规划早中晚脐橙的种植面积。经过严谨的科学试验和不断改进品系，终于证明经过“早红”脐橙优化的“赣南早橙”较适合在赣南地区栽种，伦晚脐橙和棱晚脐橙作为晚熟品种比较适合在赣南栽种。鉴于国内市场上的早熟脐橙和晚熟脐橙相对较少，赣南政府应合理提高早熟和晚熟脐橙的种植比率，以填补国内市场空缺，为提高产业效益奠定基础。

第二，赣南脐橙产业是赣南各县（市）的重要经济支柱，是带动各县（市）经济发展，解决就业问题的重要动力，赣州政府应根据气候特点、山地条件不同，在各地区合理进行脐橙种植的布局，促进各地区经济协调发展。果业局出台的《关于进一步优化调整赣南脐橙品种结构和区域布局的实施方案》表明，早熟脐橙比较适合在于都、赣县、瑞金、兴国、宁都、信丰等地栽种，晚熟脐橙则宜在安远、定南、龙南、全南等地栽种，但是这仅是初步方案，各地方政府一定要根据栽种后的实际情况进行调整，进而不断优化赣南脐橙在各地区的布局。同时，赣州各地区在发展脐橙产业的同时，还应根据地区需要培养和引进龙头企业，延长脐橙产业链，带动各地区经济快速发展。

2. 完善公共基础设施和增强公共服务水平

地方政府要立足于赣南脐橙产业集群的发展现状，不断完善产业集群的基础设施建设和提高公共服务水平，具体可以从园区建设和服务体系的完善等方面努力。

从园区建设方面来看，要做到以下两点：

第一，地方政府应该集中电力、水力、交通等多方力量来整治和加强园区建设，争取做到大部分园区都能通路、通水、通电。在道路建设方面，相关部门应该做好全局规划，优化交通体系，避免出现重复建设和相关质量问题；在灌溉体系构建方面，应该因地制宜，引进先进的灌溉技术，为园区配备配套的浇灌系统，摆脱依靠自然降雨来进行灌溉的窘状；在通电方面，电力部门应该加强线路建设，扩大供电范围，为果园的机械化建创造基础条件。

第二，地方政府还应提高赣南脐橙园建设的技术标准，通过“抓点示范，以点带面”推广应用适度稀植、高位定干、空中点灯、园中挂板、树上放虫、果园生草、园内建池、节水灌溉、控水增糖、水肥融合、果实套袋、完熟采收、品牌销售等集成技术，建立质量安全管理制度，推广生态栽培技术，推进标准化生产，促进脐橙产业基地提档升级，增强市场竞争力。

从增强公共服务水平方面来看，要做到以下几点：

第一，赣南各级政府应该为脐橙产业进行技术引进和推广，增强脐橙产业的科技竞争力，提高脐橙产业链的安全性。

第二，在各县（市）成立脐橙类相关咨询服务组织，让广大果农在家门口就能获得脐橙种植、销售等方面的相关信息。

第三，要积极响应中共中央振兴原中央苏区的文件精神，争取更多资金投入脐橙产业建设中来，同时为赣南脐橙产业的发展提供政策性扶持。

3. 加强赣南脐橙品牌化经营

品牌是产业集群核心竞争力的重要体现，也是产业集群凝聚力的象征，地方政府一定要在思想上重视赣南脐橙的品牌建设，把赣南脐橙产业集群的品牌构建提到议事日程上。首先，果农、果企是赣南脐橙品牌建设的主力军，果农处在脐橙种植的一线地位，果企则是脐橙生产加工到流通的主体，果农和果品企业必须提高品牌意识，加强品牌观念和质量观念，以促进赣南脐橙品牌的构建和维护。地方政府必须严厉打击损害赣南脐橙品牌声誉的行为，要求和鼓励果农、果企统一构建、统一使用、统一维护赣南脐橙品牌。其次，品牌依附于产品而存在，故地方政府要以提高脐橙品质为抓手，从以下几个方面着手：①一定要发挥赣南独特的脐橙小气候优势，确保脐橙的产量和品质；②构建丰富的脐橙产品体系，做到早中晚三大品类共同发展；③大力发展精品脐橙，引导赣南脐橙进入高端市场，实现脐橙的多元化发展；④构建国际化的质量标准体系，用法律手段来保证市场上赣南脐橙的质量。最后，品牌推广和品牌文化建设是赣南脐橙产业集群可持续发展的重要保障，地方政府一方面可以号召并协助脐橙行业协会进一步规范产品标准、统一使用产品标识和包装，同时地方政府要发挥好对赣南脐橙产业集群的引导作用，统一规划，不重复构建，延伸产业链；另一方面，地方政府要积极培养脐橙产业文化，打通稀土产业和脐橙产业的联系，传承客家文化和红色文化，发挥绿色产业集群的魅力，打造红、橙、绿三位一体的脐橙文化。

4. 健全市场营销体系

（1）夯实传统营销网络体系。按照“巩固老点、发展新点、健全网点”的要求，逐步形成覆盖省、市、县的三级批发市场，超市和主要社区直销点的营销网络体系，搞好五个对接工作，这五个对接包括政府部门之间的对接，引导产地销售企业和合作社搞好批发市场供销对接、超市对接，积极与当地大专院校、大型企业对接，与主销城市媒体对接，促进赣南脐橙销售，扩大市场份额。

（2）积极发展电子商务。组织本地供应商、主销城市经销商在淘宝网（含天猫和聚划算）、京东商城、苏宁易购、1 号店等大型电商平台参与并开展线上网络销售，建立线上、线下企业联盟，拓宽销售渠道。

5. 促进脐橙产业安全升级

（1）集中力量防控黄龙病害，建立危害性病虫监测和防控机制。黄龙病害已进入赣南脐橙产业，赣州各个县（市）的果业局要引导果树种植户进行病害普查，做好病树的清理工作，同时要加强对果树苗木培育的监测，从源头杜绝黄龙病的入侵。另外，要建立覆盖市、县、乡、村的果树病虫害自动监测网络，构建危险性病虫害预警机制，使危险性病虫害监测、检疫、信息发布、预警预测及应急处理工作常态化、科学化，实现危险性病虫害可防可控可治。

（2）加速绿色脐橙生产基地建设，建立脐橙生产质量可追溯体系。地方政府要积极从农业和环保部门争取资金，借助《振兴原中央苏区》相关政策，加速绿色脐橙标准化生产基地建设。加强果园基础设施建设，改善脐橙生产条件和环境质量。地方政府要积极配合农业部和商务部有关农产品质量追溯体系试点建设工作，为脐橙质量追溯体系的建立争取优惠政策和扶持资金，鼓励更多脐橙合作社、果品企业成为农产品质量追溯体系的试点单位，逐步建立赣南脐橙生产质量可追溯体系。

6. 加强高科技人才的引进和培育

人才是产业集群中最具能动性和创造力的群体，是产业集群发展的动力。赣南脐橙产业集群地处赣南革命老区，发展较为落后，人才素质整体不高、流失率高，为了赣南脐橙产业集群的更好发展，人才引进和培育迫在眉睫。赣州政府应贯彻落实《赣州市 2012~2016 年脐橙产业发展工作方案》中的人才保障机制：首先，制订高端人才引进计划，积极从国内引进若干位专家，包括国家重点学科、重点实验室、工程技术研究中心的学术、技术带头人，省级重点学科、重点实验室、工程技术研究中心的学术、技术带头人，正高专业技术资格或博士人才等。其次，完善和夯实基层队伍建设，给基层配备、配齐、配强果业技术人员，确保人员、编制、经费足额到位，做到果农和果业公司的难题能得到有效指导和解决，可充分借用大学生村官资源开展科技指导工作。再次，要重视培养营销人才，培育营销人才是赣南脐橙能够顺利销售的保证，地方政府要按照“一县一支营销队伍”的思路，统一考录或培养一批熟悉国际果品贸易业务、知晓市场营销宣传策划、掌握国际贸易洽谈语言能力的赣南脐橙市场营销人才，常年抓赣南脐橙市场营销工作。最后，要为留住人才创造良好的物质和人文环境，坚持用事业、待遇、感情留人，优化人才环境，为产业发展提供有力的人才保障和智力支持。使引进的高端人才享受高层次人才优待政策。

7. 为赣南脐橙的发展提供产业政策扶持

美国、日本等发达国家早就认识到产业集群对区域经济的巨大推动作用，并主动对产业集群的发展进行政策扶持，而我国产业集群政策研究开始较晚，集群政策体系还没有正式形成。地方政府和中央对赣南脐橙产业集群的发展提供了很大的政策扶持，但尚不完善。本书认为地方政府应该根据产业集群不同生命周期的特征，在赣南产业集群发展的不同阶段制定配套的产业政策。

在赣南脐橙产业集群形成期，地方政府应从以下几个方面制定产业政策：

第一，赣南政府应在原有脐橙产业集群的基础上，制订好赣南脐橙的发展规划，引导赣南脐橙沿正确的方向发展，减少赣南各地区重复构建、恶性竞争等现象。

第二，作为地方政府的重要职能之一，公共产品和公共设施的供给，政府还应加强集群内软硬件环境建设，延长产业集群的产业链。

第三，中介组织和行业协会对脐橙产业的发展壮大有重要作用，政府应该促进中介组织的建设和行业协会的规范。

第四，龙头企业在赣南脐橙的形成中起到了很重要的带动作用，政府应该出台支持龙头企业入驻和发展相关政策。

在赣南脐橙发展过程中，融资、品牌建设、销售、创新等问题是制约其发展的关键所在。地方政府应该在促进企业融资、果农贷款等方面提供政策倾斜，在原有扶持的基础上加大扶持力度和金额，扩大享受扶持的范围；在创新体系建设方面，要不断完善创新体系，保护相关的知识产权，鼓励企事业单位在脐橙的种植、贮存、深加工等方面进行创新，可采用税收减免政策支持龙头企业进行经营创新，增强赣南脐橙的竞争力。

三、基于组织生态理论的赣南脐橙特色产业集群形成机理分析

（一）组织生态理论简介

组织生态学又称种群生态学（邱泽奇，1999），是研究组织与其周围环境相互关系的科学。这是近几十年来，组织学家将生态学原理及其他相关学科的概念、模型、理论和方法应用于组织学而形成的动态理论研究成果，其代表人物是汉南和弗里曼。

组织生态学关于组织的基本命题是，组织类型（或形态）对环境的适应性决定了组织的存亡，认为任何组织都必须依赖环境所提供的资源条件生存。组织环境包括宏观生态环境、微观生态环境，而环境由若干因子组成。无论是限制性因子、主导性因子、其他作用因子，还是 12 个具体的生态因子，在特色产业集群形成过程中所起的作用并不均衡，影响力有大有小，地位非常悬殊。其中，限制性因子的影响最大，主导性因子次之，其他作用因子排第三。而在具体因子中，顾客因子、自然环境因子、技术因子、政治因子、企业因子发挥了决定性作用，

其中顾客因子最大，自然环境因子次之（刘善庆，2007）。基于此，本书主要探讨顾客因子、自然环境因子、政治因子在赣南脐橙特色产业集群形成中所起的作用。

组织与环境之间的互动过程存在三个阶段：选择、存留、变异，这也是自然选择的三个阶段。

选择指环境选择适宜的组织，是组织对环境的适应。选择的结果形成了组织的适应性。

存留指组织的生存，主要源于所谓的惯例（也称为惯性），类似于生物学中的生物基因，具有可遗传性。组织惯例主要指组织演化过程中所形成的生产性知识、能力或技巧，首先表现为个体专用性知识的积累，其次表现为组织共同知识的积累过程。这种惯例往往以一种非正式的语言或符号体系来表达。组织通过对成功惯例的复制得以延续。系统中基本惯例的延续极大地缩短了组织适应环境的时间。

就进化论而言，变异是自然选择的基础。如果个体或群体之间没有形态、生理、行为和生态特征上的差异或区别，也就没有存活能力和生育能力的不同，自然选择过程也就没有基础。这里变异指组织的创新，这是组织在结构、制度、战略和技术水平上的不同，其实质是一个协同进化的过程（徐艳梅，2004）。组织变异特征取决于组织内在的知识基础。组织的知识基础通常由不同的知识结合形成。经济合作与发展组织（OECD）把知识分为四类：是什么的知识（Know What），为什么的知识（Know Why），怎样做的知识（Know How），是谁的知识（Know Who）。其中，Know What 和 Know Why 属于信息范畴，是所谓的公共知识，称为可编码化的知识或清晰知识，通过一般性的书本学习或教育等途径就可获得；Know How 和 Know Who 则难以度量和编码，是未编码化的知识，也称为隐含或缄默知识（Polanyi，1985），该类知识通常是深植于组织的成长经验，需要在一个创新环境中交流得到。尽管随着交通和通信技术的发展，这种交流可以跨越很大的空间，但是，距离的增加会造成知识尤其是隐含经验类知识传递的失真，甚至失败，这就增加了面对面交流的意义，加强了企业的集聚倾向（盛世豪、郑燕伟，2004）。这里环境的选择是最重要的，因为，通过了选择，就获得了生存的基本要素。

（二）赣南脐橙特色产业集群形成机理

赣南种植脐橙的历史最早可追溯到 20 世纪 70 年代，大致可以将赣南脐橙的形成、发展划分为 4 个阶段。

第一阶段，引进、试种、培育阶段。1971 年，信丰安西园艺场种下了 176 株脐橙，1976 年大量结果，此后，赣南开始推广脐橙。经过多年的试种、观察、比较，终于筛选出两个结果早、丰产优质、适应南方温暖湿润气候地区栽培的良种橙。

第二阶段，规划建设阶段。中科院南方山区综合考察队 1980 年对赣南实地考察后认定："赣南发展柑橘气候得天独厚，应成为我国柑橘商品生产重要基地。"随后，在全国柑橘区划中，赣南被列为"橙类适宜区"。随着柑橘种植的不断推广，赣南开始选择种植种类，逐渐明确了发展思路。在柑橘各个种类的比较中，脐橙以其自身优势胜出。1990 年，江西省果业工程规划提出建设赣南脐橙带，随后，赣州地委做出建设赣南脐橙带的决定，推动了赣南脐橙生产的发展。

第三阶段，缓慢发展阶段。1990 年，赣南全区只有朋娜、纽荷尔脐橙 3600 亩。1993 年，以新品系为主的脐橙面积增加到 115995 亩。1995 年，赣州地委做出大力发展脐橙（包括甜柚）的决定，脐橙种植规模迅速扩大。

第四阶段，快速推进阶段。20 世纪 90 年代后期开始，随着中国加入 WTO 的进程不断加快，中国农业如何迎接世界的挑战成为各级政府和社会各界无法回避的重大课题。在此过程中，赣南脐橙作为中国水果的代表之一与洋水果抗衡的可能性日益得到认可（王小兵等，2000；邓秀新等，2001）。2001 年，赣州决定"做大做强做优赣南脐橙产业，把赣州建成全国第一、世界著名脐橙主产区"，并于 2002 年下发了《关于加快赣南脐橙产业发展决定》，决定从 2002 年起，每年新开发脐橙 16.5 万亩。为此制定了一系列优惠政策，采取了一系列有效措施，在全市掀起了脐橙产业发展高潮。2002 年，赣南脐橙产区和长江三峡柑橘产区被列为国家优势产业的优势区域的发展规划，赣南脐橙成为全国九大优势农产品之一，江西将其列为省内十大主导产业之一；2003 年，农业部正式发布《优势农产品区域规划（2003~2007 年）》，将赣南列入赣南湘北桂北优势产业区，成为我国重要的鲜食脐橙生产基地。在中央和地方一系列政策措施的强力推动下，赣南脐橙得到了极大发展，已经从信丰一县走向了赣州全市，截至 2005 年，面积 122 万亩，产量达到 50 万吨，成为全国最大的脐橙生产市（胡正月，2004）。

特定的区位优势与自然资源是赣南脐橙特色产业集群形成、发展的依托。区位优势、自然资源是特色产业集群形成、发展的重要基础性因素（刘善庆、叶小兰、陈文华，2007）。就自然资源而言，赣南是我国脐橙栽培四大适宜区中最适宜的区域，发展脐橙优势强劲（胡正月，2004）。赣南属典型的红壤浅山丘陵地区，气候条件独特，地处中亚热带南缘，温度适宜，雨量充沛，无霜期长，昼夜温差大，具有发展脐橙的小气候条件。山地资源丰富，土壤肥沃，富含矿物质和有机质，土层深厚，宜果面积大；同时，赣南工业污染少，山地植被丰富，非常适宜无公害水果的生产。就区位优势来讲，赣南地处粤闽赣三省交界处，水陆空交通发达，到达广州、深圳等沿海城市和出口中国香港、东南亚非常便利（俞云等，2004），有利于提高产品运输效率，降低物流成本。

本书将政治因子定义为在不同程度上影响组织及其管理的政策、法律、规章、政治组织及其行为的综合物，其中发挥宏观调控作用的是政府的基本政策及其行为，如各项政治、经济政策，作为政治最高表现的军事行动（战乱）也涵盖其中。政府的主要政策可以分为投资政策、产业政策和贸易政策（菲利普·科特勒，2001），本书主要探讨政府工商业政策、外贸政策、基础设施政策和产业政策以及对私有产权的保护政策等与赣南脐橙特色产业集群的关系。

从赣南脐橙出现的背景看，是偶然因素促成了赣南脐橙的出现。从其形成和快速发展动力看，关键因素是政府的强力推动。从 20 世纪 80 年代开始，政府出于调整农业产业结构、加快经济发展的考虑，强调各地从实际出发，发挥自身优势，加快农业产业结构调整的步伐。赣南由于其特定的地理环境，具有适宜柑橘发展的良好气候条件，因此，当地政府决定发挥这一优势，大力发展柑橘等水果产业。在此过程中，政府将赣南脐橙置于全球经济一体化的大环境中，综合分析了国内外水果产业发展的趋势、赣南的区位优势以及中国加入 WTO 后赣南柑橘产业的竞争力情况，不断调整柑橘种植结构，在保持其他柑橘适度发展的同时，将赣南脐橙作为支柱产业优先发展，在各级政府的强力推动下，赣南脐橙特色产业集群迅速发展。由于政府逐渐采取了各种保护私人财产的措施，非公有制企业、中小企业、个体果园构成了赣南脐橙特色产业集群的主体。众多脐橙生产大户主要是机关干部和个体工商户。在赣州的许多县（市），几乎 80%的干部职工建立了自己的果园；在局部地区，干部果园的面积占到了全部果园的 50%左右，加上个体工商户拥有的果园，农民实际上拥有的果园可能不足一成（欧阳方兴等，2004），也体现了强烈的政府拉动色彩。

赣南脐橙特色产业集群存在很强的顾客约束机制。顾客对柑橘产品的要求体现在良好的产品品质、合理的品种结构以及合适的性价比等方面。正常情况下，顾客的需求主导产品的结构和品质。当顾客需求得到满足时，顾客的消费行为不仅继续得以保持，并且顾客群体数量还可能扩大；当顾客消费要求不能得到满足时，顾客有可能另选其他能够满足其要求的产品，而将既有集群抛弃。失去顾客会造成既有市场不断萎缩，企业失去订单，不断倒闭，最终威胁整个集群的生存。

顾客需求的变化迫使群内企业为满足这一变化而进行产品生产工艺、技术的革新，工艺技术的革新，最终带来整个集群装备的更新、提高（陈中凡，2004），从而改变整个集群微观环境，提升集群整体素质，使集群走上健康发展的轨道。这种情况再次说明，对产品要求高的顾客是赣南脐橙特色产业集群不断进步的推动力。

柑橘是当今世界发展的主要果树种类之一，拥有广阔的销售市场。1989 年，柑橘产量即跃居五大水果之首（彭寿，1995），其中，脐橙占 7%~8%。目前中国脐橙主产区有三个，即以重庆奉节、湖北秭归为中心的长江三峡带，湖南新宁产区，江西赣南产区，三地年总产量大致为 100 万吨（刘文杰，2002）。赣南脐橙因其独特的风味获得了市场的青睐，是江西市场上品质最优、销售最好、价格最高、效益最好的柑橘类品种（胡正月，2004）。2002~2003 年，赣南脐橙在中国粤港澳自贸区的销售量上升到 8 万吨，占全年产量的 5%，其中，在深圳市场的年销量占深圳市场国产脐橙市场份额的 85%。巨大的市场需求为赣南脐橙产业的发展、壮大提供了强大的动力。正是市场与产业的良性互动，促进了赣南脐橙特色产业集群的快速形成与发展。

从赣南脐橙特色产业集群产生、发展的历史看，自然环境因子、顾客因子、政治因子发挥了关键性作用，其中，丰富的自然资源、优越的地理环境是其产生、形成的物质基础，政府的强力扶持是其快速形成的主要推动力，顾客的消费偏好是其发展、壮大的最终决定力量。

第三节　影响景德镇陶瓷特色产业集群形成和发展的几个因素分析

多重因素影响了景德镇陶瓷特色产业集群的形成、发展，如特定的区位优势、独特的资源禀赋、关键人物、历代政府制定的各种政策、军事因素、知识投入等，关于区位优势、资源禀赋以及政府政策，在《景德镇陶瓷特色产业集群的历史变迁与演化》中进行了比较系统的论述，本节主要分析知识投入、军事因素的影响。

一、知识投入在景德镇陶瓷特色产业集群形成、发展中的作用

（一）景德镇陶瓷特色产业集群中知识投入的类型及特征

按照知识跨越时空在组织和个人之间的转移程度，可将其划分为两大类，即显性知识和隐性知识。调查显示，企业中90%是隐性知识，显性知识不足10%（臧良运，2004）。

景德镇陶瓷产业集群在产生、发展、壮大过程中，不断受到区域外陶瓷文化的影响。基于这种状况，除了可以将景德镇陶瓷特色产业集群的知识划分为隐性知识、显性知识外，还可以按照知识在空间的分布状况，将其划分为存量知识和增量知识。存量知识是景德镇陶瓷特色产业集群自身业已存在的知识，增量知识则是自景德镇陶瓷特色产业集群区域外转移而来的知识。两者之间虽然有区别，但是并非截然可分，界限有时是模糊的；随着时间的推移，增量知识将转化成存量知识，存量知识也可能在某种特定的条件下（如某种发明或技艺失传后经过后人的努力得以重现）重新以增量知识的形式出现。需要注意的是，存量知识、增量知识与隐性知识、显性知识的关系是互逆的。存量知识既可能是隐性知识，也可能是显性知识；不仅隐性知识有可能是存量知识，而且显性知识也可能是存量知识。同样，增量知识既可能是隐性知识，也可能是显性知识；不仅隐性知识有可能是增量知识，而且显性知识也可能是增量知识。

（二）景德镇陶瓷特色产业集群中知识投入的途径、作用

所谓知识投入就是知识从集群外部转移到集群内部以及集群内知识扩散的过程，集中表现为引进和扩散过程，即知识的转移。知识从集群外部转移到集群内部的途径主要有宏观和微观两种类型。宏观途径主要是全球或全国生产网络和产业链转移带来的知识转移；微观途径主要是专业生产市场和人员流动带来的知识转移。集群内知识扩散的途径主要有以下几种：①企业裂变；②从集群内市场学习（模仿创新）；③血缘、地缘、业缘等关系产生的知识扩散；④通过价值链进行知识扩散；⑤群内各组织间人员流动产生的知识扩散（郑健壮、吴晓波，2004）。陈剑锋、陈洋（2003）则将知识流动的途径归结为网络——地方生产网络、关系网络、全球生产网络。这也是现阶段景德镇陶瓷特色产业集群知识投入的主要途径。但是，在其形成和发展的漫长过程中，由于交通、通信条件比较落后导致了较高的交易费用，知识投入的途径带有明显的时代烙印。增量知识的投入主要依靠战争等手段实现，存量知识则更多地通过制度安排实现。

总体来讲，战争时期的知识投入集中表现为战乱导致作为知识载体的人才在

全国范围内的重新配置，其中以两宋战争最为显著。两宋战争造成江南历史上最大的移民潮，实现了主要陶瓷市场从北方向南方的空间位移。从宋朝以后特别是明清时期景德镇瓷业从业人员籍贯变动看，流动人员、移民是景德镇陶瓷保持活力并不断取得进展的极端重要因素。大量熟练劳动力、管理人才和技术人才，特别是关键技术人才的相继进入，给景德镇瓷业充实了大批技术力量，中断了知识积累的自然进程，加速了景德镇与外地陶瓷特色产业集群的技术交流，使景德镇瓷业的工艺水平在比较短的时间里获得新的提高。宋元时期，景德镇瓷业逐渐吸收、聚集各大著名瓷窑的优点并有所创新，最终导致特色产业集群形成并在元朝得到初步发展；明清时期，在此基础上进入大发展、大创新时期。这样，景德镇在既有存量知识的基础上，不断吸引外来技艺，相得益彰，锦上添花，以至集天下制瓷技艺之大成，促使产量、质量不断提高和品种的丰富多彩。

景德镇正是获得了大量足以支撑其陶瓷工业发展的所有增量知识，从而确保了陶瓷特色产业集群持续不断的创新能力，迅速提升了景德镇陶瓷特色产业集群在全国陶瓷工业中的地位，最终改变了中国整个陶瓷工业的格局，成为中国乃至世界的瓷都。

知识投入在和平时期集中表现为官窑及匠族制度的实施。宋代多处建立官窑，到元代景德镇成为官窑唯一所在地。官窑直属中央，凭借中央政府的力量对陶瓷资源进行全国性的配置，集中了全国最优秀、最熟练的工匠，为新产品的研制、开发和工艺的革新提供了强大的物质基础。因此，明清时期的景德镇御（官）窑厂，创烧出了许多前代和同期民窑难以烧制的新品种，在继承和创新方面，都执时代之牛耳。这种独特的优势是其他陶瓷产地所没有的。这是景德镇成为并长期保持中国乃至世界制瓷中心的关键。

明朝御器厂建立后，吸取元朝宣红失传的教训（宋应星：《天工开物》），改良知识投入体制，对景德镇陶瓷手工业的人力资源进行整合。在唐宋时期对工匠别立户籍的基础上，将景德镇本地户籍的陶工按照水火金木土五行编制起来，“报开民族轮供”，史称“轮班匠户”。他们隶属匠籍，按族分工，按族掌握制瓷过程中的某一项主要工艺，世代服役。家传其技，秘不示人。由于他们世代袭技，保证了技术工艺经验特别是隐秘知识的积累和传承，技艺水平较高，解决了御器厂对于高新技术的要求。可以说，匠族是明朝政府为了提高景德镇瓷业人力资源素质、保证瓷业知识的持续投入而自觉进行的制度创新，在相当长时间里充当了政府的培训机构。匠族制度保证了技术积累的延续性和技术人才的培养，既有利于存量知识的传承，也有利于增量知识的创造。

知识投入的途径还有学校和行帮制度。在唐宋时期，景德镇就建有新田书院和长芗书院，元朝修建了双溪书院。到了清朝，景德镇已处处有塾学，镇里镇外有书院，据不完全统计，藏书较多的书院就有 29 个之多，如莲花塘边的绍文书院、求知弄的青阳书院、莲社北路的古南书院等。这些书院的一项功能就是传承有关美学等方面的知识，从而在客观上提高制瓷业人才的综合素质。

景德镇陶瓷特色产业集群产销活动呈现典型的网络化，具有高度组织化特征。其组织形式可以归纳为三大类：与家族血缘相结合的匠族，按照行业分工的行会，具有地域特征的帮会。作为匠族替代物出现的行会、帮会，体现了浓厚的乡族关系。乡族袭承技艺打破了以往家族世擅技艺的狭小范围，扩大了技术的传袭面，降低了整个集群知识投入的培训费用，有利于瓷业资本和熟练劳动力的成长。

知识是企业竞争优势的源泉（Cohen and Levinthal，1990），集群竞争力同样来源于知识（郑健壮、吴晓波，2004）。正是这种持续不断的知识投入，确保了景德镇陶瓷产业集群在其形成、发展、壮大的过程中获得了源源不断的工艺技术支持，在长达 500 年的漫长岁业里成为中国乃至世界最重要的瓷器制造地。从这个角度讲，源源不断的知识投入本身就成为景德镇陶瓷特色产业集群的核心竞争力。

二、军事因素对景德镇陶瓷特色产业集群形成、演变的影响研究

为了更好地进行研究，本书将军事因素界定为为了达到某种目的而采取的军事行动，即战争和战乱。主要研究与景德镇陶瓷特色产业集群形成、演变相关的几次战争或战乱。根据所掌握的资料，将这些战争或战乱分成两类，一类是对景德镇陶瓷特色产业集群产生积极影响的战争或战乱，另一类是对景德镇陶瓷特色产业集群产生消极影响的战争或战乱。以下研究就从这两方面展开，比较详尽地分析了每次战争或战乱对景德镇陶瓷特色产业集群产生的影响，以及这种影响程度或者结果。

（一）有利于景德镇陶瓷特色产业集群的形成的军事行动

就地缘政治来讲，从江西乃至全国来看，虽然浮梁早在唐朝就是全国重要的茶叶集散地，其茶叶税收占全国茶叶税收的 3/8，但其经济远称不上十分发达，其政治、经济、军事价值并不很大。据罗二平、胡菁惠（2002）统计，在景德镇陶瓷 2000 多年的历史里，发生了三次战乱，一次是明末李自成起义，另一次是太平天国运动，还有一次是元末红巾军起义。但是，根据本书的资料统计，在景

德镇陶瓷特色产业集群形成、发展期，总共发生了元末战乱与明朝统一、明末战乱、太平天国运动以及抗日战争等军事行动。安史之乱和两宋战乱虽然没有在景德镇区域内发生，但是由于这两次战乱对景德镇陶瓷特色产业集群的形成具有巨大的直接和间接作用，因此，也将这两次战乱一并计入。

1. 安史之乱

中国封建社会刚性体制的特征主要表现为以人身依附关系为标志的身份制，以血缘关系为基础的社会等级制的存在，以及由此产生的对社会流动的严格限制等。而身份制则又是同土地所有制、户籍制联系在一起的。

公元 755 年，安史之乱爆发，唐朝中央集权统治受到严重打击，势力日衰，引起了一系列连锁反应。均田制受到了破坏，以均田制为基础的租庸调制也难以实行。公元 780 年，唐朝实行两税法。两税法的推行使户籍制发生了重大转折。100 多年藩镇的割据和战乱以及唐末农民战争，终于造成了社会上士庶合流的现象，到五代十国时期，门阀制度实际上已经退出历史舞台。身份制和社会等级制终于被淡化，以致失去意义，对社会流动（包括水平的社会流动和垂直的社会流动）的严格限制也在这段时间放松了。经过 200 多年的过渡期，中国封建社会终于实现了从刚性体制转变为弹性体制（厉以宁，2005）。等级制崩溃为雇佣制度的确立提供了制度保证，为宋朝原始工业化的启动提供了劳动力基础。

2. 两宋战乱

第一，战乱使北方各大名窑受到毁灭性打击，人力资源损失惨重，或死或逃往南方，失去了正常的生产条件，基本上失去了竞争力。靖康之乱后，北方磁州窑部分工匠南迁安徽、浙江、江西等地继续烧制瓷器（吴立，2005）。

第二，战乱造成江南历史上最大的移民潮，成为城镇人口增加与市场发展的强大推动力。移民潮实现了主要陶瓷市场从北方向南方的空间位移。在靖康之乱期间，江西人口损失将近一半；大约有 500 万北方移民迁入南方并在各地定居下来（吴松弟，2001）。移民的涌入填补了战乱人口锐减形成的需求缺失。更重要的是，人口构成的变化改变了需求格局，表现于需求层次的提升与需求结构的多元化。一方面是为数众多的官僚贵族迁居临安，形成高水平消费需求。除了皇室之外，移民中还有富室大贾，周边地区迁入临安的一般也都是各地的富有家庭，这些富有阶层具有较强的消费能力，尤其是高消费，从而推动奢侈品、高档商品和娱乐服务的市场需求（龙登高，2004）。另一方面宋室南渡，北方名窑瓷器不易获得；杭州作为南宋都城，其巨大规模对周遍地区产生了强大的辐射力。景德镇抓住了这一历史机遇，凭借自然优势，加紧仿制各地名瓷，满足市场需求，逐渐成为瓷业集大成之地。

第三，南宋江南区域人口的缓慢恢复为景德镇陶瓷的发展创造了新的市场需求。江、淮之间和汉水上游因居南北交界地带，为南宋境内战争开始最早、结束最晚的区域，人口损失最为惨烈，有的地方人口甚至减少了90%。但经过战乱以后的恢复发展，到高宗末年，南宋境内的人口数量已接近于北宋后期的水平，其中，江南成为南宋人口增长的主要地区（吴松弟，2001）。人口增长产生了巨大的消费需求，从而刺激了景德镇等陶瓷特色产业集群的快速成长。

宋室南渡为景德镇陶瓷特色产业的最终形成提供了最关键的历史机遇。其时，景德镇的总人口数千户，为当时的“巨镇”、“雄镇”，达到县级城市水平；市镇居民可能以工商业为主，具有专业化的特点，有瓷窑300余座，也有一般士人，设有学校——长芗书院；所产瓷器“交易之际，牙侩主之”（陈国灿，2003）。

3. 元末战乱与明朝的统一

元末战乱既给景德镇带来了灾难，也给其带来了机遇。至正十二年（1352年）徐寿辉起义军攻克浮梁，元兵反扑，1352~1354年，浮梁经历了兵火、灾荒、疫疠，“人民十死八九，市乡房屋，悉为灰烬，田园荒芜，道路阻塞”，“累世豪杰不少，乱离之后，能世其业者，亦不多见”（《湘湖冯氏宗谱》），这是就景德镇本身而言的。

从全国来讲，至正十一年（1351年）红巾军起义开始，中原及其边缘地区即今河南、河北、山东、山西、湖北、安徽、陕西及江苏北部陷入了旷日持久的战乱之中，社会经济遭受巨大破坏，人口锐减、土地荒芜。相比之下，东南地区的战事则较为缓和。明太祖以南京为基地，江西是第一个设立行省的地区。明军进兵湖广、两广、云贵，都以江西为基地。北伐中原的主力虽从南京出发，军需给养却有相当多依赖江西。而且，偏师北伐也是从江西、湖广进军河南、陕西、四川。随着明军的推进，开始了江西有史以来第一次大规模向外移民。浩浩荡荡的江右商大军便在这个时期形成并迅速流向全国各地，占领了广阔的市场。而江西商人经营的商品又多是人们日常生活的必需品，如粮食、布匹、木材、纸张、瓷器等，适合经受战争劫难地区的需要（方志远，2005）。凭借这种历史机遇，景德镇陶瓷产品的国内市场得到进一步开拓。

（二）对景德镇陶瓷特色产业集群产生消极影响的军事行动

在与景德镇陶瓷特色产业集群相关的几次军事行动中，明末战乱、太平天国运动以及抗日战争等数次军事行动对整个集群明显造成了重大打击。

1. 明末战乱

明朝末年爆发的李自成农民起义，造成景德镇窑户残破，瓷业极为凋零。直至顺治十一年，部分御窑恢复，情况才开始好转（罗二平、胡菁惠，2002）。

2. 太平天国运动

景德镇在清朝经历了两次战乱。一次是康熙年间，因三藩之乱，景德镇“民居被毁，而窑基尽圮，大定之后，烧造无从”（乾隆《浮梁县志》卷五《陶政》）。经过清政府的大力扶持，景德镇瓷业很快恢复。另一次就是太平天国战争。太平天国战争期间，江西商业资本遭到毁灭性掠夺和打击。曾国藩不仅以江西、安徽作为扼制、反击太平军的基地，更以江西作为军费的筹集地。通过厘金及其他手段，五年在江西征得白银840万两，占湘军全部军费的一半以上，接近清政府在嘉庆年间为镇压白莲教起义而在两淮盐商中征取的全部“捐输报效银”。这个数字对于富有的两淮盐商而言也难以承受，何况以小本经营为特色的江西商人（方志远，2005）。景德镇瓷业资本本来就不太雄厚，这样一来，瓷业资本进一步减少。另外，景德镇几经战事，瓷厂被迫停烧。御窑厂在咸丰五年（1855年）停止生产。直至同治五年（1866年）后才逐渐恢复生产。战争导致景德镇瓷业“匠少技劣，制造失传”（同治十一年九江关监督景福奏折）。

景德镇瓷业在太平天国战争中受到技术、经济的双重打击，这种打击在某种意义上几乎是毁灭性的。战争结束后，李鸿章出银13万两修复官窑，清政府也拨款并派专人督窑。在政府的扶持下，景德镇陶瓷特色产业集群逐渐出现转机（罗二平、胡菁惠，2002）。此后，虽然官窑也偶尔开展一些瓷器新产品的研发、试制活动，但是其重点已经不是创新，而是如何恢复到雍正时期的水平了。

3. 抗日战争

抗日战争期间，景德镇多次遭受日军飞机的轰炸，坯坊、窑房大面积遭受破坏，全镇瓷窑可用的只有33座，整个瓷业生产陷入低谷。

综合以上论述，可以得出如下结论：军事行动（战乱）所产生的影响既有全局性的，也有局部性的，既有好的影响也有坏的影响。

元末红巾军起义是有确切记载的发生在景德镇区域内比较早的战乱；加上后来的几次战乱，虽然对景德镇陶瓷特色产业集群的发展造成了巨大破坏，但是这几次战乱均发生于景德镇陶瓷特色产业集群早已形成甚至在全国居于垄断地位而其他陶瓷产业集群根本无法与之抗衡的时期。由此，景德镇在相当长时间里保持了相对稳定的社会环境，有利于陶瓷特色产业集群的形成、发展。具体表现在两个方面：①为景德镇陶瓷制造工艺、技术的积累、顺利传承创造了良好的环境；

②这种和平、稳定的环境有利于吸引其他动荡陶瓷产地的技术人员，加强了景德镇陶瓷特色产业集群与其他陶瓷特色产业集群的交流，有利于其吸收别地的经验，推陈出新，加速和促进了景德镇陶瓷特色产业集群的形成与发展（刘善庆、叶小兰、陈文华，2005、2007）。

安史之乱和两宋战乱给景德镇陶瓷特色产业集群带来了积极影响。前者为集群所需的劳动力资源提供了比较好的政治基础，后者以及明朝的统一则直接为景德镇陶瓷特色产业集群的最终形成和长足发展提供了十分难得的历史机遇。

明末李自成起义、三藩之乱、太平天国运动以及抗日战争则沉重打击了景德镇陶瓷特色产业集群，这种打击有时几乎是毁灭性的（如太平天国运动、抗日战争）。

第四节　基于生态因子与 AHP 的景德镇陶瓷特色产业集群形成因素作用研究

一、基于生态因子的特色产业集群形成因素分析

生态因子是指环境中对组织的生长、发育、繁衍、行为和分布有着直接或间接影响的环境要素。各个生态因子均不同程度地影响着景德镇陶瓷特色产业集群的形成、发展和演变。每个因子在集群各个阶段所起的作用并不完全相同。

由于观察问题的视角以及研究对象不同，各个生态因子在不同环境中有特定含义。根据生态因子的一般属性，结合本书的实际情况，对各个生态因子的具体属性也进行了界定。

1. 自然环境因子

自然环境因子包括以人为主体的外部自然世界的总体，涵盖了多方面属性，本书的自然环境因子主要指景德镇的区位优势、自然资源等属性。

2. 技术因子

技术因子主要指工艺、技术的积累和技术创新。

3. 顾客因子

景德镇陶瓷特色产业集群中存在着一种很强的顾客约束机制。顾客需求的变化迫使群内企业为满足这一变化而进行产品生产工艺、技术的革新，工艺技术的

革新，最终带来整个集群装备的更新、提高（陈中凡，2004），从而改变整个集群的微观环境，提升整个集群的素质，使集群走上健康发展的轨道，高要求顾客的存在是景德镇陶瓷特色产业集群不断进步的推动力。

4. 政治因子

本书将政治因子定义为在不同程度上影响组织及其管理的政策、法律、规章、政治组织及其行为的综合物，其中发挥宏观调控作用是政府的基本政策及其行为，如各项政治、经济政策，军事行动（战乱）也涵盖其中。

5. 企业因子

企业与集群的关系是整体与局部的关系，群内不同企业个体构成不同企业群落、种群，相互之间基于各种关系而发生竞争、兼并、互利共生等行为，从而推动集群不断发生演替。在一定程度上讲，景德镇陶瓷特色产业集群形成、发展的历史就是官窑（国企）与民窑（民企）不断调整内部关系的历史。官窑和民窑不仅存在分工、合作和竞争的关系，还存在互补性等关系。在官窑（国企）与民窑（私企）的关系中，官窑（国企）总体上处于优势、居主导地位，民窑（私企）处于劣势地位，不可避免地产生了许多副作用，但是，也不可否认官窑（国企）提高了景德镇陶瓷特色产业集群的整体素质。

6. 竞争者因子

竞争者主要包括国外竞争者、国内竞争者、景德镇陶瓷特色产业集群内部竞争者。其中，国外竞争、国内竞争是集群之间的竞争，景德镇陶瓷特色产业集群内部的竞争则发生于种群之间、同一种群内部不同企业之间以及不同种群不同企业之间；明清时期以及民国时期企业之间的竞争还体现为不同宗族、不同乡籍之间为争夺资源和市场而进行的竞争。随着社会、经济的进步，陶瓷产品结构相继发生了比较大的变化，除了传统的工艺陶瓷、日用陶瓷外，还出现了建筑陶瓷、卫生陶瓷、工业陶瓷、特种陶瓷（含高技术陶瓷）等许多新品种。由于景德镇陶瓷特色产业集群主要以工艺瓷、日用陶瓷为主，因此，本书所称竞争者主要指景德镇在工艺瓷、日用瓷方面的国内集群之间以及群内种群之间、同一种群内部的竞争者。

在景德镇陶瓷特色产业集群形成、发展过程中，竞争主要在国内各个陶瓷集群之间展开。集群之间的竞争主要体现在以下三方面：①资源禀赋的竞争，主要包括原材料、区位优势；②工艺、技术创新能力的竞争，主要表现为人力资源（熟练劳动力、关键技术人才）的富集程度；③销售市场的竞争。

景德镇陶瓷特色产业集群内部存在两个种群，即官窑（含军窑、御器厂、国营企业)、民窑（含个体工商户、私营企业等)。由于官窑为政府所有，其利益主体单一，因此，在统制经济时代，官窑之间基本不存在竞争。官窑出现之前，竞争在民窑种群内部展开。由于各个瓷场自负盈亏，为了生存、发展，彼此之间展开激烈的竞争。客观上讲，竞争过程也是彼此之间不断相互学习、模仿、创新的过程。

官窑与民窑的竞争主要体现为不平等的竞争。这种不平等首先体现在官窑对原材料的垄断上。其次表现在对熟练劳动力的控制上。最后，获得了大量资金投入，确保了生产、开发的有效开展。虽然如此，由于集群效应导致的工艺、技术在群内的外溢现象仍然在景德镇陶瓷特色产业集群中发生，从而使整个集群素质提高。

近年来，由于低水平竞争的加剧，景德镇陶瓷特色产业集群出现了“劣币驱逐良币”的现象。柠檬市场的出现导致景德镇品牌急剧贬值，严重损害了景德镇陶瓷特色产业集群的声誉。

7. 公众因子

根据商务印书馆《现代汉语词典》（1979）的解释，“公众”的含义如下：社会上大多数的人；大众。由于人是个体，大多数个体的组合就成为公众或大众。一般而言，公众或大众的利益代言人主要由政府、各种媒体以及民意代表充当。因此，讨论公众问题主要是讨论政府、媒体和民意代表问题，其中，媒体、民意代表是近现代社会的产物，在此之前，主要由政府充当公众利益代表，因此，本书将政府作为公众利益的代表，以替代公众因子。

公众因子作用的主要表现是为景德镇陶瓷特色产业集群运行提供公共产品服务，如市政基础、交易设施建设，设置管理以及其他配套服务机构等。不同时期提供的各项服务措施和设置的各种管理机构，改变了景德镇陶瓷特色产业集群的成长环境。

新中国成立后，景德镇作为中国陶瓷的主要产地得到中央和地方政府的强力扶持。这种扶持主要体现在以下几方面：

第一，统一规划陶瓷生产的发展方向，确定以出口细瓷为主。

第二，进行了生产方式和技术上的革新。

第三，在原料、燃料、材料等方面进行基础建设。

第四，采用机械粉碎矿石，试用煤炭烧瓷。

第五，变革产业组织。依据陶瓷产业分工、合作的原则，先后建立了隶属于不同部门、不同级别的陶瓷研究所、陶瓷馆、陶瓷化工厂、机械厂（后改陶机厂）和陶瓷美术技艺学校。这样，在景德镇20~30平方公里范围内，就可把陶瓷的生产、销售、科研、教育，特别是原料、制造、窑炉各方面全部配齐，形成了比较完整的产业链（姚亚平，2002），终于完成了开始于宋朝、历经元朝、明朝、清朝，长达千年的景德镇陶瓷工业化进程，快速实现了整个陶瓷产业集群的升级，使集群整体素质得到质的提高。

8. 人口因子

人口因子主要指全国人口数量的变化、劳动力数量和质量、高级人才的数量和质量等属性。

人口数量的多少主要决定陶瓷商品市场的边界，影响陶瓷消费量的增减。人口空间分布情况主要决定陶瓷业劳动力的供给，特别是熟练劳动力和关键人才的数量和空间分布在很大程度上影响陶瓷特色产业集群形成和发展的速度。景德镇人口增加主要肇因于战乱造成了移民的大量流入，及时增加了景德镇陶瓷业急需的各级各类技术和管理人才，加速了景德镇陶瓷特色产业的形成，加强了景德镇陶瓷特色产业集群的竞争力（刘善庆、叶小兰、陈文华，2006）。

9. 经济因子

经济因子的内涵非常丰富。本书主要考虑生产力发展情况，城市化、商品化情况，各种交通运输工具、各个产业的比较效益等属性。经济因子对景德镇陶瓷特色产业集群的作用主要表现在为其产业发展提供比较雄厚的物质基础。

10. 社会文化因子

作为观念形态的社会文化包括哲学、宗教、艺术、政治思想和法律思想、伦理道德等。不同社会文化左右社会大众的心理、价值判断，进而影响民众的消费行为，形成消费偏好，从而对景德镇陶瓷特色产业集群的发展产生影响。

11. 供应商因子

从景德镇陶瓷特色产业集群生产环节实际情况出发，供应商因子主要包含两个属性，即原材料供应、燃料供应。

制瓷原材料、燃料供应结构、供应商、供应地的变化，部分改变了景德镇集群资源的供应环境，影响了景德镇瓷器的生产成本、产品质量，对其竞争力产生重大影响，进而影响集群整体的生存环境。

12. 营销中介因子

商人、牙行、脚夫是景德镇瓷业贸易中不可或缺的三大要素（樊树志，1988）。商人通过自己的商业网络将瓷器运销国内外，沟通了景德镇特色产业集群与国内外的联系；脚夫是瓷器运输的主力；牙行代表政府监督景德镇瓷器贸易的运行，同时，也在相当长时间里充当了瓷器一级批发商的角色。脚夫涉及物流与供应链问题，不在本书的讨论之列。由此，商人、牙行就成为营销中介因子的两个属性。

营销中介因子在景德镇陶瓷集群发展中发挥了以下功能：市场实现功能；市场反馈功能，降低陶瓷科技与产业对接的成本；市场优选和激励功能；市场调节功能，保证集群经济的协调发展；提高政府管理的行政效率。

二、基于 AHP 的陶瓷特色产业集群形成因素分析

1. 构建特色产业集群生态因子影响力评价体系

依据上述各个因子在景德镇陶瓷特色产业集群形成、发展中的作用，构建生态因子对陶瓷特色产业集群的影响力评价指标体系。

层次分析法（Analytic Hierarchy Process，AHP）为萨迪于 20 世纪 70 年代提出（Saaty T. L.，1977、1979），20 世纪 80 年代引入中国（覃建雄，2002）。层次分析法（AHP）提出递阶层次结构。递阶层次结构包括目标层、准则层、方案层。目标层（用 A 表示）是问题的预定目标或理想结果，在本书中表现为生态因子对陶瓷特色产业集群的影响力；准则层（用 B 表示）是实现目标需要考虑的准则，在本书中表现为限制性因子、主导性因子、其他作用因子；方案层（用 C 表示）是为实现目标可供选择的具体方案，在本书中表现为自然环境因子等 12 个具体的生态因子，详见表 3-4。

表 3-4　生态因子对特色产业集群的影响力评价指标体系

目标层 A	准则 B	方案层 C
生态因子对特色产业集群的影响力评价指标 A	限制性因子（B_1）	自然环境因子（C_1）
		技术因子（C_2）
		顾客因子（C_3）
	主导性因子（B_2）	政治因子（C_4）
		企业因子（C_5）
		竞争者因子（C_6）
		公众因子（C_7）
	其他作用因子（B_3）	人口因子（C_8）
		供应商因子（C_9）
		社会文化因子（C_{10}）
		营销中介因子（C_{11}）
		经济因子（C_{12}）

2. 生态因子影响力排序

（1）构造成对判断矩阵。采用专家问卷调查法，对上述递阶层次结构进行两两比较，并用 1~9 比例标度将定性的比较结果转化为定量的判断数据，形成以下判断矩阵：

$$M=\begin{pmatrix} a_{11} & a_{12} & \cdots & a_{1n} \\ a_{21} & a_{22} & \cdots & a_{2n} \\ \vdots & \vdots & \ddots & \vdots \\ a_{n1} & a_{n2} & \cdots & a_{nn} \end{pmatrix},\ A=\begin{pmatrix} 1 & 5 & 7 \\ 1/5 & 1 & 3 \\ 1/7 & 1/3 & 1 \end{pmatrix},\ B_1=\begin{pmatrix} 1 & 3 & 1/2 \\ 1/3 & 1 & 1/3 \\ 2 & 3 & 1 \end{pmatrix},$$

$$B_2=\begin{pmatrix} 1 & 2 & 5 & 6 \\ 1/2 & 1 & 4 & 5 \\ 1/5 & 1/4 & 1 & 3 \\ 1/6 & 1/5 & 1/3 & 1 \end{pmatrix},\ B_3=\begin{pmatrix} 1 & 6 & 4 & 5 & 2 \\ 1/6 & 1 & 1/5 & 1/2 & 1/5 \\ 1/4 & 5 & 1 & 4 & 1/3 \\ 1/5 & 2 & 1/4 & 1 & 1/5 \\ 1/2 & 5 & 3 & 5 & 1 \end{pmatrix}$$

（2）计算权向量（即单排序值），并作一致性检验。

首先，用根法求列向量 $\bar{w}$，将向量 $\bar{w}=(\bar{w}_1, \bar{w}_2, \cdots, \bar{w}_n)^T$ 归一化，得到近似特征向量$\vec{w}$，即层次单排序权向量。

其中，$\bar{w}_i=\left(\prod_{j=1}^{n} a_{ij}\right)^{1/n}$ （1）

$$\text{如：}\bar{w}=\begin{pmatrix} \sqrt[3]{1\times5\times7} \\ \sqrt[3]{1/5\times1\times3} \\ \sqrt[3]{1/7\times1/3\times1} \end{pmatrix}=\begin{pmatrix} 3.271 \\ 0.843 \\ 0.363 \end{pmatrix}$$

$$\vec{w}_i=\frac{\vec{w}_i}{\sum_{j=1}^{n}\bar{w}_j} \qquad (2)$$

$$\text{如：}\vec{w}=\begin{pmatrix} \frac{3.271}{3.271+0.843+0.363} \\ \frac{0.843}{3.271+0.843+0.363} \\ \frac{0.363}{3.271+0.843+0.363} \end{pmatrix}=\begin{pmatrix} 0.731 \\ 0.188 \\ 0.081 \end{pmatrix}$$

其次，计算出 $M\vec{w}$和最大特征根 λ_{max}。

$$\text{如：} A\vec{w}=\begin{pmatrix}1 & 5 & 7\\ 1/5 & 1 & 3\\ 1/7 & 1/3 & 1\end{pmatrix}\begin{pmatrix}0.731\\ 0.188\\ 0.081\end{pmatrix}=\begin{pmatrix}2.238\\ 0.577\\ 0.248\end{pmatrix}$$

$$\lambda_{max}=\frac{1}{n}\sum_{i=1}^{n}\frac{(M\vec{w})_i}{\vec{w}_i} \tag{3}$$

$$\text{如：}\lambda_{max}=\frac{1}{3}\left(\frac{2.238}{0.731}+\frac{0.577}{0.188}+\frac{0.248}{0.081}\right)=3.064$$

最后，计算出一致性指标 CI 及随机一致性比率 CR，若 $CR<0.1$，则一致性检验通过，认为层次单排序权向量值有满意的一致性。

$$CI=\frac{\lambda_{max}-n}{n-1},\ CR=\frac{CI}{RI}\ \text{（RI 为平均随机一致性指标，可查表得到）} \tag{4}$$

如：$CI=\dfrac{3.064-3}{3-1}=0.032$，$CR=\dfrac{0.032}{0.58}=0.055$，$CR<0.1$，一致性检验通过。

限于篇幅，本书略去其他判断矩阵的计算过程，只给出相应的单排序值及一致性检验值，详见表 3-5。

表 3-5 各层次单排序值及一致性检验值

A	$\vec{w}$	B_1	$\vec{w}$	B_2	$\vec{w}$	B_3	$\vec{w}$
B_1	0.731	C_1	0.332	C_4	0.505	C_8	0.431
B_2	0.188	C_2	0.140	C_5	0.323	C_9	0.046
B_3	0.081	C_3	0.528	C_6	0.113	C_{10}	0.160
				C_7	0.059	C_{11}	0.066
						C_{12}	0.297
$\lambda_{max}=3.064$ $CI=0.032$ $CR=0.055$		$\lambda_{max}=3.054$ $CI=0.027$ $CR=0.047$		$\lambda_{max}=4.138$ $CI=0.046$ $CR=0.051$		$\lambda_{max}=5.267$ $CI=0.067$ $CR=0.060$	

（3）层次总排序及一致性检验。在构造各层次元素的比较判断矩阵，并计算层次单排序值的基础上，还须进行各层次的总排序，并进行一致性检验。总排序权重按式（5）得到：

$$\omega^{(K)}=[\omega_1^{(K)}\ \omega_2^{(K)}\cdots\ \omega_{nK}^{(K)}]^T=P^{(K)}\omega^{(K-1)} \tag{5}$$

式（5）中，$\omega^{(K-1)}=[\omega_1^{(K-1)}\omega_2^{(K-1)}\cdots\ \omega_{nK-1}^{(K-1)}]^T$ 是已合成出的第 K-1 层上 nK-1

个元素相对于总目标的组合权重向量。矩阵 P（K）= $[P_1^{(K)} P_2^{(K)} \cdots P_n^{K-1(K)}]$，其第 j 列 $P_j^{(K)} = [P_{1j}^{(K)} P_{2j}^{(K)} \cdots P_{nj}^{(K)}]^T$ 为第 K 层 nK 个元素关于 K−1 层第 j 个元素的排序权重向量，其中，不受 j 支配的元素的权重为零。

总排序下的一致性检验值按如下步骤和式（6）得到：设上一层 n 个因素的层次单排序值为 $\vec{w}_1$，$\vec{w}_2$，$\vec{w}_3$，…，$\vec{w}_n$；本层次某些因素相对于上一层单排序值的一致性指标为 CI_j，相应的平均随机一致性指标为 RI_j，则本层次总排序下的随机一致性比率为：

$$CR = \frac{\sum_{j=1}^{n} \vec{w}CI}{\sum_{j=1}^{n} \vec{w}RI} \tag{6}$$

若 CR < 0.1，则满足一致性要求。

根据式（6）得到影响力总排序值及一致性检验值。详见表 3–6。

表 3–6　影响力总排序值及一致性检验值

目标层	准则层				方案层			
	符号	单排序值	总排序值	排名	符号	单排序值	总排序值	排名
A	B_1	0.731	0.731	1	C_1	0.332	0.243	2
					C_2	0.140	0.102	3
					C_3	0.528	0.386	1
	B_2	0.188	0.188	2	C_4	0.505	0.095	4
					C_5	0.323	0.061	5
					C_6	0.113	0.021	8
					C_7	0.059	0.011	10
	B_3	0.081	0.081	3	C_8	0.431	0.035	6
					C_9	0.046	0.004	12
					C_{10}	0.160	0.013	9
					C_{11}	0.066	0.005	11
					C_{12}	0.297	0.024	7
	CR=0.055				CR=0.050			

3. 结果分析

上述计算结果表明，无论是限制性生态因子、主导性生态因子、其他作用生态因子，还是 12 个具体的生态因子，在景德镇陶瓷特色产业集群形成过程中所起的作用并不均衡，影响力有大有小，地位非常悬殊。

在准则层，限制性生态因子对景德镇陶瓷特色产业集群的影响最大，主导性生态因子次之，其他作用生态因子位列第三。其中，限制性生态因子与主导性生态因子之和为 0.919，表明在景德镇陶瓷特色产业形成过程中，限制性生态因子、主导性生态因子是最主要的影响因素，其影响力甚至决定了集群未来的发展方向。由于限制性生态因子所占分值高达 0.731，超过主导性生态因子与其他作用生态因子的总和，据此，可以认为，在景德镇陶瓷特色产业集群形成过程中，限制性生态因子发挥了关键作用。

从方案层中各因子的单排序值看，各因子在各自范围内所起的作用也各不相同。首先，在限制性生态因子中，主要由顾客因子与自然环境因子决定限制性生态因子作用的发挥（两者之和为 0.860）。其次，在主导性生态因子中，政治因子、企业因子发挥了关键作用（两者之和为 0.828），其中政治因子所占分值超过一半，表明政治因子在主导性生态因子中居于特殊地位，发挥着特别作用，在很大程度上影响了主导性生态因子作用的发挥。最后，在其他作用生态因子中，各个因子的作用相对均衡，其中以人口因子作用最突出，经济因子次之，两者之和为 0.728。据此，可以认为，在景德镇陶瓷特色产业集群形成过程中，人口因子、经济因子主导了其他作用因子作用的发挥。

从方案层各个因子的总排序值看，各个因子在景德镇陶瓷特色产业集群形成过程中的作用也不同，特别是排名第一的顾客因子与排名第十一的营销中介因子和排名第十二的供应商因子分值相差 60 倍之多，这种情况表明，在景德镇陶瓷特色产业集群形成时期，社会经济尚不发达，竞争并不激烈，整个市场仍然处于卖方市场，并不十分需要借助中介力量沟通供需双方，以皇帝为代表的高端顾客的引导就足以使集群快速发展。

从计算结果看，分值大于 0.3 的只有顾客因子；分值大于 0.2 的只有自然环境因子；分值在 0.1 左右的有技术因子、政治因子。计算结果表明，在景德镇陶瓷特色产业集群形成过程中，顾客因子、自然环境因子、技术因子、政治因子发挥了决定性作用（四个因子的分值之和为 0.826）。

顾客对陶瓷产品的要求体现在良好的产品品质、合理的品种结构以及合适的性价比等各个方面。正常情况下，顾客的需求主导产品结构和品质。当顾客要求得到满足时，顾客的消费行为不仅可以在景德镇继续得以保持，而且顾客群体数量还可能扩大；当顾客消费要求不能得到满足时，顾客有可能另选其他能满足其要求的地方，而将既有集群抛弃。由于失去顾客造成既有市场不断萎缩，企业失去订单，不断倒闭，最终威胁整个集群的生存，整个集群环境陷入恶性循环。最明显的例子是20世纪90年代。这段时间是各国、各地区对陶瓷行业进行结构大调整的关键时期，广东、福建等地陶瓷特色产业集群分析消费形势，满足大众顾客要求，迅速实现了陶瓷产业结构调整。景德镇对于环境的变化却无动于衷，仍然维持现状（郭建晖，1995），结果不仅丧失了高档陈列瓷顾客，在日用瓷方面也完全丧失了优势，被消费者无情抛弃，集群陷入困境（周文水，2004）。这种情况再次说明，对产品要求高的顾客是景德镇陶瓷特色产业集群不断进步的推动力。

自然环境因子对景德镇陶瓷特色产业集群形成的作用主要表现在以下两个方面：

（1）其得天独厚的区位优势。景德镇位于江西东北部，其所处位置并非政治、军事战略要地，政治、经济、军事价值并不大，因此，尽管历史上发生了多次社会动荡、无数次战乱，但大多都没有将景德镇卷入其中，发生于景德镇有明确记载的战乱仅有元末战乱、清初的三藩之乱、太平天国战乱、抗日战争等。景德镇独特的地理位置使之在相当长时间里均保持了相对稳定的社会环境，从而为景德镇陶瓷制造工艺、技术的积累、顺利传承创造了比较好的外部条件（刘善庆、叶小兰，2005）；这种和平、稳定的环境也成为景德镇陶瓷业的竞争优势，增强了景德镇陶瓷产业与其他陶瓷产地争夺资源的能力，有利于吸引其他动荡陶瓷产地的技术人员、资本等陶瓷资源，强化自身的竞争力。由于地处长江边，水运发达，节省了景德镇陶瓷业的运输成本，降低了景德镇陶瓷特色产业集群获取信息的成本，促进了陶瓷产品的流通、销售，提高了陶瓷产业的运行效率。

（2）区内独特的自然禀赋。对陶瓷产业影响最大的自然资源主要是燃料和制瓷的各种原材料。烧瓷燃料主要有煤和柴，南方瓷窑主要以烧柴为主，柴被认为是烧还原焰最理想的燃料（冯先铭，2001）。由于坐落在黄山、怀玉山余脉与鄱阳湖平原的过渡地带，景德镇四周皆山，山上盛产马尾松柴、槎柴，为制瓷业提供了廉价而理想的燃料。在原材料方面，陶瓷技术要突破，原材料起关键作用。其他陶瓷产区由于不具备景德镇的原料优势，因而其质量在很长时期内难以超越景德镇（张纯、高静、刘智，2004）。

在工艺、技术的积累方面，经过比较长时间的学习、摸索和积累，景德镇陶瓷特色产业集群的原料加工、配料配方、制坯成型、镂雕塑捏、窑炉烧炼、五彩描绘、各种色釉乃至成品包装等，都有一整套系统的方法（白焜，2005）。技术创新方面，前期景德镇陶瓷主要是引进、学习和模仿，当完成了对各地先进工艺技术的吸收、消化后，就进入了自我创新阶段，景德镇开始超越其他陶瓷产地，逐渐成为陶瓷工艺技术的主要创新地。明清时期，陶瓷科技的创新基本上是由景德镇完成的（冯先铭，2001）。

本书对影响景德镇陶瓷特色产业集群形成的各个生态因子的定性描述和定量计算，表明在景德镇陶瓷特色产业集群形成过程中，各个生态因子所起的作用并不均衡，其中，发挥主要作用的是限制性因子和主导性因子，其中以限制性因子为最。在各个生态因子中，又以顾客因子、自然环境因子、技术因子、政治因子为主，决定了景德镇陶瓷特色产业集群的形成速度和进程。

第四章
江西产业集群的特征

第一节　景德镇陶瓷特色产业集群的特征分析

一、景德镇陶瓷特色产业集群的阶段性特征

作为典型的特色产业集群，景德镇陶瓷特色产业集群既有一般特征，也有鲜明的行业特征。

根据景德镇陶瓷行业的技术水平、企业数量、企业规模、行业规模、出口数量、市场结构、工人数量和空间分布等基本情况的变化，可以发现，景德镇陶瓷特色产业集群呈现出明显的阶段性特征。

（一）形成时期的主要特征

唐朝以前，集群处于萌芽、集聚阶段，其主要特征是：①瓷业只是作为农业的补充，是农民农闲时期的副业；②生产企业以家庭作坊为主；③家庭小作坊规模比较小，产供销集于一身，且产品多销往周边农村地区；④劳动力以自我雇佣为主；⑤家庭作坊零散分布在景德镇各地，出现了几个乡村工业中心，其中以窑里企业群落最著名；⑥完成了从制陶向制瓷的过渡，技术水平明显低于北方和南方的陶瓷发达地区如越窑等，属于对外来工艺技术的消化吸收阶段，因此产品比较单一。

宋元时期，景德镇陶瓷特色产业集群处于形成和起步阶段，其主要特征是：①瓷业初步实现了与农业的分离，逐渐发展成为独立的工业门类。②瓷业逐渐集中到了湖田、镇区等地。③进入瓷业的企业迅速增加，南宋时期企业数量达到

300家；出现了生产过程的分工，烧、作分离，成型也一分为二，分成圆器和琢器两行；两行内部又有分工；初步实现了生产的专业化，生产效率提高。④企业产品开发能力、生产工艺、技术水平明显提高，并实现了关键性的突破，初步形成了具有地域特色的结构惯例。⑤产品形成了系列，并向多样化发展。⑥产品进入全国销售网络，并出口国外。⑦南宋时期，景德镇成为全国最主要的陶瓷产地之一，并在元朝出现垄断势头。⑧由于大量吸收外地人力资本、资金，产品以销往外地为主，集群呈现明显的外向型投入产出特征。

（二）发展时期的主要特征

明清时期是景德镇陶瓷特色产业集群大创新、大发展的时期，清朝是集群从创新高峰走向创新低谷的转折时期。集群大发展阶段的主要特征是：①瓷业企业实现了完全集中，主要聚集在官窑周围，官窑成为群内核心企业和龙头企业。②企业数量大量增加，达到3000家，绝大多数为私有制企业，产能、产量实现了质的突破，达到千万件、亿件，集群规模进一步扩大。③场内、场外分工更加发达，专业化、标准化生产水平高。④行（帮）会出现，群内交易网络发达。⑤主要生产、工艺技术更加成熟，加工配套生产体系基本形成。⑥官窑装备水平有了很大提高，成为推动景德镇陶瓷集群创新的发动机，工艺和技术的进步，推动官窑内部形成了比较完善的专业化分工协作体系。官窑体系在明朝后期实现了与集群整体分工协作体系的对接，官、民窑两个体系相互合作，组成了完整的瓷业生产体系。⑦产品结构不断完善，规格和品种丰富多样，以景德镇区域品牌为核心的陶瓷产品成为陶瓷行业最高标准，显示了极强的竞争力，垄断了国内外陶瓷市场，景德镇也从此成为中国乃至世界瓷业研究、开发、制造中心。

（三）转型时期的主要特征

嘉庆时期开始，景德镇陶瓷集群创新能力进入停滞时期，从此，集群进入转型（调整、恢复）阶段。集群调整阶段的主要特征如下：①官窑新产品开发能力、工艺、技术水平明显下降，并在20世纪初转型为官督商办的近代企业，集群逐渐失去了创新的强大推动力；②在集群大发展时期得到进一步强化的结构惯例逐渐成为集群创新的阻碍力量；③工艺、技术水平停滞，与西方相比，显得落后，集群逐渐失去了世界瓷业中心的地位；④集群产能、产量继续扩大，达到新的历史高峰；⑤产品结构以中低档为主，优势产品开始失去优势；⑥产品以出口为主，对海外市场的依赖程度加深；⑦受到政治（含战乱）、经济因子的强烈影响，群内企业数量不稳定。

1949年以后，景德镇陶瓷特色产业集群进入恢复阶段，集群呈现如下主要特征：①国营企业重新成为集群创新的发动机；②群内企业规模达到新的高度，实现了质的飞跃；③分工专业化、标准化更加明显，生产配套、支持服务体系进一步完善，形成了完整的瓷器工业体系；④群内技术装备水平实现了历史性突破，机械化、信息化水平提高，完成了产业升级；⑤确定了以出口细瓷为主的发展战略；⑥企业管理水平得到加强，产品结构更加完善，形成了陶瓷产品 20 个大类、2000 多个系列、2000 多种器型和 6000 多种花色的格局，质量不断提高；⑦初步形成了品牌意识，培育出了“玉凤”等著名品牌，但是，近几年出现了明显的柠檬市场，降低了景德镇核心区域品牌的声誉；⑧在行业规模和企业规模继续扩大的同时，出口迅速递增，瓷器畅销 130 多个国家和地区，达到新的历史高度。

二、景德镇陶瓷特色产业集群的其他共性特征

虽然景德镇陶瓷特色产业集群在其不同发展阶段具有明显的阶段性特征，但同时表现出下列共性特征。

（一）特色产业集群内种群密度并非一成不变

在不同时期，景德镇陶瓷特色产业集群内种群数量不同，有时是一个种群，有时是多个种群，20 世纪 90 年代以后，随着景德镇对外开放力度不断加大，外资不断进入，建立了外商独资、中外合资企业，加上原有的国营、私营、各种改制后的混合经营企业以及个体工商瓷业者，景德镇陶瓷特色产业集群种群数量空前增加，达到历史高峰。

种群具有个体所不具备的各种群体特征，其基本特征是种群密度，影响密度变化的是出生率、死亡率、迁入和迁出。出生和迁入是使种群增加的因素，死亡和迁出是使种群减少的因素。由于各个种群中的个体寿命不一，所以种群的年龄结构也不尽相同。一般来讲，国营性质的个体寿命比较长，相应该种群存活时间较长。依据各个种群年龄的不同，可以将种群划分成三个类型：第一类是增长型种群，该类种群的出生率大于死亡率，是迅速增长的种群；第二类是稳定型种群，出生率与死亡率大致平衡，种群稳定；第三类是下降型种群，种群的死亡率大于出生率。

种群数量变动有的是规则的（周期性波动），有的是不规则的（非周期性波动），从长期来看，以不规则波动为主。

（二）具有特定的资源禀赋和鲜明的地域色彩

特色产业集群多属于传统产业。由于其特殊的地理位置和地质构造，景德镇

境内优质而丰富的瓷土和高岭土资源使之拥有其他陶瓷产地无法复制的自然资源优势，加上二元配方等工艺，其异质性的最重要体现也是构成景德镇陶瓷特色产业集群竞争力的关键。

由于景德镇陶瓷特色产业集群形成、发展于农业社会，这就必然带有农业社会的痕迹；进入近代工业社会后，其技术创新能力反而呈现下降趋势，最主要的是群内支撑配套体系不太完善，如果用现代标准衡量集群当时状况的话，肯定有比较大的差距，但同样无可否认的是，当时景德镇陶瓷特色产业集群各项配套支撑系统达到了当时的最高水平，有些方面（如行会等中介组织的协调、维系功能）甚至超过了现在景德镇的水平。

（三）可能是世界上存在时间最长的产业集群

景德镇陶瓷特色产业集群形成于原始工业化时期的宋朝。如果从汉末景德镇已经出现的陶瓷生产算起，迄今约 1800 年；如果从南北朝时期（420~589 年）景德镇向朝廷进贡陶瓷制品算起，则历时 1400 余年；如果从特色产业集群最终形成于南宋绍兴年间（1131~1162 年）算起，景德镇陶瓷业也经历了 800 多年。从 16 世纪起，景德镇陶瓷特色产业集群就成为世界瓷器研究开发和制造中心，每年向欧洲、亚洲其他地区、非洲各地输出大量瓷器，将近 600 年。笔者查阅了到 2005 年 10 月为止的 2000 多篇产业集群文献，尚未发现其他如此古老的至今仍然居于重要地位的产业集群，由此可以初步认定景德镇可能是现存于世界的历史最为久远的特色产业集群。

（四）一个具有经济功能、社会功能和行政功能的产业集群

景德镇因瓷器形成了乡村工业，逐渐产生了瓷场的聚集，出现了企业群落，形成了小城镇。明朝在珠山建立官窑后，瓷场进一步向珠山集中，从而形成了以官窑为中心的陶瓷特色产业集群。伴随着景德镇陶瓷特色产业集群的形成，景德镇也以珠山为中心，向周围扩张，逐渐形成了一座以瓷业为单一手工业的城市，实现了陶瓷特色产业集群与城市的重合（见图 4–1）。

景德镇陶瓷特色产业集群的人口明朝就达到 10 万人，清朝更增加到 30 万人，民国时期略有下降，新中国成立后，人口继续增加，仅市区人口就有 40 万之多。直到 20 世纪下半叶，特别是 20 世纪 90 年代后，景德镇工业结构有所改变，飞机、电子、汽车等工业的地位逐渐上升，景德镇瓷业在景德镇经济中的地位才有所下降。宋朝到民国时期，仅凭瓷业就支撑了景德镇近千年之久，不仅在中国历史上，就是在世界历史上也属罕见，是世界上历史最悠久的一座单一产业集群和手工业城市（梁淼泰，2004）。

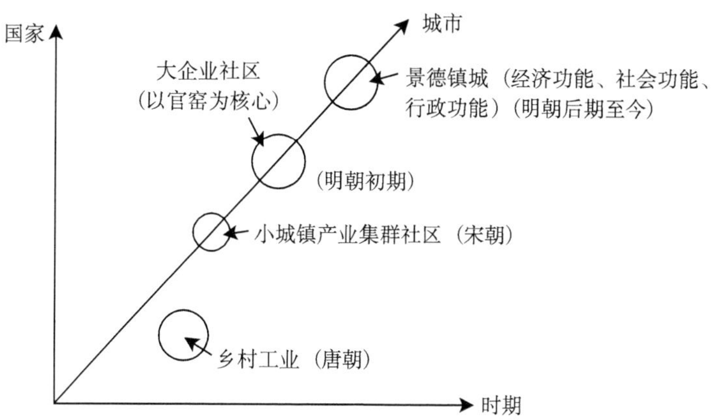

图 4-1 景德镇陶瓷特色产业集群的城市化趋势

资料来源：陈文华. 产业集群治理研究［D］. 江西财经大学博士学位论文，2006.

（五）出口依存度不断加深，外销市场从高端走向低端

自唐宋时期开始，景德镇瓷器就成为中国重要的外销商品，元朝时期，景德镇瓷器基本上占据了中国外贸瓷的主导地位，明清时期，景德镇成为世界性的制瓷工业中心，为世界各地消费者提供了大量瓷器，为中国赚取了大量白银，享受了国际分工的好处。各种资料表明，亚洲、欧洲一直是中国瓷器的学习者、模仿者，直到 18 世纪工业革命以后，这种状况才有所改变，基于此，至少在 18 世纪以前，中国瓷器一直是世界瓷器市场的供应者，其中又以景德镇为主。景德镇与伊万里瓷器争夺欧洲市场的史料证明，在伊万里瓷出现之前，欧洲的高端市场一直被景德镇瓷器占领。从后世打捞的瓷器以及其他资料说明，景德镇出口瓷器做工比较精致、品质良好，结合其进货价格昂贵的情况看，其消费对象应该是销售地的上流社会。根据这些资料，可以断定景德镇瓷器在相当长的时间里占据了世界瓷器的高端市场。19 世纪中期以后，由于制瓷原料、工艺、技术等多方面原因的影响，景德镇瓷器逐渐失去了海外高端市场。尽管如此，景德镇陶瓷的出口量仍然在 20 世纪获得了大规模增长，其对出口市场的依存度进一步加深，大大超过了明清时期，如表 4-1 所示。

表 4-1 景德镇陶瓷特色产业集群出口依存度

单位：万件

朝代	明朝	清雍正、乾隆时期	清光绪时期	民国（抗日战争前）	新中国时期（1980 年前后）
年总产量	3600	4000	5334	19954	16064

续表

朝代	明朝	清雍正、乾隆时期	清光绪时期	民国（抗日战争前）	新中国时期（1980年前后）
年外贸出口量	27.1	60	918.6	14113	9305.25
出口依存度	0.0075	0.015	0.17	0.71	0.58

资料来源：①淘智. 景德镇陶瓷销售市场的历史和现状［J］. 景德镇陶瓷，2000（2）. ②梁淼泰. 明清景德镇城市经济研究［M］. 南昌：江西人民出版社，1991. ③《江西通志稿》。

（六）具备自发形成自然演化功能的陶瓷特色产业集群

由于独特的自然资源，景德镇陶瓷特色产业集群在长期发展中形成了与陶瓷产业发展相关联的专门性知识、专有技术、专业劳动力以及特定的消费群体。这种基于独特自然资源与特定知识、技术与劳动力等要素基础上的地域根植性，使景德镇陶瓷特色产业集群具备自发形成自然演化的功能，并且比其他类型的产业集群具备更强的稳定性与市场竞争力（傅允生，2005）。集群的演化特征呈现从低级到高级、从简单到复杂的动态化。自发形成自然演化功能集中表现在集群的学习与创新能力上，既包括产品、工艺、技术方面的学习与创新，也包括制度学习与创新。正是由于其不断创新，景德镇陶瓷特色产业集群才不断颠覆生命周期规律，一直维持重要地位。

必须指出的是，景德镇陶瓷特色产业集群的演化特征还表现出外向型的投入产出——官窑制度和外贸发展是其集中体现。应该说，在景德镇陶瓷特色产业集群萌芽、形成阶段，自然演化功能起了主要作用，但外向型的投入产出加速了集群的形成。在集群发展和调整、恢复时期，外向型的投入产出与自然演化功能有机结合，其中，又以外向型投入产出为主，而且，外向型投入产出一旦停止，集群即陷入落后。

（七）结构惯例有自身特色

根植性在加强组织本地化的同时，也容易形成集群运行的结构惯例，最终造成路径依赖。从景德镇陶瓷特色产业集群经历的漫长历史来看，其产业发展形成了独特的发展路径，强化了相关因素地理锁定，从而使之具有鲜明的地域性特色。

景德镇陶瓷特色产业集群的路径依赖有积极意义和消极意义。路径依赖不是不发展，而是发展方式和发展方向问题。这种发展形式以渐进积累、数量缓慢增长为主，随着时间的不断延伸，发展方向越来越表现出以内敛形式为主。集群漠视甚至反对经济创新，生产力的发展以内部自然积累的形式缓慢变动，资源配置逐渐呆滞，市场经济生长困难，只有量变，难以发生质变。

景德镇陶瓷特色产业集群的路径依赖具体表现在多方面：从集群发展的技术路径看，技术创新一方面大大增强了景德镇陶瓷特色产业集群的竞争力，在明清时期拥有压倒性优势；另一方面，由创新所造成的市场垄断形成一种“均衡态”，维持了长达数百年的时间，并产生了“极化效应”，形成结构惯例，出现“集群锁定现象”，使集群很难从中逃逸，从而降低了继续技术创新的动力，阻碍集群进入新的发展阶段，导致集群技术创新衰退。

从集群发展的组织生态环境看，在相当长的时间里，景德镇陶瓷在自然状态下缓慢发展。但是，青白瓷发明后，这种进程被打断，从此以后，景德镇陶瓷的生产、发展就受到当朝最高统治者的关注，得到中央政府的大力扶持。正是由于中央政府的强力扶持，景德镇陶瓷特色产业集群才能够在比较短的时间里迅速击败其他陶瓷特色产业集群，在整个市场中居于垄断地位，并成为政权的附属品。政府强力干预的发展模式成为景德镇陶瓷特色产业集群发展的捷径，并不断得到强化，产生极化效应和累积因果效应。这种发展模式产生的独特地方产业文化——官窑文化，具有明显的根植性特征，随着时间的推移，不断固化，拘于保守，拒绝变革（刘善庆、叶小兰、陈文华，2005），从而使整个集群很难从中逃逸，错失了多次机会，加大了集群转换成本。

（八）网络组织具有浓郁的东方特征

企业结合地方网络获得知识创新是非常重要的（Rappert B.，Webster A. and Charles D.，1999），由于他们认定一些文化、价值、目标上的一致性（Malecki J. and Tootle B.，1997），从而可以有效防止不合作行为（Rabellotti R.，1997），因此，地方网络组织是企业之间交流和合作的捷径机制。

由于网络发展是一个路径依赖的过程，过去的合作可能增强今天的合作基础，当他们具有较多网络关系时，企业启动的成本可能减少（Belussi F. and Arcangeli F.，1998），因此，对企业家的综合性解释必须包含行为的社会背景，尤其是人们借以获得信息、资源和社会支持的社会关系（Aldrich H. and Martinez M.，2001）。地方网络不仅与企业家的生存、成长具有关联，还与经营绩效存在关联，那些具有特殊身份和社会关系的企业家更有可能获得商业成功。地方关系网络越广泛、越复杂、越多样，其获得商业机会的可能性越大，解决问题的机会越大，最终商业冒险获得成功的可能性也越大（朱华晟，2003）。

景德镇陶瓷特色产业集群在长期发展中形成了覆盖产供销各个环节的地方网络，这个地方网络具有高度组织化特征。其网络组织形式可以归纳为三大类：与家族血缘相结合的匠族，按照行业分工的行会、公会，具有地域特征的行帮。

明朝政府为了提高景德镇瓷业人力资源素质而设立的匠族，在相当长时间里充当了政府的培训机构，其原因是大多数具有经济用途的知识都具有隐性的特征，这类知识只有在频繁的社会交往中才可能获得（Asheim B. and Isaksen A., 2000）。在当时，家族、邻里是人们社会交往的主要途径。由于私人关系对商业更加重要（Martina E., 1999），因此，工艺、技术在这种交往中不断得到累积、传承。

作为匠族替代物出现的行会、行帮，同样体现了浓厚的乡族关系。行帮主要由同一县籍人士构成，地域是形式，乡族、血缘关系是核心，行会与家族相结合，职业与血缘相结合。瓷业者通过乡族扶持而来，技艺又由乡族袭承，“其人守职之专，世世相承，至以族姓著称，历数叶而不替”（向焯，1920）。乡族袭承技艺打破了以往家族世擅技艺的狭小范围。与家族世擅相比，乡族专擅扩大了技术的传袭面，降低了整个集群人力资源的培训费用，有利于瓷业资本和熟练劳动力的成长。

以血缘、地缘为纽带，使行会对外具有强烈的排他性、限制性。行帮对外排他性强主要表现在对精工巧艺的垄断性强，对一般技艺的限制却并不严格，对粗重苦工甚至没有限制。这种组织形式也在客观上强化了行会的控制力。景德镇陶瓷特色产业集群路径依赖的形成，很大程度上缘于这种组织形式，甚至可以说，行会、行帮是景德镇陶瓷特色产业集群路径依赖的重要载体。

由于行中有帮，帮中有行，因而，景德镇陶瓷特色产业集群中企业家与工人并不在同一组织中，而是分别有自己的组织。这就使行会、行帮组织大大提高了各自的组织化程度，加强了各自的博弈能力，降低了交易费用，提高了整个集群的运行效率和效益。

基于乡族、血缘关系而形成的行帮成为明清时期到新中国成立之前支撑整个集群运转的中介力量，连接产供销各个环节，充分体现了景德镇陶瓷特色产业集群的嵌入性、网络化特征，具有浓郁的东方特色（苏东水，2005）。

作为一种社会资本，基于乡族、血缘关系产生的信任、凝聚力并没有随着行帮的消失而消失，仍然在当今景德镇陶瓷特色产业集群中积极促成本地网络的强联系，也依然导致集群中网络节点的对外排斥情绪，从而导致集群之间相互封闭，区域间、产业内只存在激烈的竞争关系，缺乏相互协同、互补效应，加之行帮组织的替代者并没有出现或者即使出现了但其制度约束力不强，机会主义盛行，创新乏力，致使集群之间差异化不强、档次不高，只好通过价格断杀获得销售渠道，对外销售市场大多在欠发达的亚洲、非洲地区，并没有打入发达国家的中高端市场（曾刚等，2004）。解决景德镇陶瓷特色产业集群网络封闭的关键就在于保持足够的网络开放，增加与外部的联系。

特色产业集群作为产业集群的一个重要类型，既有产业集群共同的特征，也有自身特色。除了具有专业化特征、技术聚集性特征、网络化特征、学习性特征、空间聚集性特征等外，还表现出如下特征：①群内主导产业多属于传统产业，以劳动密集型产业为主，产业特色比较明显；②具有独特的组织资源禀赋，包括特定的自然资源和区位优势等实体资源，独特的生产制作工艺、技巧，以区域品牌为核心的社会历史文化等软体资源；③拥有本地内生的网络，内生性本地网络是集群有效运转的联结机制；④外向性投入产出，有时甚至关系集群的兴衰；⑤形成了与自身环境相适应的组织惯例。

第二节 赣南脐橙特色产业集群的特征

我国产业集群区别于发达国家的特征有两个：一是市场驱动；二是多以低成本为基础，而不是以创新为基础（王缉慈，2003），赣南脐橙特色产业集群有自身的特征。

一、政府驱动

从赣南脐橙的出现情况看，是偶然因素促成了赣南脐橙的出现。从其形成和快速发展的动力看，关键因素是政府的强力推动。从 20 世纪 80 年代开始，政府出于调整农业产业结构、加快经济发展的考虑，强调各地从实际出发，发挥自身优势，加快农业产业结构调整的步伐。赣南由于其特定的地理环境，具有适宜柑橘发展的良好气候条件，因此，当地政府决定发挥这一优势，大力发展柑橘等水果产业。在此过程中，政府将赣南脐橙置于全球经济一体化的大环境中，综合分析了国内外水果产业发展的趋势、赣南的区位优势以及中国加入 WTO 后赣南柑橘产业的竞争力情况，不断调整柑橘种植结构，在保持其他柑橘适度发展的同时，将赣南脐橙作为支柱产业优先发展，在各级政府的强力推动下，赣南脐橙特色产业集群迅速发展。

二、市场与产业互动

这是赣南脐橙特色产业集群形成的重要因素。柑橘是当今世界发展的主要果树种类之一，拥有广阔的销售市场。1989 年，柑橘产量即跃居五大水果之首(彭寿，1995)，其中，脐橙占 7%~8%。目前，中国脐橙主产区有三个，即以重庆奉节、湖北秭归为中心的长江三峡带产区、湖南新宁产区、江西赣南产区，三产区年总产量大致为 100 万吨左右（刘文杰，2002)。赣南脐橙因其独特的风味获得了市场的青睐，是江西市场上品质最优、销售最畅、价格最高、效益最好的柑橘类品种（胡正月，2004)。2002~2003 年，赣南脐橙在粤港澳自贸区的销售量上升到 8 万吨，占全年产量的 5%，其中，在深圳市场的年销量占深圳市场国产脐橙市场份额的 85%。巨大的市场需求为赣南脐橙产业的发展、壮大提供了强大的动力。正是市场与产业的良性互动，快速促进了赣南脐橙特色产业集群的形成与发展。

三、特定的区位优势与自然资源紧密结合

特定的区位优势与自然资源是赣南脐橙特色产业集群形成、发展的依托。首先，自然资源丰富。赣南是我国脐橙栽培四大适宜区中最适宜的区域，发展脐橙优势强劲（胡正月，2004)。赣南属典型的红壤浅山丘陵地区，气候条件独特，地处中亚热带南缘，温度适宜，雨量充沛，无霜期长，昼夜温差大，具有发展脐橙的小气候条件。山地资源丰富，土壤肥沃，富含矿物质和有机质，土层深厚，宜果面积大；同时，赣南工业污染少，山地植被丰富，非常适宜无公害水果的生产。其次，区位优势明显。赣南地处粤闽赣三省交界处，水陆空交通发达，到达广州、深圳等沿海城市和出口中国香港地区、东南亚非常便利（俞云等，2004)，有利于提高效率，降低物流成本。

四、个体私营企业是主体

非公有制企业、中小企业、个体果园构成了赣南脐橙特色产业集群的主体。在众多的脐橙生产大户中，主要是机关干部和个体工商户。在赣州的许多县市，几乎 80%的干部职工通过各种方式建立了自己的果园；在局部地区，干部果园的面积占到了全部果园的 50%左右，加上个体工商户拥有的果园，农民实际上拥有的果园可能不足一成（欧阳方兴等，2004)，体现了强烈的政府拉动色彩。

五、创新意识强烈

这种创新表现在多方面。首先是政府对柑橘品种的选择，立足于柑橘产品品种结构的创新，保证了高起点。其次是发展模式上的创新，表现为政府拉动，干部示范、推动，群众跟上。由于其生产周期相对比较长，需要比较大的资金投入，从而表现出自身特点。

从总体看，赣南脐橙特色产业集群尚处于初期发展阶段。具体表现在以下方面：

（1）作为集群竞争优势核心来源的分工、创新和网络等机制还远未形成。

（2）产业链不完整，行业协会不发达，反映出其产业体系不健全。

（3）从赣南脐橙特色产业集群产品构成看，主要以鲜果为主，产后增值率较低，果汁、糕点产品较少，反映出其附加值较低。

（4）良种苗木繁育体系不健全，大规模发展的苗木质量难以保证。

（5）市场体系建设不健全，产地批发市场少。

（6）目前，赣南脐橙品牌众多，其中注册商标十几个，未注册的商标十几个，共计二十几个品牌，几乎每县一个品牌，有的甚至一县几个品牌。

赣南脐橙特色产业集群特色鲜明，总体上表现为两方面：一方面是政府驱动，迅速启动；另一方面是集群内分工不深化，生产和销售分工不明，各个价值链联系不密切，导致生产和交易成本较高。集群要进一步发展，必须解决上述问题。

第三节　基于供应链视角的特色产业集群配套体系建设

一、特色产业集群供应链管理的含义和实质

特色产业集群主要指集中于一定区域内特定产业的众多具有合作关系的不同规模的企业和与其发展有关的各种机构、组织等行为主体通过纵横交错的网络关系紧密联系在一起的空间集合体（刘善庆、叶小兰、陈文华，2005）。网络关系的核心是基于以需求为导向的供应链关系。从某种角度讲，特色产业集群形成乃

至发展壮大是以现代管理理论为基础的，特别是以供应链管理为基础的（张悟移、张环，2004）。因此，群内企业、机构之间供应链建立与否、成熟度如何是判断特色产业集群最终形成与否、发展程度的关键。

传统意义上的供应链主要指围绕核心企业，通过对信息流、物流、资金流的控制，从采购原材料开始，制成中间产品以及最终产品，最后由销售网络把产品送到用户手中的将供应商、制造商、分销商、零售商、最终用户连成一个整体的功能网链结构模型（马士华、林勇、陈志祥，2000）。实际上，这是一个基于产品的企业供应链。作为一种集群管理模式或竞争战略，供应链显然并不仅仅指产品供应链，从建设创新型国家的政策角度观察，供应链的建设起码还应涵盖研究开发链以及为产品研发、生产提供配套服务的政府、中介机构组成的支撑服务链。如此，在特色产业集群层面，供应链的含义得到了扩展，大致包括产品供应链、研发供应链、服务供应链，是一个基于产品的产业供应链。

随着顾客需求逐渐个性化、多样化，产品更新周期缩短，市场不确定性加大，市场竞争已经从过去的价格、质量竞争转向基于时间的竞争，由企业与企业之间的竞争转向集群与集群之间的竞争，集群与集群之间的竞争就是供应链与供应链之间的竞争（王玉燕、李帮义、丁立波，2006），实质上是各个特色产业集群之间产业配套能力的竞争。不久前，一个美国学者在中国考察后，认为中国除了低成本、高素质的劳动力外，还有一个重要优势，就是产业配套优势，或者说供应链优势，这种优势集中表现在产业集群的发展上。近几年，东南沿海地区包括劳动力在内的诸多要素成本上升，按照比较优势原理和传统的梯度转移原理，企业应该向低成本地区转移，但事实上许多企业没有转移或者转移不成功，原因就在于东南沿海地区的产业配套条件好，有多种类型的特色产业集群。一些北部沿海和中西部地区转移成功的例子，也证明接受转移的那些地区形成了一定的产业配套条件，或者配套条件正在迅速改善（刘世锦、张玉雷，2006）。这说明在特色产业集群中，供应链管理的实质是产业配套能力的提高。

二、优化特色产业集群供应链管理的措施

供应链管理的实质是产业配套能力的提高，因此，优化特色产业集群供应链管理的措施就集中表现为产业集群配套体系的建立和完善。产业集群配套体系大致包括产品供应链、研发供应链、服务供应链。由于各区域特色产业集群发展阶段、发育程度不一，在供应链体系的优化方面，也应该采取不同的措施。

东部地区特色产业集群已经建立了比较完整的产品供应链和服务供应链，因

此，其供应链建设就是围绕国家自主创新战略，建立研发链。自主创新包括原始创新、集成创新、消化吸收再创新等内容。自主创新不是指已有的技术水平，而是技术发展的路径（梅永红，2006）。改革开放以来，由于发展路径从一开始就一味引进，没有充分关注自主创新，没有形成鼓励自主创新的导向，这种氛围下的中国企业并不重视自主创新，而是重生产、轻研发，结果就出现了严重的对外依赖，东部地区特色产业集群对外依赖尤其严重。因此，非常有必要重新调整发展路径，强化自主研发能力。

中西部广大地区多数特色产业集群尚处于集群的初级阶段——产业聚集，因此，其升级关键就是采取措施推动聚集向集群转变。从集聚到集群，其核心是有区别的。集聚主要是空间的集中，不存在内在的经济往来关系，更多的是外部因素的推动过程，而集群不仅有空间集中，还有内在的经济活动和经济往来（赵慕兰，2006）。针对这种状况，聚集区目前的主要任务就是从融入全球供应链之中，承担经济全球化的产业分工任务的视角出发，加快产品供应链和服务供应链的建设和完善，降低群内组织的交易费用，改善集群生态环境，以推动集群实现升级，完成从聚集向集群的过渡。在产品供应链建设和完善中，要着重做好两方面的工作：

第一，加强信息化建设，建立计算机信息系统，主要是建立局域网（Intranet）和外部网（一般使用 Internet），前者是对企业内部的财务、营销、库存等所有的业务环节进行管理；后者是与上下游企业快速沟通，快速解决问题，包括订单体系、管理体系、库存查询等，通过公共浏览器可以浏览所有的公共信息，满足信息的逆向流动。

第二，建立和完善物流配送中心，制定适应供应链管理的配送原则和管理原则。在服务链的建设和完善工作中，政府发挥着独特的作用。政府应该坚持有所为、有所不为的原则，重新定位自身的功能和作用，着力创新管理体制，调整税收、政府采购等经济政策，大胆借鉴发达国家和地区的经验，采取各种政策和措施，支持特色产业集群的发展。

第三篇

江西产业集群的技术创新与竞争力研究

第五章

江西产业集群技术创新动力分析

第一节　产业集群技术创新需求拉力研究

一、引言

中共十八大提出建设创新型国家的伟大号召。从纵向看，建设创新型国家是中国经济、社会发展的必然走向；从横向看，也是因应全球化不断加深的重大战略举措。经过几十年的发展，中国经济实现了量的增长，需要质的升级和实现质的转型。要实现经济升级，技术创新尤其是产业集群的技术创新是关键。这就需要研究影响产业集群技术创新的因素，弄清楚推动产业集群技术创新的力量到底有哪些，这些力量是否同样适合中国、适合江西等中西部地区。

二、关于产业集群技术创新动力的一般性分析

陈柳钦（2006）分析了产业集群创新动力的来源问题，指出有六个方面的动力推动了产业集群的创新，这六大动力分别是：

（1）市场需求的拉动——创新需求拉动理论认为，创新是企业对市场变化的一种本能反应。施莫克乐（J. Schmookler）在《发明与经济增长》一书中指出，技术创新主要受市场需求的引导，而厄特巴克（Utterback）在 1974 年的一项研究表明，60%~80%的重要创新是受需求拉动影响的。因此，市场需求是创新的经济前提，正是需求所能带来的报酬对企业起着决定性的刺激作用；市场需求的变化将会引导产业集群企业的创新取向，激发企业的创新活动。企业为了生存和获

利，就必须生产出符合市场需要的产品或服务。若无市场需求，任何创新都将无利可图，这也为企业开展创新活动明确了方向。产业集群内企业由于存在显著的技术关联性，所以市场对某项产品的需求，通过技术链条传导到上游产业和下游产业，引发关联产业的共同技术创新。

（2）中介组织的作用。西方以中小企业为主的产业集群的技术创新过程中，商会、行业协会等社会中介组织起重要作用（丘海雄、徐建牛，2004）。中介组织包括协助、促进成果转化，在创新活动中起桥梁和纽带作用的机构和组织，如生产力促进中心、技术开发中心、科技创业服务中心、图书情报信息中心、高新技术成果转化服务中心等；也包括为创新活动提供服务咨询的机构和组织，如会计师事务所、审计事务所、专利事务所、资产评估事务所、技术评估机构、技术争议仲裁机构、律师事务所、企业咨询事务所、风险投资机构、人才交流服务机构、网络与信息服务机构等。虽然不是创新主体，但是作为创新活动的主要辅助者，在促进企业创新和发展以及促进产业集群创新网络形成和发展方面，发挥着一种重要的“黏合剂”作用。

（3）地方政府的支持。在产业集群创新进程中，政府起着重要作用，通过多种途径影响着产业集群创新。政府通过一些相关部门和政策影响着创新过程和创新要素的行为。政府是产业集群创新系统的重要支点，是制度创新的主体。

（4）集群内企业间竞合作用。产业集群是一种竞争与合作的组合，产业集群中，企业之间的交互作用所产生的协同与竞争，对产业集群的健康发展作用显著。以弹性化和专业化为主要特点的集群内企业的合作是集群得以健康发展的关键。这种合作不但可以分担某些领域内巨额的开发费用，还可以达到知识共享、人力资源和技术优势互补的协同效应，对合作双方以及整个集群的创新能力都是一个极大的促进。地理上的集中相对加剧了同行业之间的竞争，产业集群内紧密接近的企业由于共同的区位缩短了竞争过程，减少了代理成本，激励了供应商的发展，加速了竞争者的不断出现，使得产业集群内企业间竞争加剧，迫使企业不断降低成本，改进产品及服务，进行技术创新。

（5）有效的集体学习机制。产业集群创新主要是通过产业价值链上参与者之间的互动学习产生的，包括企业内部和供应链上企业间的学习。产业集群内有效的集体学习机制可以提高产业集群整体创新的效率，是实现持续技术创新的催化剂，它为产业集群中的企业提供了一个共同的成长机遇。

（6）创新文化和价值观的激励。“创新孕育于一种空气之中”这种“空气”即为集群的创新文化。从价值观层面上来看，区域文化中蕴涵的企业家精神以及有利于地方创新主体竞争和合作的制度是产业集群内部创新活力的根本动力。创新往往带有破坏性，是对旧生产方式、旧组织形式、旧制度的否定，不屈不挠的企业家精神就是挑战破坏带来的阻力和风险的精神。同时，比较宽容的社会文化和具有弹性的社会结构则有利于创新思想的成长和传播。创新带来了成功，而成功又拉动了创新，这是一个良性循环。

正是上述六大动力相互作用，推动了产业集群技术创新。在这六大动力中，市场因素发挥主要作用，即为产业集群及其企业的技术创新指明了方向。这种分析是否适合中国产业集群呢？

正如丘海雄、徐建牛（2004）指出的那样，“由于制度、文化、发展水平的差异，前人的理论和研究对分析、理解中国产业集群的技术创新虽然具有参考价值，但是……难以很好地解释中国的现实”。中国的现实是，中国制度在很短的时间内经历了深刻的转型，但是，各区域的制度并非同步转型。这为通过制度层面解释政府政策对企业战略的影响提供了一个很好的机会（Peng，2002）。在分权让利导向下，地方政府行为（政策）对企业战略的影响成为关注的重点（曲亮等，2010）。分权让利的制度环境同时具有市场特征（Li Haiyang and Kwaku Atuahene Gima，2001）和非市场特征。非市场特征集中体现在政府管制方面，仍然被企业管理者认为是最有影响力、最复杂和最不可预测的环境因素（Tan J. J. and Litschert R. J.，1994）。在这种环境中，中国企业在具体的技术创新活动中形成了分别适应于两种不同环境特征的战略行为。一方面，在激烈的市场竞争中，中国企业需要通过与西方市场完全一样的市场活动来实现其绩效。另一方面，在政府管制的制度环境下，中国企业也要考虑使用其特有的非市场活动，例如寻求政府的政策扶持来实现其技术创新绩效；企业与租金提供者的关系紧密程度决定了其通过非市场战略行为获得的绩效大小（徐岚、汪涛、姚新国，2007）。后者的活动与市场需求无关，只与政府政策相关。丘海雄、徐建牛（2004）通过对珠江三角洲产业集群技术创新的研究，发现与西方发达国家和东南亚一些次发达国家的产业集群不一样，珠江三角洲产业集群的技术创新主要依靠地方政府的推动。其原因在于作为技术创新主体的企业自身力量弱小，无力也无意愿从事技术创新，中介组织则由于发展不成熟，在技术创新过程中，扮演的是辅助性的角色，加之市场失灵等因素的影响，在此情况下，地方政府出于发展经济以及自身利益的考量，积极充当企业家角色，成为技术创新的主导者、推动者。

三、产业集群中技术创新需求拉力的作用途径及其传导机制

作为市场与科层之间的产业组织，产业集群集市场与科层两种产业组织的优势于一体，既与外部市场保持良好的信息交流，又保证了群内各个利益主体之间信息交流的顺畅。由此可见，特色产业集群包括两个市场要素：外部市场和内部市场。产业集群技术创新的需求拉力就从外部市场和内部市场两个途径对企业发挥作用。

经济学研究表明，经济增长总是呈现出一定的周期性波动。经济增长的周期性使得特色产业集群的技术创新也呈现以时间为对称轴的不均匀分布的周期性变化形态，市场需求总量也会有周期性波动。企业为了生存和获利，就必须生产出符合市场需要的产品或服务。若无市场需求，任何技术创新都将无利可图，这也为企业开展技术创新活动明确了方向（陈柳钦，2006b）。

企业通过满足新的市场需求达到自身获利的目的，表明技术创新的起点是市场需求。由于产业集群区内特有的信息收集和传递机制，人们对于产业的发展现状、顾客需求的满足情况、行业的技术水平状况等都有大致相似的认识，区内企业会根据没有得到很好满足的市场需求进行拉动式的技术创新，满足市场的需求就是企业创新要达到的目标，这一目标为企业的技术创新活动指明了方向。一方面，面对新的外部市场需求，企业整合创新资源进行研发，开发、生产出新的产品，并进行商业化获得创新利益，这是一个系统的过程。另一方面，在此过程中，企业技术创新对其他相关市场主体提出了各种新的市场需求——这些市场需求属于为满足外部市场需求而引致的内化配套服务，姑且称之为内部市场需求——或者导致相关企业在附近安家落户（节省运输、交易等成本，共享信息、创新等），或者导致新企业的诞生，或者诱导其他企业也进行技术创新以满足先创新企业的需要。在这种一波又一波、一环又一环的技术创新过程当中，该地区企业数量迅速增加，相关配套机构也不断进驻该地区，从而促进了产业集群的形成。这种产业集群反过来又进一步刺激了特色产业集群内企业的技术创新（竞争的加剧、密切的合作），从而直接推动了产业集群的形成、完善和不断升级（陈柳钦，2006a）。

产业间需求条件的差异直接影响创新活动的激励强度，特别是在新经济条件下，表现更加明显。产业间市场需求的差异由市场规模大小和需求的价格弹性两个方面构成。市场的大小既可以用规模参数静态衡量，也可以用增长率变量动态考察。市场规模的增长可以通过市场中介影响技术创新的速度和规模。市场需求

结构的变化影响需求的价格弹性，从而影响研发投入的边际回报率。需求弹性越大，从减少生产成本中所获的收益就越大；反之亦然。市场需求结构通过市场中介反映需求价格弹性影响技术创新的方向、内容和结构。因此，企业只有把握住市场需求，才能使自己的创新有利可图；国家适当控制市场需求，就能引导企业积极有效地组织创新。

作为一种实施费用低、效率高的激励制度，市场机制通过价格体系发挥着提供信息、经济激励和决定收入分配等功能，有利于促进企业技术创新。同时，市场过程也是一个对技术创新进行组织的过程：市场对技术创新的正向刺激促使企业产生获取超额利益的预期，逆向刺激则危及企业的生存。市场产生的正向拉力和逆向压力与企业谋求生存和发展的内在要求相结合，是形成企业技术创新行为的基本动力。市场对企业技术创新的动力激励是通过市场体系要素、市场竞争、市场结构与市场规则等变量进行的。

市场虽然通过内部市场和外部市场发挥对技术创新的作用，但作用主要来源于自组织功能。产业集群内企业由于存在显著的技术关联性，所以市场对某项产品的需求，通过技术链条传导到上游产业和下游产业，引发关联产业的共同技术创新。而市场通过要素的自由配置，形成有效的组织形式，并消除创新带来的市场风险，实现整个技术系统的自创新效应。

澳大利亚经济学家唐纳德·瓦茨认为，企业技术创新是一个环环相扣的紧密过程，任何一个环节失败，都会导致技术创新的失败，它们依次为：①因某项发明或实际需要而产生创新设想；②为市场分析、企业计划和技术开发活动筹集资金；③进行市场分析，拟订发展计划；④为生产和销售进行投资；⑤投入生产并销售；⑥取得应有的收益。产业集群为企业技术创新过程提供了全部支持，以需求拉动线性过程为例，在产业集群内，由于大量相关企业的存在，以及中介服务机构和消费者需要的信息流量大、快而且集中，使企业在感知市场动向方面比较方便，能够迅速抓住市场需求，把握市场机会，进行技术创新，以填补市场需求空白。在研发阶段，创新资源大量积聚，如人才、资金等，同时大家对彼此又十分了解，合作的可能性更大，这也降低了创新的风险。面对竞争的压力、利益的驱动力，各个企业必然积极主动地进行技术创新。在产品化阶段，由于集群内集聚了大量相关企业，以及由此形成的交易、技术、社会网络，各个企业通过分工与合作方式进行生产，既降低了生产成本，又节省了创新时间，同时相匹配的创新也会在先创新企业的带动下进行，这种创新的波动效果会使新产品的相关配套设施迅速完备，加快新产品商业化的过程。在商业化阶段，由于特色产业集群内已经形成了完善而发达的各种渠道和中介服务机构，加上集群本身已经形成的品牌效应，使商业化的时间更短，商业化成功的可能性也更大。集群呈现繁荣景象，完整的创新链形成。

成熟的企业技术创新系统是一个高度动态的有序的自组织的创新系统，大量的渐进创新不断涌现出来，产品和工艺不断被更新，它们之间或是互相竞争、互相替代，或是互相协同、互相促进。成熟的企业技术创新系统的根本动力来自多样化的市场需求、规模扩张以及子系统之间的竞争和协同。

产业集群内大量中小企业对技术创新的需求和所具有的创新活力，使企业在进行技术创新时，会根据自身的能力和条件，面对上下游协作企业和市场的需求，对技术创新进行改进、简化或再创新，以提高企业对创新技术的适应性和相容性，客观上加快了创新技术在产业集群内扩散。

由于技术、工艺之间的衔接和技术的同源性，产业集群内企业之间的合作、分工形成了技术网络，而这种网络又成为技术扩散的渠道。一方面，企业技术创新的结果可以较快地移植或嫁接到其他企业的生产上；另一方面，企业技术创新不可能迅速完善，从而为其他企业进行技术创新留下了创新的空间，同时也带动相关企业加速自己的技术创新，为创新企业进行服务（陈柳钦，2006a）。

创新需求拉动理论（J. Schmookler，1966）认为，创新是企业对市场变化的一种本能反应。同时，随着经济的不断发展，区域之间的贫富差距不断扩大，消费观念、价值取向的差异也日益凸显。即使在同一区域，对同一类产品，不同的消费者也有不同的偏好，而且这种差异呈发展趋势。因此，当处于经济的复苏期和繁荣期时，市场需求量会增大，且需求趋向于个性化，这就促使企业不断地进行渐进性创新和突破性创新。施莫克乐（J. Schmookler）在《发明与经济增长》一书中指出，技术创新主要受市场需求的引导，而厄特巴克（Utterback）在 1974 年的一项研究表明，60%~80%的重要创新是受需求拉动影响的。因此，市场需求是创新的经济前提，正是需求所能带来的报酬对企业起着决定性的刺激作用。市场需求的变化将会引导产业集群企业的创新取向，激发企业的创新活动。特别是苛刻的市场需求一般被认为是引导创新的强大动力。市场需求的不断变化为企业提供了新的机会和创新诱因。而以此为导向的创新活动在给企业带来利润的同时，也变更了市场需求，形成了一个“需求→创新→再创新”的向上发展的良性循环。产业在地理上的集中本身就有助于在商品制造者、供给者与顾客之间产生一种更为自由的信息传播，相当数量的革新正是由于正确了解了顾客的需要，以及发现供给上的特殊问题而产生的结果。

无数公司成功、失败的经验教训已经证明了这一点：以市场需求为导向进行技术创新，在提高企业竞争力的同时，也提高了以企业为基础的产业集群的竞争力，从而使集群在竞争中不仅生存下来，而且不断发展。总之，企业技术创新是产业集群竞争力的源泉。

第二节　赣南等原中央苏区产业集群技术创新的政府作用研究

一、政府介入赣南等原中央苏区产业集群技术创新的原因

虽然产业集群技术创新的影响因素比较多，但是，与西方发达国家、东南亚次发达国家不同，中国产业集群技术创新受制于制度、文化、发展水平等因素的影响，主要依靠地方政府推动（丘海雄、徐建牛，2004）。地方政府成为产业集群技术创新主导者的现象在赣南等原中央苏区经济欠发达地区更加突出。其原因既与原中央苏区产业集群自主创新能力不足有关，也与原中央苏区内市场失灵有关，还与中央苏区中介组织缺位密切相关。

（一）集群自主创新能力不足

目前，赣南等原中央苏区已经初步形成了各具特色的产业集群48个，如表5-1所示。除了部分集群由于具体数据不详，无法获知其产值或销售额（约占总数的23%）外，多数集群的资料相对完善。在48个集群中，销售额1亿元以上的有36个，其中，50亿元以上的有10个，约占总数的21%，50亿元以下的有27个，约占总数的56%。集群规模达到或超过100亿元的共计7个，达到或超过200亿元的5个。

表5-1　赣南等中央苏区产业集群概况

地区	集群名称	产值或销售额
赣州（12个）	赣南稀土	产值占全国份额为40%（钨和稀土产值超千亿元）
	赣南钨	产值占全国份额为35%（钨和稀土产值超千亿元）
	赣南氟化工	200亿元
	赣南脐橙	80亿元
	瑞金旅游	8亿元（2012年）

续表

地区	集群名称	产值或销售额
赣州（12个）	宁都三黄鸡	500万元（2011年）
	兴国食品加工	12亿元（2010年）
	南康家具	50亿元
	龙南玩具产业	不详
	南康有色金属新材料产业	几十亿元
	宁都红薯加工产业	不详
	石城矿山机械产业	2亿元以上
吉安（19个）	井冈山旅游	33亿元（2010年）
	井冈山日用瓷生产基地	10亿元（2010年）
	新干食品加工业	不详
	新干中药材生产基地	不详
	泰和乌鸡	仅乌鸡蛋年产值就达6.4亿元
	永丰碳酸钙新材料产业	18亿元
	遂川板鸭	约3亿元
	新干箱包产业集群	不详
	吉安电子信息及通讯终端产业基地	256亿元
	吉安新能源、新材料及节能技术产业基地	过100亿元
	生物新医药·微生物农药产业基地	200多亿元
	新干县盐卤药化产业	近10亿元
	吉水皮革手套	2亿元以上
	永丰绿色食品	2亿元以上
	泰和液晶电子	30多亿元
	吉水粮食加工业	11亿元
	永丰医药产业	30多亿元
	永丰有色金属综合利用示范基地	50亿元
	泰和冶金机械建材	100亿元
抚州（17个）	南丰食品（蜜桔）饮料产业	不详
	金溪香精香料	15亿元
	资溪旅游	7亿元
	广昌白莲	不详
	广昌物流	不详
	东乡变性淀粉产业	不详
	南城食品加工产业群	14亿元
	南城高档轻纺产业群	几十亿元
	黎川陶瓷产业	31亿元
	黎川鞋服产业	10亿元
	黎川新型塑料产业	不详

续表

地区	集群名称	产值或销售额
抚州（17个）	崇仁机电产业	35亿元
	东乡医药化工	十几亿元
	东乡五金机电	不详
	东乡轻工纺织	不详
	抚州汽车及零部件产业	几十亿元
	抚州生物医药产业	几十亿元

资料来源：作者收集。

通过表5-1发现，赣南等原中央苏区绝大多数集群是立足于本地资源而形成的特色产业集群，但有竞争优势的特色产业集群不多。除了赣南稀土、钨、脐橙、氟化工、金溪香精香料等少数特色产业集群具有较强的竞争力，比较优势明显外，赣南等原中央苏区多数特色产业集群的比较优势有其脆弱的一面。由于赣南等原中央苏区特色产业集群大部分立足于当地农业和矿产品资源，群内多数是中小企业，企业家素质比较低；许多企业仅限于对农产品和矿产品进行简单加工，生产技术含量低的初级产品，附加值低，同质化严重，竞争力严重不足。如赣州钨、稀土产业链主要集中在原矿开采、冶炼加工等中低端环节，深加工企业少，产品技术含量不高，钨和稀土高端应用产品几乎空白。以钨产业为例，虽然拥有每年600万吨的采矿生产能力和500万吨的选矿生产能力，分别占全国的49%和37%，但高端产品如硬质合金的生产能力仅为2000吨，约占全国份额的8%。产业集群自主创新能力不足，严重制约了赣南等原中央苏区的经济发展，为此，需要地方政府介入。

（二）市场失灵

市场失灵理论认为，完全竞争的市场结构是资源配置的最佳方式；但在现实经济中，完全竞争市场结构只是一种理论上的假设，现实中是不可能全部满足的。由于垄断、外部性、信息不完全和在公共物品领域，仅仅依靠价格机制来配置资源无法实现效率的帕累托最优，出现了市场失灵。当市场失灵时，为了实现资源配置效率的最大化，就必须借助于政府干预。

产业集群技术创新既包括群内企业各自需要解决的个性技术，也包括群内所有企业都要面对的共性技术。就产业集群而言，共性技术具有准公共物品的性质，所需费用比较大，群内企业不仅无力承担，而且也不愿意承担。这些中小企业的科研力量一般都较弱，绝大多数小企业都缺乏研究开发力量，对于影响整个集群的共性技术难题往往束手无策。加之由于共性技术创新的供给具有外部性和容易产生“搭便车”行为，难以完全通过市场机制自行解决。因此，客观上需要地方政府的积极介入。

（三）中介组织缺位

产业集群内的中介组织是介于产业集群内各企业及相关机构之间、产业集群与政府之间、为增强产业集群的竞争力而从事的沟通、协调、公正、咨询等服务活动的专业性机构，其本身不从事实物性的生产经营活动。中介组织包括协助、促进成果转化，在创新活动中起桥梁和纽带作用的机构和组织，如生产力促进中心、技术开发中心、科技创业服务中心、图书情报信息中心、高新技术成果转化服务中心等；也包括为创新活动提供服务咨询的机构和组织，如会计师事务所、审计事务所、专利事务所、资产评估事务所、技术评估机构、技术争议仲裁机构、律师事务所、企业咨询事务所、风险投资机构、人才交流服务机构、网络与信息服务机构等。虽然不是创新主体，但是作为创新活动的主要辅助者，在促进企业创新和发展以及促进产业集群创新网络形成和发展方面，发挥着一种重要的“黏合剂”作用。

西方以中小企业为主的产业集群的技术创新过程中，商会、行业协会等社会中介组织起重要作用。然而，中国特定的历史条件决定了当前社会中介组织在解决公共产品提供问题上的困境。因为在传统的计划经济体制下，政府统揽和包办了一切社会事务，使得市场转型过程中我国的行业组织力量非常弱小，难以像西方社会的中介组织那样解决企业所面临的共性技术问题（丘海雄、徐建牛，2004）。尤其在赣南等原中央苏区，各种利益主体发育不全，政府力量相对更加强大，中介组织发展缓慢，独立性不强，无法解决产业集群所面临的各种共性技术问题。从发展趋势看，各类产业集群既面临着发达国家利用其资本、技术优势在中高档产品领域发动“乘虚而入”式竞争，又受到落后国家或地区在低档产品方面的“追赶”式竞争，各类产业集群的优势正面临着弱化的危险。为了摆脱风险，增强产业集群的竞争力，迫切需要在产业集群内若干事关全局的重大产业共性技术上取得突破，奠定进入更高层次国际竞争的平台（张晓第，2008），这就为政府介入产业集群技术创新提供了结构空间。

二、政府干预产业集群技术创新的主要途径

在赣南等原中央苏区产业集群技术创新进程中，政府起着主导作用，通过多种途径推动区域内的产业集群进行技术创新。需要强调的是，与中国其他地方不同，由于赣南等原中央苏区在中国历史进程中的特殊地位和作用，在赣南等原中

央苏区的产业集群技术创新进程中，不仅地方政府积极干预，中央政府也积极参与，《国务院关于支持赣南等原中央苏区振兴发展的若干意见》就是这种干预的集中体现。

（一）营造创新环境

创新环境是指在创新过程中，影响创新主体进行创新的各种外部因素的总和。主要包括国家对创新的发展战略与规划，国家对创新行为的经费投入力度以及社会对创新行为的态度等。创新环境不仅和科技本身有关，而且和社会文化理念有关；信息和知识交流传播不仅通过物质手段（通信和计算机网络），重要的是还通过人与人接触等非正式的和“不可见”的链接；创新环境不仅和市场空间、生产空间有关，而且和支持空间有关。这些都为营造创新环境提供了新的思路。作为创新软硬环境的建设者，政府间接参与创新过程，引导和影响创新主体（企业、大学、科研机构等）的创新行为，以加速产业的集聚和发展。

中共十八大报告提出，要“确保到 2020 年实现全面建成小康社会宏伟目标……科技进步对经济增长的贡献率大幅上升，进入创新型国家行列。工业化基本实现，信息化水平大幅提升，城镇化质量明显提高，农业现代化和社会主义新农村建设成效显著，区域协调发展机制基本形成”。这是创新的发展战略与规划。具体到赣南等原中央苏区，《国务院关于支持赣南等原中央苏区振兴发展的若干意见》（以下简称《若干意见》）要求采取各种措施，鼓励创新，加大扶持力度，尤其在赣州实行西部大开发政策，实实在在地营造创新的环境和氛围。通过技术创新，提高赣南等原中央苏区产业集群的技术创新能力，“建设具有较强国际竞争力的稀土、钨稀有金属产业基地。依托本地资源和现有产业基础，大力发展新材料和具有特色的先进制造业。建设世界最大的优质脐橙产业基地和全国重要的特色农产品、有机食品生产与加工基地”。

（二）打造创新平台

技术创新平台是国家自主创新体系的重要组成部分，对优化科技资源配置、促进科技资源开放共享、构建区域创新体系、建设创新型社会具有重要意义。平台的搭建充分运用了信息、网络等现代技术，对科技基础条件资源进行了战略重组和系统优化，以促进全社会科技资源的合理配置（刘琪、沈磊、肖建国，2012）。赣南等原中央苏区政府积极打造各种技术创新平台，主要如下：

第一，积极创办高新技术产业区、经济技术开发区、工业园。通过提升产业集中度来加快各种知识、技术在区域内的流动，加快技术创新的速度，提升基础创新的效率和效益。目前，原中央苏区各个地区、县（市、区）均建立了不同形式的园区，一些园区已经升级为国家级、省级园区，产业集群技术创新能力明显提高。

第二，积极构建官产学研的技术创新体系，加大企业技术改造的支持力度。首先，国家脐橙工程技术研究中心、国家离子型稀土资源高效开发利用工程技术研究中心已经获得科技部立项。其中，前者在赣南师范学院，后者在赣州稀土集团，由赣州稀土集团、江西理工大学、赣州有色金属研究所三家共建。发挥骨干企业和科研院所的作用，加大技术改造和关键技术研发力度，促进稀土、钨等精深加工，发展高端稀土、钨新材料和应用产业。积极推进技术创新，提升稀土开采、冶炼和应用技术水平。其次，赣州市获批为全国唯一的稀土综合开发利用试点城市；龙南发光材料及稀土应用高新技术产业化基地被科技部认定为国家高新技术产业化基地。

上述平台的建立，为赣南等原中央苏区产业集群技术进步奠定了坚实的组织基础，有利于整合资源，吸引高端人才，推动企业、产业的技术进步。

（三）制定鼓励创新的政策措施

为支持赣南等原中央苏区产业集群的技术创新，中央政府、江西省政府以及赣州、吉安、抚州三个地级市、县政府先后出台了多项政策措施。这些政府措施以中央政府出台的《若干意见》力度最大，这些鼓励政策主要如下：

第一，支持赣州建设稀土产业基地和稀土产学研合作创新示范基地，享受国家高新技术产业园区和新型工业化产业示范基地扶持政策。

第二，加大地质矿产调查评价、中央地质勘查基金等中央财政资金的支持力度，将赣南等原中央苏区列为国家找矿突破战略行动的重点区域。

第三，支持设立战略性新兴产业创业投资资金，建设高技术产业孵化基地。加大对重大科技成果推广应用和产业化的支持力度，增强科技创新能力。

第四，支持建设国家级检验检测技术研发服务平台。

第五，在赣州实行西部大开发政策，执行差别化的产业政策。这主要体现在原中央苏区产业政策从规划引导、项目安排、资金配置等多方面，均给予赣南等原中央苏区支持和倾斜。加大企业技术改造和产业结构调整专项对赣南等原中央苏区特色优势产业发展的支持力度。对符合条件的产业项目，优先在赣南等原中央苏区规划布局。支持赣州创建国家印刷包装产业基地，并实行来料加工、来样加工、来件装配和补偿贸易的政策。

综上所述，由于多重因素影响，赣南等原中央苏区产业集群技术创新的主导者是政府。本书的研究发现，与其他地方不同，中央政府也积极介入了赣南等原中央苏区产业集群的技术创新。政府介入产业集群技术创新有多种方式，其中，出台政策是主要方式。需要指出的是，政府鼓励、优惠政策不是强制性的，是在企业自主、自愿选择的基础上起作用的。企业按照利益和效率标准自发地决策创新行为。因此，对产业集群活动进行一定的政策引导、支持是必要的，但是政府应尽量少用计划和行政手段干预产业集群的创新活动（陈柳钦，2006），把政府的作用局限于弥补市场失灵等范围内。

第三节　景德镇陶瓷特色产业集群技术创新情况及其原因分析

景德镇陶瓷特色产业集群的原料加工、配料配方、制坯成型、镂雕塑捏、窑炉烧炼、五彩描绘、各种色釉乃至成品包装等，都有一整套系统的方法（白焜，2005）。但是，技术创新主要包括产品开发、工艺技术改进两方面。前期，景德镇陶瓷主要是引进、学习和模仿，当其完成了对各地先进工艺技术的吸收、消化后，就进入了自我创新阶段，这一阶段从元、明、清前期到清中后期及21世纪，景德镇陶瓷特色产业集群在外来陶瓷的攻势面前，步入调整、恢复时期。本节主要论述景德镇陶瓷特色产业集群的技术创新情况及创新原因。

一、景德镇陶瓷特色产业集群的技术创新情况

景德镇陶瓷特色产业集群的技术创新经历了比较长的时间，依据产业集群萌芽、形成、发展以及调整恢复的情况，大致可以划分成三个阶段。

第一阶段，为学习、模仿时期。景德镇在消化吸收外地先进制瓷工艺、技术的同时，进行了初步创新，相继推出了新产品。

在景德镇由烧制陶器逐渐向烧瓷转化的过程中，晋代赵慨发挥了关键作用。他去官从商，在景德镇建立了瓷器生产工场，引进先进产瓷地区的技术，从而使景德镇陶瓷的烧制技艺出现了一个飞跃。唐代，景德镇某个瓷场发明了一种名为“釉灰”的配釉剂。他们用熟石灰拌以蕨类狼萁柴煨烧，按比例掺入。利用这种工艺烧制的瓷器一问世就成了抢手货，很快行销各地。从现存资料看，发现最早的景德镇瓷窑是五代的湖田、石虎湾等，其产品以青瓷和白瓷为主，说明这段时间，景德镇主要处于学习、模仿先进陶瓷技术的时期。

宋代出现了以汝、官、钧、定、哥五大名窑为主体的一批瓷器特色产业集群，景德镇制瓷业也发生了关键性变化。在既有基础上，吸收邢窑、越窑的传统制瓷技艺，在总结北方诸窑白瓷的基础上，融青瓷与白瓷于一体，烧造介于青白之间的青白釉瓷即“影青瓷”（余祖球、梁爱莲，2003）。影青瓷的发明导致成型技术得到了空前提高，产生了“半刀泥”工艺。

元代，景德镇陶瓷特色产业集群在继承传统技艺的基础上，又有了新的创新和发展。第一，在制瓷原料和工艺方面有了新的突破，从原有的瓷石一元配方变为瓷石加高岭土的二元配方。这一技术最晚在泰定年间（14 世纪 20 年代）就已经被采用，一直沿用到现代。瓷石加高岭土二元配方的发明是元代景德镇制瓷业生产力高度发展的标志：

（1）扩大了瓷石的使用面。高岭土引进瓷胎之后，提高了瓷胎的耐火度，使过去无法利用的蕴藏量巨大的中下层瓷石得以使用。

（2）降低了瓷器的变形率。高岭土掺进瓷石制胎，能提高瓷胎中的铝氧，使制品的烧成范围增宽，减少变形，从而提高了成品率。

（3）降低了瓷器成本。瓷石为石质原料，采掘困难且需经长时间粉碎才能使用；而高岭土为土质原料，仅需淘洗即可使用，随着土质原料的引进，瓷器的成本必然降低。

（4）改善了瓷器的物理性能，提高了瓷器的强度和胎釉质量。景德镇瓷器从此开始由低火度的软质瓷（烧成温度约 1150℃±20℃）逐渐变成高火度的硬质瓷。

（5）带动了烧成技术、窑炉构造以及窑具、装烧技术的改进（余祖球，1998）。如果说适宜制造瓷器的单一的瓷石（上层瓷石）在南宋后期濒临枯竭，曾经使景德镇陶瓷特色产业集群发生过巨大危机的话，那么到元代，高岭土的引进则使这个行业转危为安而再度繁荣（刘新园、白焜，1981）。

第二，在新产品开发和瓷器装饰方面，青花、釉里红和青花釉里红先后烧制成功。青花瓷器成本较低，功能比较完备，是中国绘画技巧与制瓷工艺完美的结合。元代以前，瓷器装饰比较单调，以刻花、划花、印花为主；元代青花的烧制成功，开创了白瓷彩绘的新时代，成为中国制瓷史上一个划时代的事件，改变了整个陶瓷业的格局（张纯、高静、刘智，2004），使其他大部分陶瓷特色产业集群相形见绌，无法和景德镇抗衡（吴立，2005）。

此外，在元代颜色釉也烧制成功。由于用书画代替了刻刀，使图案进一步丰富细致成为可能，同时也使造型的简约概括成为必须，图案的绘制上升为主角，从而结束了元代以前瓷器单一的影青釉和单一的刻画花装饰的局面。特别值得一提的是卵白釉枢府器，它是元朝廷官府机构枢密院在景德镇定烧的瓷器，胎体厚重，色白微青，光泽像鹅蛋，釉色比以前的青白瓷有很大提高。

第三，包装工艺也得到了改善，出现了独立的包装行业——茭草业，从而为产品的安全运输和销售提供了必要的物质保证（白焜，2005）。

宋元时期是景德镇陶瓷特色产业逐渐消化、吸收省内外各大著名瓷业集群的优点和长处并有所创新的时期。

第二阶段，为创新、发展时期。从景德镇的制瓷历史看，元代是其初步创新时期；明代是景德镇陶瓷大发展、大创新的时期；清代中期是景德镇陶瓷特色产业集群创新到达顶峰，进入集大成的时期。景德镇成为制瓷中心，由于创新比生产具有更高的集聚度（Paci R. and Usai S.，2000），因此，可以认为中国瓷器工业的创新主要在景德镇完成。

在这个阶段，企业、政治决策者、机构和劳动力之间的相互作用便于群内相互学习，从而减少了技术创新过程中的不确定性（Diez J.，2000），加速了新产品研究开发的进程，新产品大量出现。

景德镇陶瓷考古成果表明，明代手工制瓷的分工和操作方法有所改进。首先，进一步细化了制作工序，据《天工开物》载，一件瓷器要经过 72 道工序方能成器。其次，成型工具方面，发明了旋坯车，并以铁刀代替竹刀旋坯，效率提高，胎薄易成；成型方法上，开始采用“二次印坯”、“二次利坯”。最后，在施釉方面，开始采用荡釉、蘸釉、浇釉、吹釉等方法，釉汁均匀，瓷色更佳。

在原有产品的改进和提高方面：

（1）青花装饰水平有所提高，永乐、宣德官窑所产的青花瓷，被称为我国青花瓷的黄金时代。

（2）釉里红装饰继续进步，尤以宣德御器厂生产的釉里红瓷最为成功，其色泽鲜艳宛如红宝石。

在新产品开发和装饰方面，由一种色釉发展到多种色釉，由釉下彩发展到釉上彩，青花之外又有红绿彩、五彩、素三彩、色地加彩、青花斗彩等多种装饰技法，从而开发出了一系列新产品。具体言之，永乐时，景德镇成功烧出了玲珑瓷。成化时，又造出了十分精细的青花玲珑瓷。釉下彩绘取得突破性进展：

（1）成化时创出了“斗彩”装饰。

（2）创出了“填彩”装饰技法。

（3）创出了青花五彩。嘉靖时，景德镇又在斗彩、填彩的基础上创出了以釉上彩为主、青花为辅的青花五彩装饰。

（4）正德时创出了红地金彩装饰。明朝“彩瓷的发明是中国陶瓷史上的一个重要里程碑”（叶喆民，2006）。

永乐、宣德年间的铜红釉和其他单色釉的烧制成功，表明当时景德镇的制瓷业技术水平已经达到了很高的高度。影响色釉呈色的主要因素是起着色剂作用的金属氧化物，此外还与釉料的组成、粒度大小、烧制温度以及烧制气氛关系密切。景德镇瓷场技术人员正是利用这些因素，烧制出各种颜色和风格的颜色釉瓷。高温颜色釉方面，永乐时，御窑厂成功烧出了“鲜红釉”，也称“祭红”。19世纪，西方学者分析出中国祭红、郎窑红的釉色化学成分，并以它的主要成色剂命名，叫铜红釉。铜红釉对温度的要求十分严格，温差不能超过5℃，而窑内的温度在高度发生一米变化时，就会产生10℃以上的温差。这种色釉，釉厚如脂，光莹鲜艳，享有“永乐之宝”的美誉。低温颜色釉方面，弘治时，黄釉烧制得特别好。正德时，烧出了釉薄而艳丽的“孔雀绿”，也称珐翠釉。其时人们常将此釉与珐黄、珐紫等釉配合使用，这种综合性装饰称为“珐花三彩”。嘉靖时，又创出了色似瓜皮的“瓜皮绿”、通体布有细小纹片的“鱼子绿”及矾红釉。同时烧出了大龙缸，属封建帝王专用之物，是古代景德镇技术人员的一项惊人创造。

出现了薄如竹纸的薄胎瓷。清人蓝浦在《景德镇陶录》中云：“脱胎器薄，起于永窑。永窑尚厚，今俗呼半脱胎。另有如竹纸薄者一式，俗以真脱胎别之。此种真脱胎起自成窑即隆万时之民窑。”

在新产品开发方面，以景德镇官窑成就最为显著，其情况如表5-2所示。

表5-2 明代景德镇官窑新产品情况

朝代	品名
洪武	瓜楞形大益罐、墩子式大碗、双耳象耳瓶、釉里红神座等
永乐	带系罐、医疗用青花漏斗、扁壶、轴头罐、折沿盆、压手杯、鸡心式碗等
宣德	石榴尊、三足竹节筒炉、托壶式灯、贯耳瓶、天球瓶、凸盖瓣茶壶、风流龙柄执壶、各种鸟食罐、菱口式洗、花盆、十棱碗、高足碗、卧足碗等
正统	景泰、天顺、大盖罐、戟耳瓶、筒形香炉等
成化	鸡缸杯、天字坛、宝珠坛、马蹄杯等
弘治	诸葛碗（孔明碗）等
正德	香筒、绣墩（凉墩）、多层奁盒等
嘉靖	活环耳瓶、上圆下方葫芦瓶、四方壶、六方壶、四方罐、方斗杯、形制多样的盒（有长方、四方、四方折角、六方、八方、串令式等）、五供具、十棱洗、三象头香炉、大龙缸、大型盘等

续表

朝代	品名
隆庆	鱼缸、菱花式洗、银锭式盒等。万历时，创出了壁瓶、蟋蟀罐、五龙山形笔搁、笔洗、笔管、笔插、颜色碟、小印盒、折沿花形盆、莲花洗、菱口洗、多格粱盒、镂空盒、镂空瓶等
天启、崇祯	胎体轻薄的小杯、筒瓶、折沿碗、罗汉式香炉等

雕塑水平继续提高：①制作瓷雕已普遍采用模范印坯成型，使器物的规格更为统一，有利于生产的标准化和规模化。②将青花、素三彩、珐花加彩以及豆青、霁青、窑变等色釉广泛装饰于各类瓷雕上，使瓷雕的色彩更为丰富。③制作水平大为提高，尤其是各类佛像的制作。

窑业技术有了新的进步。梁淼泰（2004）认为，制瓷的关键技术是窑业。窑业技术主要指结窑、满窑、烧窑。

如果从窑的形制这一角度观察，以景德镇的变化最快。元代折腰窑是今天镇窑（蛋壳窑）的前身。其后，又经历了明中叶的马蹄窑（与明王宗沐《江西大志·陶书》中记述的“青窑”的形制一致）、葫芦窑（陶藉人，1983）。明末，为了适应瓷器产量增多和瓷业分工变细的新形势，魏氏遂对原有的葫芦窑进行了改革。改革后的窑体取消了原来的束腰部分，出现了蛋形窑的雏形。

装烧工艺有了新发展：

第一，匣壁普遍比元代的薄。这种薄壁匣钵，具有四个优点：减轻装坯、装窑的劳动强度；节省耐火材料；提高热能利用率；延长匣钵使用寿命。据史书记载，这类匣钵一般可以使用 10 次左右。

第二，仰烧方法更为先进。明宣德（1426~1435 年）前后，为了满足当时社会对瓷器产品的更高要求，在装烧上等瓷器时，技术人员采用了一种比元代更为先进的方法——先将沙渣置于钵内，再在渣上放置垫饼，然后将瓷坯放在大于圈足的垫饼上焙烧。采用这种方法装烧，可使瓷器圈足边沿的釉层不会黏结沙粒。

第三，开始使用瓷质垫饼装烧瓷器。宋元时期，装坯采用的是一种含铁量较高的黏土加粗料制成的垫饼，明代，陶工们将垫饼改成了瓷质。改进后的垫饼具有两大优点：避免瓷坯与垫饼在高温下因收缩不一而致瓷器破裂、变形等；确保瓷器的圈足不再被铁质玷污。

第四，装坯时在匣钵与垫饼之间铺上了一层沙渣。由于在高温下会收缩的垫饼与在高温下不会收缩的匣钵之间巧妙地设置了这样一个活动层，使瓷坯在焙烧过程中能收缩自如，故使成品率较前大为提高。

第五，发明了一种纽线吊装法。采用这种吊装法，可使碗坯与匣壁之间的距离大为缩小，有利于节省耐火材料及焙烧费用。据陶瓷考古专家刘新园推测，明代采用吊装法后，窑室内的容量可增大25%左右，使焙烧费用大大降低。景德镇陶工们在10世纪初发明的这些先进的装烧工艺，被很多地区的窑场一直沿用到现在。

清代康熙、雍正、乾隆三个时朝，制瓷工艺达到新水平，并形成了青花瓷、雕塑瓷、粉彩瓷和颜色釉瓷四大产品系列，形成了把雕塑、彩绘、设计和造型熔为一炉的陶瓷艺术体系。嘉庆（1796~1820年）刻本的《景德镇陶录》中总结当时的景德镇瓷业是“器则美备，工则良巧，色则精全，仿古法光，花样品式，咸月异岁不同矣。而御窑监造，尤为超越前古”。

清代景德镇制瓷工艺跃上历史高峰，其主要标志有：①烧瓷的温度一般达到1300℃以上，不仅高于明代，而且达到现代硬质瓷的烧成温度；②瓷胎致密、坚硬；③制作技术甚为熟练；④产品器型规整；⑤瓷器的外观质量和物理性能较明代有明显提高。

具体言之，康熙时期（1662~1722年）的青花、五彩、红釉、素三彩成就显著。其时产的青花瓷，纹样除保持原有各种装饰形式外，还广泛地从版画插图、木雕、中国画中汲取艺术营养，使青花装饰更具民间装饰风采。康熙青花的装饰方法多样，除有双勾分水外，还有月影、白梅、洒蓝开光、兰地白花、刻花堆青釉加描青花等。绘画技法也有不少改革和创新，形成了自己独特的风格。改变了明代青花先勾勒花纹轮廓线再涂色的传统方法，采用泻染即“分水皴”的技法并借鉴了西洋画的焦点透视手法，浓重、淡雅，层次分明，使我国瓷器装饰得到了进一步的提升，形成了一种新的艺术面貌。生产水平和艺术水平都达到了青花瓷器的高峰。也是继明代永宣青花之后，我国青花瓷器的又一个黄金时代。

五彩装饰独具一格。此时的五彩更多地吸取了版画插图、民间木板年画、木雕的养分，以黑料为主，兼用矾红勾线，线条洁练，刚中有柔。色彩明净莹澈，大红大绿，古色古香，也常点缀金色，增添了典雅、华贵之气。

在新产品开发上，发明了珐琅彩。康熙对陶瓷最大的贡献就是督促了珐琅彩的烧制。珐琅彩瓷器是引进西洋珐琅彩料，并在装饰手法上受到了欧洲装饰技巧的某些影响。清代白瓷的高度成就和西洋绘画艺术的成功结合，使得珐琅彩瓷器格外精湛。珐琅彩在康熙、雍正、乾隆时，曾成为一种极名贵的宫廷御器，代表了中国陶瓷的最高水平

康熙晚期出现了粉彩装饰。它是在康熙五彩瓷的基础上，受珐琅彩制作工艺

影响而发明的一种釉上彩。雍正时的粉彩比康熙时更胜一筹，以淡雅柔丽名噪一时，后发展成景德镇彩瓷生产的主流，西方人誉之为“玫瑰族瓷器”。

雍正、乾隆时期的粉彩、斗彩、珐琅彩以及五光十色的各种颜色釉，都取得了空前的成就。雍正时发明了墨彩装饰，成为景德镇特有的一种传统釉上装饰。康熙、雍正、乾隆年间，先后创出了一批高、低温颜色釉。康熙时创出了美人醉、郎红、胭脂红、珊瑚红、天青、冬青、洒兰（雪花釉）、乌金釉、葡萄紫等。雍正时创出了茶叶末、炉钧花釉、粉青、钧红、火焰红、火焰青、秋葵纱（松石绿）、蜜蜡黄。乾隆时创出了铁钢金丝纹片釉、古铜色釉、木纹釉、仿哥、仿汝、仿官等产品，还开始用瓷土制造胡桃、莲子、茨菇、长生果、枣、石榴、凤菱、蟹、海螺等各种象生瓷，景德镇陶瓷开始进入集大成的总结阶段。其中，彩绘瓷和色釉瓷的生产集中体现了清代景德镇制瓷业的成就。

景德镇瓷器在清代登峰造极，与当时景德镇窑的出现有着密切的关系，因为决定瓷器品质的是原料和窑炉烧成技术。

清代，魏氏综合龙窑、葫芦窑等窑炉的优点，参考北方馒头窑的长处，结合当地松柴燃料的特性，发明了一种新式窑，因是景德镇地区所特有的窑炉型式，所以又称镇窑（又名柴窑、蛋形窑）。明末，景德镇已出现了镇窑的雏形，演变至清雍正时，无论是窑体及内部结构还是烧成制度都更为成熟，并逐步规范化而被固定下来。镇窑容积比明朝中期大 10 倍，在构造、砌筑技术及装烧工艺等方面有许多独特和巧妙之处。烧窑时，窑内的最高温度可达 1300 多度。窑内形成的递次温差，使一个窑可以同时烧成不同温度要求的 40 多个品种的瓷器，热利用率高，气氛稳定。砌窑所用的材料不是耐火材料，而是普通的黏土。这是魏氏一族数百年来适应瓷业生产发展、不断提高结砌技术的创新成果。镇窑作为我国古代传统窑炉的典范之作，在中国和世界陶瓷窑炉史上有着特殊的地位。

除镇窑外，清初时还另有用作焙烧龙缸的龙缸窑、用作焙烧颜色釉瓷器的色窑等多种专用窑炉，表明其专业化程度进一步提高。

第三阶段，为调整、恢复时期。这一时期又可分为两个阶段。即创新萎缩、停滞时期和恢复及重新探索时期。

（1）创新萎缩、停滞时期。乾隆之后，景德镇陶瓷特色产业集群瓷器的生产从巅峰走向下坡路，产量、器质、品种、造型等都呈明显萎缩、停滞状态。特别是鸦片战争之后，战事频繁，政局动荡，外瓷入侵，市场缩小，其生产也受到严重摧残。民国时期，社会仍不安定。就是在这种情况下，景德镇陶瓷特色产业集群仍然在以下方面取得了一些进展。首先是瓷业生产在操作方面有所进步，如出现脚踏辘轳车，手摇碎釉机，石膏模型铸坯，雾吹器吹釉等较先进的方法。其次是宣统二年（1910 年），江西瓷业公司在景德镇成立，进行一系列技术革新，试行机械生产、贴花纸彩瓷、以煤代柴烧造等，有较大的促进力。最后，民国期间，先有清末民初以程门、金品卿、王少维等为代表的文人派浅绛彩瓷，后有汪晓棠等以粉彩颜料绘瓷，大大扩大了色彩领域。1912 年，王琦与吴蔼生、汪野亭等组织"瓷业美术研究社"，开展陶瓷技艺研究活动，社员有 300 多人。20 世纪 30 年代前后，"珠山八友"把景德镇的粉彩艺术推向一个新高峰。

（2）恢复和重新探索时期。随着计划经济模式的逐步确立，景德镇作为中国陶瓷的主要产地（以出口细瓷为主）得到政府的强力扶持，相继进行了技术、工艺革新，采用机械粉碎矿石，试用煤炭烧瓷，建立了一批研究、开发、教育和培训机构，实现了陶瓷产业结构的升级。这样，在景德镇 20~30 平方公里范围内，就可把陶瓷的生产、销售、科研、教育，特别是原料、制造、窑炉各方面全部配齐，形成了比较完整的产业链（张纯、解敦亮，2004），具体情况如表 5-3 所示。

表 5-3　20 世纪 50~90 年代景德镇的陶瓷特色产业集群

生产瓷厂	科研机构	学校（包括其他）	原料矿区（单位：处）	大型销售公司（含内外销）	其他服务配套机构
32 个（1978 年为 161 个）	3 个（含部省市三级）	高等学校：2 个（其中一所为职工大学）；中等专业学校：2 个；文化博览和研究馆所 3 个	8 个	3 个	化工厂（生产金水、颜料、花纸）1 个；陶瓷机械厂 3 个；石膏模具厂 2 个；焦化煤气厂 1 个

资料来源：陶智.《江西省陶瓷工业志》概述［J］. 景德镇陶瓷，2001（1）.

从以上论述可以看出，在不同阶段，景德镇陶瓷特色产业集群的创新主体和层次各不相同：①学习、模仿的主体是景德镇陶瓷私营企业，创新层次以新产品开发、小工艺改良为主。②创新主体有两个，即民窑、官窑（政府甚至皇帝也参与其中），但在明朝至清朝中期以前，官窑占主导地位，创新层次很高，新产品开发、工艺技术发生革命性变化。③创新主体前期以民间为主，政府支持为辅，创新层次较低；后期政府成为技术创新的主体，创新层次较高。

二、工艺、技术进步的原因

第一，消费偏好等市场因素。朱裕平在《元代青花瓷》一书中说："隶属于王权统治的官窑建制，经过长时期的完善，在宋代最终从民窑中分离出来……在这一过程中，帝王对瓷器的喜好起着至关重要的作用……"长期以来，中国实行的是以皇帝为中心的中央集权体制，因此，封建帝王的兴趣爱好在很大程度上左右着整个社会的消费观念和消费心理。陶瓷作为特殊的商品，不但是当时技术含量非常高的工业产品，而且是文化含量很高的艺术品，其流行的款式在很大程度上受到封建帝王等上层统治者喜好的影响。结果，一方面，其消费偏好为新产品研制、开发指明了方向；另一方面，又成为景德镇陶瓷特色产业集群不断进行新产品开发的压力和动力。新产品开发既可能是在原有产品基础上的局部更新，也可能是全新产品的研制、发明。有时，原有的技术无法满足新产品开发的需要，往往需要对既有制造工艺或技术革新或改造，从而导致技术进步。因此，新产品开发与技术进步往往同步发生。宋代影青瓷的发明导致成型技术提高，元代新产品开发催生了二元配方，明清时期各种新产品的出现带来了一系列工艺、技术的进步等事实证明，技术进步起因于新产品开发的需要。而新产品出现的原因就在于满足消费者的需要，当然，主要是以帝王为代表的上层消费者的需要。从某种角度讲，官窑与苛刻的消费者（帝王）决定了以高技术产业为基础的景德镇陶瓷特色产业集群的成功（朱华晟，2003）。

第二，政府的产业政策。远在春秋战国时期，制陶业就是当时最大的手工业，受到政府的重视（张岂之，2004）。唐宋时期，陶瓷仍然是中国重要的工业部门，政府采取鼓励发展的政策。在自宋代开始的原始工业化进程中，与冶金、纺织、造纸、印刷等手工业部门一样，陶瓷也全面繁荣，其产业主导地位已经确立无疑。元、明、清三朝，全国陶瓷产业布局进一步向景德镇集中，从而确保了景德镇陶瓷产业工艺、技术所需的资金和人才。特别是御器厂凭借帝王威势，汇集大批精通瓷业生产、擅长制瓷技艺的工匠，投入大量资金，占用最好原料，确保了产品制作精良。但是，鸦片战争以后，瓷器在整个工业中的地位迅速下降，近代军事工业成为清朝政府重点扶持的新兴工业部门，景德镇官窑所得到的财政支持大幅度减少，以致最终被政府关闭。在此情况下，官窑自然无力进行新产品的开发和工艺革新，民窑虽然成为革新主力，但由于实力有限，科技投入明显不足。

第三，主要领导的重视。由于缺乏宋朝以前的资料，因此无法详细了解唐、宋两朝帝王关于景德镇陶瓷方面的言论。但是，元、明、清三朝帝王的言行足以代表他们对景德镇陶瓷的关注情况。至元十五年（1278 年），元始祖忽必烈在全国众多产瓷区中选择景德镇专门烧造宫廷用瓷，其管理机构叫作“浮梁瓷局”。这是全国唯一一所为皇室服务的专门机构，同时也担负着全国瓷器工业的管理任务。浮梁瓷局的设立，标志着中央政府直接介入景德镇陶瓷烧造业，使景德镇窑得以集中全国各地名窑的优秀工匠，加之强大的蒙古帝国统治区横跨欧亚，中西往来频繁，极大地促进了景德镇制瓷工艺、技术的发展，创烧了许多具有划时代意义的品种。明宪宗对景德镇御器厂的陶瓷生产相当热心和执着，尤其对小巧精致的工艺品情有独钟，于是，成化官窑烧造出了瓷质精美、彩饰优雅、小巧别致的斗彩瓷器，成为明代官窑之冠（徐彬、吴宣，2005）。

最典型的是清朝，康熙、雍正、乾隆均对景德镇瓷器高度重视。康熙高度重视官窑的瓷务管理，亲自选派督陶官，改良了官窑管理体制。据《浮梁县志》和《景德镇陶录》记载，康熙十九年（1680年）九月，清廷指派内务府广储司郎中徐廷弼、主事李延禧到景德镇驻厂督造；康熙二十二年（1683年）二月，又差工部虞卫司郎中臧应选，笔帖式车尔德驻厂代理督造。据《清史稿》记载，康熙四十四年（1705年）四月至五十一年（1712年）十月，又任命江西巡抚郎廷极兼理景德镇窑事，烧造了著名的郎窑青花。这些督陶官由地方官巡抚监管窑务，对陶瓷有一定爱好和研究，他们有的驻镇，有的遥领，督造宫廷御用器物，并制定了一整套严格的管理细则来保证官窑瓷器的质量。雍正、乾隆传办的瓷器品种、造型、花面、色彩和数量等都是钦定的，内廷提供样器或传旨参照样器改进（梁森泰，2004）。雍正、乾隆不仅给予关注、提出要求，而且还亲自参与陶瓷产品的研发、试制。雍正四年（1726年），他在有关烧茶圆、盘、碟的传旨中指出“朕闻瓷器胎骨过三年以后烧造更好，将此原故亦传给年希尧知道，钦此”（内务府造办处《记事录》）。乾隆八年（1743年），“内廷交出陶冶图二十张”，“将此图二十幅，按陶冶先后，次第编明送来，钦此”（乾隆八年五月二十二日，唐英奏折）。唐英所著《陶冶图编次》由此完成。

珐琅器的研制开发集中体现了帝王对陶瓷新产品、新技术研制、开发的重视及其延续性。珐琅器的研制开始于康熙时期。康熙晚期，西方画珐琅工艺随着传教士入宫供职而传入。康熙五十年（1711年），珐琅彩瓷试制成功，但当时用进口的各种珐琅彩料描绘珐琅彩器，多有不便。雍正即位后，在颜色、釉水、款式等方面亲自指导珐琅彩瓷的烧造，由此，自制珐琅彩料于雍正六年（1728年）取得成功。珐琅彩料自制成功，标志着珐琅器颜料完成了中国化，也带动了粉彩瓷的开发和生产。但是，雍正并不就此满足，而是精益求精，提出了新的要求。雍正十年（1732年）八月八日，以白地青龙茶圆一对做样，传旨“照此茶圆上龙形画娇黄地重黄色龙形珐琅的烧造几件，比此茶圆要小些，务画周正细致”。同月二十八日呈进，随奉旨：“此颜色画法俱不好，珐琅亦粗糙。”由于康熙、雍正、乾隆的重视，珐琅彩的研制形成了独树一帜的粉彩瓷，开辟了陶瓷装饰的一片新田地（萧振松，2000）。

第四，景德镇陶瓷特色产业集群学习、消化和整合机制。宋元时期，主要吸收了三个地方的先进工艺、技术。其一，北方的定窑。定窑发明了覆烧工艺，是我国窑具史上最大的一次改革（刘新园，1974）。显然，景德镇的这类窑具师法北宋定窑，芒口瓷器也在北宋末年、南宋初年传入景德镇，使景德镇瓷业的工艺水平获得新的提高（陶藉人，1983）。其二，吸取福建乌泥窑的长处。乌泥窑以生产茶具兔盏著称，该技术也传入景德镇。北宋后，景德镇茶具制品逐渐赶上并超过乌泥窑制品。此外，福建德化窑以佛像雕塑闻名，景德镇吸收了此工艺，丰富了佛像雕塑艺术。其三，江西省境内的永和窑对景德镇窑也有很大的影响。南宋末年，大量来自于北方磁州窑的窑工在永和窑居住后又与永和窑工一同迁到景德镇从事陶瓷业，他们与景德镇工匠试烧青花瓷成功，为使青花取得稳定的发色效果，磁州窑系的工匠和景德镇工匠在做过多次试烧后，终于掌握了烧制出稳定蓝色花纹的技术。随着丝绸之路在元朝重新打开，阿拉伯商人携来苏麻泥青，应用在二元配方的景德镇胎土上，使景德镇窑烧出的青花瓷又一次产生质的飞跃。景德镇从 14 世纪二三十年代到 15 世纪前期仅仅经过 70 年，其青花瓷就占据了中国陶器生产的主流（吴立，2005）。元代青花之所以能够烧制成功，主要缘由就在于：①它利用了烧制影青瓷薄胎青白釉的基础；②受吉州窑烧制釉下彩技法的影响；③借鉴了名窑烧制青花釉下彩的经验；④由于战乱使北方瓷匠艺人南迁，云集景德镇为元代青花的成功奠定了基础；⑤可能与其更加重视景德镇瓷器工业有关。

明朝，景德镇仍然在学习国内外其他地区的长处，例如：景德镇在学习河北磁州窑烧造釉上红绿彩工艺的基础上，于明朝早期创出了釉上矾红彩、青花红彩、青花斗彩、五彩等多种新的装饰方法。嘉靖时期，景德镇在学习山西晋南地区制作法华彩工艺的基础上，创出了别具一格的珐华彩。明朝中后期，景德镇从浙江哥窑引进了制作纹片釉的技术，烧出了类似哥窑的纹片釉瓷器；从浙江龙泉窑引进了制作冬青釉的技术，造出了类似龙泉窑的冬青釉瓷器；在学习北方瓷窑制作低温铅釉技术的基础上，烧出了孔雀蓝等低温铅釉瓷器。由于与外界交流增多，景德镇陶瓷特色产业集群还吸收国外产品的长处。永乐、宣德时期，景德镇在学习、借鉴伊斯兰陶器造型的基础上，造出了不少双耳扁瓶、双耳折方瓶等异型瓷器。正德（1506~1521 年）、嘉靖（1522~1566 年）时期，景德镇在学习、借鉴伊斯兰装饰形式的基础上，造出了大批以波斯文字为装饰纹样的瓷器。明朝晚期以后，西方近代科学技术和西洋绘画音乐也传入中国，这些元素也被景德镇瓷业所吸收。

清朝，景德镇陶瓷位居世界之最，与国内外的技术交流仍然比较活跃。雍正（1723~1735 年）时，景德镇御窑厂为了仿造河南禹县古代钧窑名品，督陶官唐英曾派人专程到河南禹县学习 1 年，回镇后，不但很快造出了类似钧窑产的名贵色釉品种，而且还创出了窑变花釉、钧红釉等新品种。雍正八九年间（1730~1731 年），景德镇御窑通过引进国内各名窑及东洋、西洋的制瓷技术，共仿制和创出名品 57 种；在学习、借鉴欧洲玻璃制品造型的基础上，创出了广口花瓶、带柄茶杯等造型的瓷器。清朝，景德镇按照欧洲画家设计的各类造型、图案，造出了大批适应欧洲市场的出口瓷器。郎世宁、王致诚、蒋友仁等一批外国艺术家先后来到中国，成为清代宫廷画家，这些画家的立体素描技法和西洋透视法也陆续被景德镇吸收、运用到陶瓷装饰中。值得一提的是，郎世宁曾在景德镇为宫廷创作了大量的瓷板壁书和其他陶瓷作品，他中西结合的绘画风格对后人有较大影响。欧洲和景德镇珐琅彩粉彩技术的交流，是一种可读性技术（不需要技术者之间直接传授便可以传摩仿制）的间接交流，虽没有使景德镇制瓷业发生根本变化，却使景德镇瓷器在外观上一改旧貌，给这个手工业城市的人们带来了更多的就业机会，并促使其向工艺美术城市过渡（白焜，2005）。

第五，集聚导致的效益。创新比生产具有更高的集聚度（Paci R. and Usai S.，2000）。景德镇陶瓷特色产业集群内企业获得的好处并不在于“刚性的”交易效率（如便于企业之间的交易），而更在于“软的”或“间接的”外部性（如知识溢出）（Isaksen A.，2001）。有足够的证据表明，知识溢出最可能在地理上相互靠近的地区内发生，而不是跨区域自由流动（Breschi S.，2000）。在景德镇陶瓷特色产业集群内，拥有大量的高素质人才资源，富含大量的创新知识源，具有比较强的知识溢出效应，其原因是隐含经验类知识传递需要面对面的交流。大多数具有经济用途的知识都具有隐性特征，这类知识高度根植于个人经验、人际关系交流渠道和组织惯例当中，只有在社会交往过程中才可能获得（Asheim B. and Isaksen A.，2000）。在景德镇陶瓷特色产业集群中，陶瓷产业技术具有比较悠久的传统，其产业环境以亲密的合作和相互信任为特征，因而特别适宜这种隐性知识的发展和扩散（Asheim B. and Isaksen A.，1997），集聚的好处正是获得在市场上不能轻易获得的知识（Maskell P.，2001）。正是集聚导致知识在群内扩散，从而积累了较多的知识，具有比较强的创新能力。

第六，专业化分工促进产品开发、工艺技术进步。劳动生产率的最大提高是分工的结果；分工受市场范围的限制，提高了人力资本，促进了技术创新，是产生报酬递增的根源（亚当·斯密，1776）。可以将景德镇陶瓷特色产业集群专业化分工划分为纵向分工和横向分工两种模式，这两件模式是相辅相成、相互影响的关系。发达的纵向分工必然使工艺链拉长，而每道工艺的差异均使产品种类增加，从而为产品差异化创造了条件，促进了横向分工的发展。反之，为了获得市场竞争地位而追求的产品创新必然使原来的某些环节进行改进，导致工艺技术的提高，也促进了纵向分工模式的改变。在集群组织模式影响集群创新能力的同时，集群创新能力的提高也必然促进专业化分工程度的深化，导致工艺技术的提高（程学童、王祖强、李涛，2005）。

第七，景德镇陶瓷特色产业集群自身优胜劣汰的竞争激励机制。宋朝瓷窑体系之所以能形成，固然有唐代“南青北白”的瓷业布局与发展趋势合乎逻辑的原因，也是宋代历史条件下陶瓷特色产业集群之间以及群内种群之间交互竞争的结果。同一种群内同行之间相互比较带来直接的竞争压力，进而转化为创新的动力。由于竞争导致的利益最大化机制，一种瓷器在市场上受到欢迎，首先，出现的是群内邻近瓷场的相继仿制，接着就是瓷窑的增加与窑场的扩大，形成瓷窑体系。在景德镇陶瓷特色产业集群内部，初期竞争在各个私营瓷场之间进行；进入明朝以后，竞争在民窑与官窑之间、民窑与民窑之间进行。如果说官窑凭借其国营身份无须担心生存的话，民窑则时刻有生存危机，特别是瓷业集中于景德镇以后，竞争更加激烈，产品的品质以及生产成本直接影响瓷场的生存，这就迫使各个瓷场想方设法竭尽全力学习创新以谋求生存和发展，为产品开发、工艺改进等技术创新以及信息知识交流、交易联系等流通渠道的建立、维系与扩展提供源源不断的动力。淘汰创新能力不足的瓷厂，客观上起到了提高整个集群的技术创新能力和创新水平的作用。其次，畅销瓷器在其销售地也引起当地瓷窑仿烧，从而使瓷器烧造技术扩展到其他集群。为了保持传统市场，争夺新市场，景德镇陶瓷特色产业集群一方面必须提高产量、降低成本，另一方面必须提高产品质量，从而促进制瓷工艺革新与创造。最后，竞争不仅导致技术在群内扩散，也造成部分技艺在群外扩散。由于竞争加剧，导致群内可供资源日趋紧张，一部分业主出于各种考虑，离开了景德镇，而迁移他处。如明朝造瓷名家陈仲美、吴十九、周时通、崔国樊、吴明官等，纷纷到陶都宜兴改业紫砂，从而促进了紫砂工业的发展（韩其楼，2001）。

从上述分析可知，诸多因素导致了景德镇陶瓷特色产业集群工艺、技术进步，但是，消费偏好和竞争是关键因素（朱华晟，2003）。

第四节　基于路径依赖的景德镇陶瓷产业集群

一、路径依赖理论及其作用机制

“路径依赖”最早是由阿瑟（Arthur）用来描述技术演变过程中报酬递增和自我强化现象的。诺斯（North）把这一概念拿到制度经济学中用以说明制度变迁过程。在他看来，路径依赖类似于物理学中的“惯性”，一旦进入某一路径（无论是“好”的还是“坏”的）就可能对这种路径产生依赖。沿着既定的路径，经济和政治制度的变化可能进入良性循环的轨道，迅速优化；也可能顺着原来的错误路径往下滑，甚至被“锁定”在某种无效率的状态下而导致停滞（诺斯，1994）。路径依赖强调系统未来演化依赖于系统所处的现时状态（即初始状态），而现实状态是过去演化道路的终结。因此，路径依赖是对经济发展具有历史性的反映，一旦做出了选择，它就成了确定的历史，并制约未来的发展（李红刚，2003）。

路径依赖有两种形式：一是状态依存型的路径依赖，指一项技术或一项制度安排一旦出现，就会出现一种自我强化的现象，使环境成为适合自身生存而不利于其他技术或制度生存的生态场，实现自我增强的良性循环；相反，一种更优良的技术却可能由于晚一步而陷入困境，甚至锁定在某种无效状态之中。“锁定”是指当经济系统达到一个均衡态后，由于它在一定范围（局域）内是稳定的，因而很难从中逃逸。如果系统不能跃出陷阱，将被困于其中（李红刚，2003）。路径依赖和锁定同时存在，将阻碍产业结构重组。

二是行为依存型的路径依赖，指在相同的初始条件、机会和刺激下，市场会根据不同行为主体的实绩进行奖惩，受到奖励的行为人可能更加努力，进一步增强自身的增长与存活能力，形成自我强化、报酬递增的机制；反之，受到惩罚的行为人可能被锁定在无效的行为规则中，形成恶性循环（王雷，2004）。总之，细小的事件和偶然的情况常常会把技术发展或是制度变迁引入特定的路径，而不同的路径会导致完全不同的结果（诺斯，1994）。

由于产业集群内部的地方产业文化具有明显的根植性特征，使在产业集群内部先发展起来的技术通常可以凭借占先的优势地位，例如普遍流行导致的学习效应，市场上已经形成的良好预期等，实现自我增强的良性循环，从而在竞争中胜过自己的对手；相反，一项更优良的新技术或一种更有创新性的新思维却可能由于晚入一步，没有获得足够的追随者而被众人所抛弃，陷入恶性循环，从而限制了集群创新能力的增长。因此，在产业集群内部，传统的生产工艺和管理方式更容易得到群内企业的偏爱，从而影响了新思维、新技术、新产品的出现（王雷，2004）。

解决路径依赖的办法是在“分歧点”（Scott，1995）打破历史遗传的禁闭，采取措施替代或补偿过时的资源、技术、基础设施和思维方式（单兴，2004）。

二、景德镇陶瓷产业集群中的路径依赖

（一）景德镇陶瓷产业集群发展的技术路径

宋朝，景德镇发明了青白瓷（又叫影青瓷），青白瓷以其强大的竞争力很快赢得了市场。元朝，景德镇创制成功青花瓷，开创了白瓷彩绘的新时代；发明了二元配方的制瓷工艺，为制造大型器物创造了良好的条件。明朝，景德镇已成为全国制瓷业中心，技术创新获得重大进展。清朝，景德镇不仅继承了明代的工艺和品种，而且还有不少发明创造，如创制了粉彩、珐琅彩、金彩、“窑变”等。

技术创新大大增强了景德镇陶瓷产业集群的竞争力，陶瓷商品市场的拓展速度进一步加快。到了元朝，景德镇陶瓷更为畅销，不仅与“真定红瓷，龙泉青秘”鼎足，甚至还有垄断市场之势。进入明清时期，景德镇瓷器呈压倒优势，“除了宫廷用瓷外，社会上的民间用瓷也几乎绝大部分由景德镇供应，景德镇以外地区的窑场多数只是生产一些缸、坛之类的日用陶瓷”（冯先铭，2001）。不仅如此，景德镇瓷器还经由“丝绸之路”的陆上通道和“瓷器之路”的海上航线销往亚洲、欧洲、非洲、美洲各国。景德镇因此成为世界瓷业中心，号称“瓷都”。这种技术创新所造成的市场垄断形成一种“均衡态”，维持了长达数百年，并产生了“极化效应”，出现“集群锁定现象”，很难从中逃逸，从而减弱了继续技术创新的动力，阻碍集群进入新的发展阶段，导致景德镇陶瓷产业集群衰退。

（二）景德镇陶瓷产业集群发展的组织生态环境

在相当长的时间里，景德镇陶瓷在自然状态下缓慢发展。但是，青白瓷发明后，这种进程被打断。青白瓷是在青白玉可遇不可求的情况下出现的，被称为假玉器（冯先铭，2001），很快受到宋朝皇帝的青睐。从此以后，景德镇陶瓷的生产、发展就受到当朝最高统治者的关注，得到中央政府的大力扶持。随着元朝浮梁瓷局和明、清御器厂的先后建立，其关注的程度、支持的力度进一步强化。明

清时期，官窑在景德镇陶瓷产业集群中居于支配地位，对陶瓷的生产和发展起决定作用。正是由于中央政府的强力扶持，景德镇陶瓷产业集群迅速击败其他陶瓷产业集群，在整个市场中居于垄断地位，并成为政权的附属品。政府强力干预的发展模式成为景德镇陶瓷产业集群发展的捷径，并不断得到强化，产生极化效应和累积因果效应。

政府强力干预的发展模式产生了独特的地方产业文化——官窑文化，且具有明显的根植性特征。随着时间的推移，官窑文化不断固化，逐渐保守，拒绝变革。在这种氛围里，一项更为优良的新技术或一种更有创新性的新思维就可能由于晚入一步，没有能获得足够的追随者而被众人抛弃，从而使整个集群陷入恶性循环，限制了集群创新能力的增长。

（三）景德镇陶瓷产业集群路径依赖的发展时间

景德镇陶瓷产业集群的路径依赖发展可分为反应迟钝时期、缓慢应对时期、恢复期、重新探索时期四个阶段。路径依赖总的表现：环境的变化比产业变化要慢得多，当内部的产业结构消失时，僵化的环境还可能存在。

第一阶段，反应迟钝时期。对外界变化反应迟钝，拒绝变革甚至扼杀新生事物，时间为清朝中后期。乾隆之后，景德镇陶瓷产业集群的创新从巅峰走向下坡路。特别是鸦片战争之后，战事频繁，政局动荡，景德镇陶瓷产业集群的创新基本停滞。与此同时，西方陶瓷产品竞争力增强，开始行销世界各地，并进入中国。

第二阶段，缓慢应对时期。缓慢因应环境变化，进行一些变革，具体表现为民国至1949年间改变路径依赖的艰难探索。清宣统时期，延续600多年的官窑寿终正寝，标志着景德镇陶瓷产业集群失去了中央政府的强力扶持，其对政权的依附地位得以改变。由于政权的更换，产权制度、经济制度得到更新，景德镇陶瓷产业集群对管理制度以及某些工艺技术进行了改良，试图改变发展路径，摆脱依赖。辛亥革命后，就有人提出了改用机器制料的建议，因资金原因未能实行（彭泽益，1962），但不久后生产工艺方面就出现了脚踏辘轳车、手摇碎釉机、石膏模型铸坯、雾吹器吹釉、试行机械生产、贴花纸彩瓷、以煤代柴烧造等较先进的方法；江西瓷业公司在景德镇宣告成立，标志着景德镇陶瓷产业集群进入了企业化时代；1934年初，杜重远应当时江西省政府的邀请，到景德镇调查，写出了《景德镇瓷业调查记》，提出了振兴景德镇瓷业的主张。经过多方努力，当局才决定重振景德镇瓷业，并由杜氏主持其事。他提出以下措施：①取缔“禁春窑”（春节以后窑停烧两月）；②禁止“买位置”（烧窑工向窑主交钱买岗位）；③取缔宾主固定制，规定各行各业可以货随客便；④确定窑身规格；⑤筹设原料精制厂，统一下料配方；⑥创办模范窑厂、瓷厂；⑦成立陶研所；⑧建议柴窑改煤窑；⑨创办陶瓷试验所；⑩设瓷业陈列馆；⑪设立陶瓷推销处，广开销售渠道；⑫筹设供销合作组织，组织瓷器参加土特产展览。

1934 年 12 月成立陶业管理局，杜重远担任局长。杜重首先创办了“陶业人员养成所”，从上海、南昌等地招收 72 名高中毕业生进行培训。其次，开办 4 个工人训练班，对工人进行时事、文化与技术教育，共训练瓷业工人 1600 多人。同时在瓷业管理局门口举办露天讲演场，进行国内外形势与瓷业改革的教育。陶瓷美术方面，先后出现了浅绛彩瓷、颜料绘瓷，大大扩大了色彩领域；“珠山八友”把景德镇的粉彩艺术推向一个新高峰。在人才培养方面，江西新建人张浩曾留学日本学习窑业，1906 年回国后与康达合作在鄱阳创办“中国陶业学堂”。1912 年，陶业学堂与江西瓷业公司分立，改为“江西省立陶业学校”，1915 年更名为“江西省立甲种工业学校”，张浩任校长。1916 年设分校于景德镇，定名“江西省立乙种工业学校”。这是景德镇最早的陶瓷教育机构。1912 年，江西新建人王琦与吴蔼生、汪野亭等组织“瓷业美术研究社”，开展陶瓷技艺研究活动，社员有 300 多人。这些改良虽然经常受到外界突然事件（如战争）的影响，进程缓慢，但是却是在自由竞争的环境里进行的。其方向很明确，那就是改变发展路径，使企业重新成为真正的市场主体。

第三阶段，恢复期。强化了政府强力干预的发展模式。景德镇陶瓷产业集群在政府的强力扶持下逐渐恢复，重现瓷都地位。1949 年，中华人民共和国成立，逐步确立了计划经济的发展模式，景德镇作为中国陶瓷的主要产地得到政府的强力扶持，相继进行了技术、工艺革新，建立了一批研究、开发、教育和培训机构。这样，在景德镇 20~30 平方公里范围内，陶瓷的生产、销售、科研、教育，特别是原料、制造、窑炉各个方面就可全部配齐，形成了比较完整的产业链（姚亚平，2002）。经过几十年的发展，景德镇逐渐恢复了往日的繁荣，20 世纪 60~80 年代，景德镇市区人口为 40 万人，其中陶瓷工人就有 8 万人；陶瓷产品 20 个大类、2000 多个系列、2000 多种器型和 6000 多种花色；瓷器畅销 130 多个国家和地区（陈国华、高金生，2000）；在最好时期，其陶瓷产值占全国的 20%以上（周文水，2004）。计划经济时代显著的特点是，企业失去了独立的市场主体资格，研发与市场基本分离，生产、供应、销售完全接受政府的指令，企业成为政府的附属品，没有自主性。如果说在明清时期，景德镇陶瓷产业集群中还存在着官窑、民窑两个种群，内部尚存在一定程度的竞争的话，那么，20 世纪下半叶，景德镇陶瓷产业集群中只有清一色的国营瓷厂，其研究开发、生产、供应、销售等所有环节完全接受政府指令，集群内部无须竞争。十分明显的是，景德镇陶瓷产业集群缘于明清时期形成的发展路径虽然在民国时期尝试改变，其路径依赖程度得以减弱，但是，20 世纪下半叶由于政权的更迭、制度的改变而得到大大强化，进而形成锁定，导致整个集群基本失去了适应环境变化的能力。

20 世纪 90 年代是各国、各地区对陶瓷行业进行结构大调整的关键时期，广东、福建等地的陶瓷产业集群抓住时机，大力引进国外先进机器设备，淘汰落后的工艺设备，迅速实现了陶瓷产业的结构调整。景德镇对于环境的变化却无动于衷。就是在 90 年代中期，其陶瓷产业集群中仍有约 50%的设备属于长期超役或带病运行，役龄已达 20 多年或更长；职工人均拥有的固定资产仅 3511 元，只及江西轻工行业平均水平的一半；陶瓷工业机械化率不到 10%，加上半机械化仍不到 50%，有些厂矿手工操作的工人数高达 80%（郭建晖，1995）。拒绝变革的结果是景德镇陶瓷产业集群在 90 年代中期后大大落后于广东、福建的陶瓷产业集群，其昔日“皇家供品”代言人的身份江河日下，已经丧失了世界性的市场和声誉；景德镇不仅丧失了高档陈列瓷的市场份额，在日用瓷方面也完全丧失了优势。1995 年，景德镇陶瓷产业集群全面陷入困境，80%的陶瓷企业处于停产半停产状态，总资产负债率达 136%；一半以上的陶瓷工人下岗，景德镇市成为江西省当时失业率最高的城市（周文水，2004）。

第四阶段，重新探索时期。摆脱路径依赖的重新探索时期。由于传统的发展路径导致景德镇陶瓷产业集群效率和效益十分低下，景德镇市政府决定改变陶瓷发展的计划经济模式，全面实行市场经济，先对十大瓷厂进行产权制度改革，采取“化整为零”的方法，化小核算单位，实行自负盈亏，7 万名瓷业工人中 1/3 下岗，1/3 退休，1/3 在原单位维持。这次改革的后果是人民生活、生产压力空前增大；瓷业生产开始倒退，聚集的人才大量流散，原有的工业基础瓦解了；主销售渠道江西陶瓷公司、江西陶瓷进出口公司瘫痪，内外销急剧萎缩（沈嘉禄，2004）。综上可以看出，景德镇市政府所采取的措施是完全市场化的。但是，结果却并不成功。为了解决陶瓷产业集群发展的路径依赖问题，景德镇市政府先后又进行了多种探索。

三、摆脱路径依赖的办法

景德镇陶瓷产业集群发展路径的形成、完善、固化历经 600 年，其路径依赖了近 200 年，因此，结合当今的实际情况、充分吸取经验，摆脱路径依赖的办法是一条可行的道路。基于此，摆脱路径依赖的办法是，在“分歧点”（Scott，

1995）打破历史遗传的禁闭，采取措施替代或补偿过时的资源、技术、基础设施和思维方式。

（一）政府强力扶持

历史上，景德镇陶瓷产业集群的形成、发展乃至逐渐恢复，均离不开政府的强势扶持；从当今实际情况看，欠发达地区呈现出强政府、弱市场的局面，因此，政府的强力扶持有其合理性，可以在较短的时间里收到较明显的效果。必须注意的是，政府要定位准确、明确，正确发挥功能。作为市场主体的一方，政府的强力扶持主要是为企业、企业家发展营造较好的软、硬件环境，将企业打造成独立的市场主体，将改变集群发展的路径，形成新的发展模式，而不是替代企业的功能，使之成为政府的附属品。

（二）模仿、创新

这是景德镇陶瓷产业集群形成、发展的关键，也是国内外其他陶瓷产业集群发展的经验。因此，继续艺术瓷的持续创新，加强日用瓷、工业瓷的学习、模仿并在消化吸收的基础上进行创新是景德镇陶瓷产业集群急需解决的问题。学习、模仿是一种补偿措施，创新则成为替代的方法。这种创新既包括工艺技术创新，也包括制度创新。

（三）观念、思维方式的解放重于对外开放

历史上，景德镇陶瓷产业集群的形成、发展得益于其乐于吸收、消化其他先进地区制造工艺技术的观念和思维方式。正是这种对外来工艺技术兼收并蓄的态度，在很大程度上确保了景德镇陶瓷产业集群迅速实现产品的升级换代，从而长时间保持其在中国乃至世界的垄断地位，并形成状态依存。正是这种状态依存长时间左右景德镇陶瓷产业集群内政府、市民各级各阶层的思维、行为方式。景德镇陶瓷产业集群的发展历史证明：

（1）如果无法改变这种软环境，即使改善了集群发展的硬环境，集群发展的效率、效益也将大大降低，甚至无效率、无效益。

（2）观念、思维方式的创新优先于其他制度创新，而思想观念的解放是观念、思维方式创新的先导。因此，政府的强力扶持应先着力于景德镇陶瓷产业集群内部思想观念的解放。通过解放思想，用适应新环境的观念、思维方式替代过时的观念、思维方式，实现观念、思维方式的创新，推动其他制度创新，推动对外开放，为集群营造较好的发展环境。

本章从微观视角选取景德镇陶瓷特色产业集群作为样本，有利于加强分析深度；从中观视角选取赣南等原中央苏区产业集群作为样本，有利于拓宽分析的广度、宽度。

景德镇陶瓷特色产业集群位于江西东北部、鄱阳湖生态经济区内，是存世时间最长的产业集群，历经多个经济形态，而且，景德镇陶瓷具有充分的代表性。赣南等原中央苏区产业集群涵盖赣州、吉安、抚州三个地级市，分别位于江西中部、东部、南部，是继鄱阳湖生态经济区上升为国家战略后江西第二个国家层面的区域发展战略。应该讲，这两个样本可以代表江西产业集群技术创新的情况。

显然，与丘海雄、徐建牛（2004）关于珠江三角洲产业集群技术创新由地方政府承担主导者的结论不同，在江西产业集群技术创新的动因中，不仅地方政府积极干预，中央政府也积极干预，甚至充当了主导者的角色。是什么原因导致中央政府积极干预呢？可能原因如下：

（1）中央政府积极主导景德镇陶瓷特色产业集群技术创新，可能是出于政治和经济的双重考虑。政治考虑主要表现在两个方面：一方面，景德镇长期以来一直是中央政府官窑所在地，担负着为宫廷、上流社会生产陶瓷生活用品、工艺品的任务。新中国成立后，中央政府、各省级政府同样需要大量的生活用瓷，同样需要景德镇陶瓷继续服务。另一方面，长期以来，景德镇陶瓷在某种程度上代表中国的国家形象，成为国家间交往的重要礼品瓷。新中国成立后，中国政府同样需要景德镇陶瓷继续扮演友好使者的角色，为外交服务。经济考虑则主要是为中国创汇。宋朝开始，景德镇陶瓷特色产业集群所产陶瓷就成为中国外贸的重要商品，明朝起，与丝绸、茶叶一道，成为中国三大主要的外贸商品，为中国赚取了巨额白银，为中国历代政府财政运营做出了巨大贡献。新中国成立后，由于当时特殊的政治氛围，加之在探寻社会主义建设道路的实践中出现了多次曲折，中国具有竞争力的外贸商品寥寥无几，景德镇陶瓷就是其中之一，继续发挥其为中国政府赚取外汇的重要作用。无论是政治考虑还是经济考虑，中央政府都需要加强景德镇陶瓷特色产业集群的技术创新，提升产品质量和形象，为新中国服务。

（2）中央政府干预赣南等原中央苏区产业集群的技术创新则主要是出于政治考虑。正如《国务院关于支持赣南等原中央苏区振兴发展的若干意见》指出的那样，赣南等原中央苏区“是土地革命战争时期中国共产党创建的最大最重要的革命根据地，是人民共和国的摇篮和苏区精神的主要发源地，为中国革命做出了重大贡献和巨大牺牲。由于战争创伤的影响，以及自然地理等多种原因，迄今为止，原中央苏区特别是赣南地区，经济发展仍然滞后……贫困落后面貌仍然没有得到根本改变”。“振兴发展赣南等原中央苏区，既是一项重大的经济任务，更是一项重大的政治任务，对于全国革命老区加快发展具有标志性意义和示范作用。

支持赣南等原中央苏区振兴发展，是尽快改变其贫困落后面貌，确保与全国同步实现全面建设小康社会目标的迫切要求”。正是出于这种考虑，中央政府对赣南等原中央苏区产业集群技术创新的支持是多方面的、全方位的。

关于技术创新的研究，已经从传统的线性范式发展到了网络范式。作为网络范式的一种，产业集群技术创新受到多种因素的影响，其中，主要因素有市场因素和政府因素。西方发达国家、东南亚次发达国家产业集群技术创新的主导因素是市场因素，中国产业集群技术创新的主导因素主要是政府。与广东等沿海发达地区产业集群技术创新主导者是地方政府不同，江西产业集群技术创新主要是中央政府担当主要角色，地方政府是中央政府政策的执行者、落实者。

|第六章|

江西产业集群竞争力分析

第一节　赣州市有色金属产业集群竞争力研究

一、赣州市有色金属产业集群竞争力形成机理研究

（一）赣州市有色金属产业集群现状分析

赣州市的经济随着资源优势、地缘优势而飞速发展，地区生产总值从 2004 年的 398.01 亿元增长到 2013 年的 1673 亿元，有色金属产业增加值也从 66 亿元增长到 890.72 亿元。

如表 6-1 与图 6-1 所示，赣州市地区生产总值的增长情况与有色金属产业增加值的增长情况基本保持一致，赣州市工业的发展主要依靠有色金属产业的发展。一直以来，作为赣州市工业发展中的重要一员，赣州市钨、稀土、铜、铝等有色金属产业的发展都起到了举足轻重的作用，其作为赣州市工业经济的主力之一，在赣州市经济快速发展过程中扮演了重要角色，因此可以说赣州市工业的发展是依托钨、稀土、铜、铝等矿产资源开发，培育有色金属产业集群来实现的。

表 6-1　2004~2013 年赣州市地区生产总值与有色金属产业发展情况

年份	地区生产总值（亿元）	同比增长率（%）	有色金属产业产值（亿元）	占地区生产总值比重（%）
2004	398.01	—	66	16.58
2005	500.31	12.7	113.63	22.71
2006	582.34	12.8	189.74	32.58
2007	701.68	13.5	290.61	42.42

续表

年份	地区生产总值（亿元）	同比增长率（%）	有色金属产业产值（亿元）	占地区生产总值比重（%）
2008	834.77	13.2	334.99	40.13
2009	940.02	13.3	398.27	42.37
2010	1119.47	13.8	468.23	41.83
2011	1335.98	12.5	858.3	64.25
2012	1508.43	11.9	873.45	57.9
2013	1673.31	10.5	890.72	53.23

资料来源：根据 2004~2013 年赣州市《国民经济和社会发展统计公报》整理。

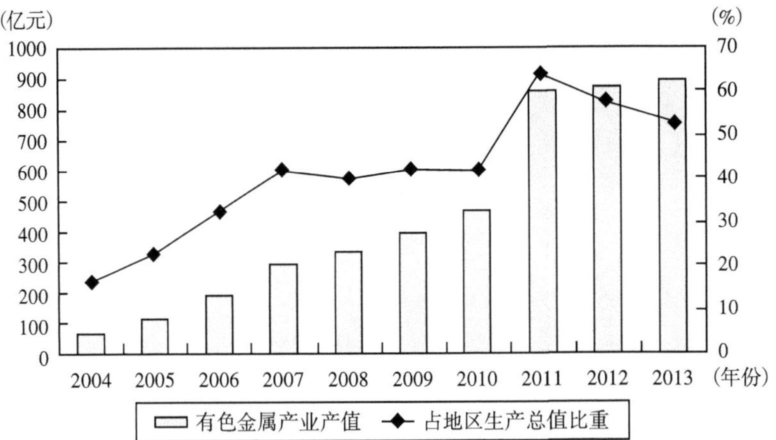

图 6-1 2004~2013 年赣州市有色金属产业产值及所占比重

赣州市有色金属产业集群的各项指标如表 6-2、表 6-3 所示。

表 6-2 2004~2013 年赣州市有色金属产业集群各指标数据

年份	企业数量	地区生产总值（亿元）	从业人员平均（人）	工业总产值（万元）	固定资产投资（亿元）	研发费占财政总支出比重（%）	三废综合利用产品产值（万元）	环境污染处理投资（万元）
2004	87	398.01	22827	660098.3	4.12	0.16	281.96	2346.23
2005	99	500.31	25081	1136315	6.18	0.24	305.96	3195.4
2006	132	582.34	29755	1897364	11.42	0.25	326	9250.3
2007	157	701.68	34318	2906094	22.17	0.31	295.04	6365.9
2008	159	834.77	34713	3349898	44.59	0.35	1661.64	10488.5
2009	186	940.02	36548	3982713	42.86	0.41	6018.28	2924
2010	199	1119.47	41924	4682344	42.76	0.46	4420.76	1266
2011	204	1335.98	47308	8583034	43.74	0.51	12004.32	16191
2012	204	1508.43	49962	8734476	66.74	0.55	17056.78	18762.34
2013	227	1673	53244	8907245	84.76	0.61	18185.41	28653.12

注：本数据由 2004~2013 年《赣州市统计年鉴》整理获得。

表 6-3 2004~2013 年赣州市有色金属产业集群各指标数据标准化值

年份	企业数量	地区生产总值（亿元）	从业人员平均（人）	工业总产值（万元）	固定资产投资（亿元）	研发费占财政总支出比重（%）	三废综合利用产品产值（万元）	环境污染处理投资（万元）
2004	−1.65854	−1.281	−1.42196	−1.20241	−1.24608	−1.52292	−0.80942	−0.8565
2005	−1.40469	−1.04757	−1.20453	−1.05267	−1.16785	−0.98144	−0.80605	−0.76078
2006	−0.70657	−0.86039	−0.75367	−0.81336	−0.96887	−0.91375	−0.80324	−0.07823
2007	−0.1777	−0.58808	−0.3135	−0.49616	−0.56065	−0.50764	−0.80758	−0.40338
2008	−0.13539	−0.28439	−0.2754	−0.35661	0.29073	−0.2369	−0.616	0.06135
2009	0.43579	−0.04422	−0.09839	−0.15762	0.22503	0.16921	−0.00523	−0.79137
2010	0.7108	0.36525	0.42019	0.06238	0.22124	0.50764	−0.22919	−0.97827
2011	0.81658	0.85929	0.93955	1.28896	0.25845	0.84607	0.83396	0.70417
2012	0.81658	1.25279	1.19556	1.33658	1.13185	1.11681	1.54227	0.99403
2013	1.30314	1.62832	1.51215	1.3909	1.81614	1.52292	1.70049	2.10898

注：采用 Z-score 法对附表 1 的各指标数据进行标准化。

赣州市立足现实基础，着眼未来发展，统筹区域协调，按照“以点带轴、由轴连圈”的发展模式，构建“一核二廊三圈”的区域发展格局，即打造以赣州市开发区为核心，以赣粤、赣闽产业承接走廊为两翼，以中心城区为节点、以瑞金和龙南两个次中心节点为核心的 3 个“半小时城市圈”相互补充的产业发展布局。

（二）赣州市有色金属产业集群竞争力内涵及形成机理

1. 有色金属产业集群竞争力的内涵

产业集群竞争力这一概念一经提出，就引起了相关学术界的广泛关注，很多学者对其进行了相关研究，但是目前学术界对于其定义还没有达成共识，不同学者分别从不同角度对其进行研究，提出自己的观点，从国内外文献综述可以发现，虽然研究者们还没有一致意见，但随着产业集群的研究不断深入，一些地区或者国家凭借产业集群获得的竞争优势不断显现，使得人们对产业集群及竞争力的认识逐步加深。截至现在，产业集群竞争力的内涵主要可以分为三种，分别是要素、结构、能力。把其应用到有色金属产业集群上的话，可以理解为以下三种观点。

第一，要素观点。该观点主要把相互作用、相互影响的各生产要素作为决定产业集群竞争力的主要因素，正是这些生产要素的优势形成了独有的产业集群竞争力。推广到有色金属产业集群，就是指与有色金属生产要素有关的矿产资源、创新技术、相关企业和基础设施等因素，决定了有色金属产业集群竞争力的形成。其中竞争力的强弱取决于这些要素的质量水平，包括矿产资源的多寡优劣、技术供应能力的强弱、企业间形成网络关系是否有利、相关基础设施是否完备、劳动力供给是否充足等。

第二，结构观点。结构观点主要把注意力放在了企业间紧密联系上，这种联系构成了所谓的网络结构，包括横向结构和纵向结构，横向结构主要是集群内企业之间的竞争与合作关系，纵向结构则把集群竞争力的决定层面分为企业、集群和国家，无论哪种观点都强调了集群的关系作用，对于有色金属产业集群来说，可以理解为集群内有色金属企业之间形成的竞争与合作关系、集群凝聚力、国家及省市相关产业政策支持等形成了竞争优势。

第三，能力观点。所谓能力观点即把集群的能力理解为产业集群竞争力，如创新能力。资源型的有色金属产业集群可以理解成其矿产开采、加工技术创新等能力决定了其获得竞争优势的能力，这些能力的大小决定了产业集群发展的好坏，也决定着产业集群竞争力的强弱。

这些理论观点分别从不同角度和方面对产业集群竞争力进行了解释，但不论哪种观点，在对具体的产业集群进行分析时，由于集群竞争力概念广泛、因素众多，故都不能全面解释集群竞争力。结合文献综述部分对产业集群竞争力内涵的探讨以及上述对有色金属产业集群内涵的探讨，本书认为，有色金属产业集群竞争力是指有色金属产业集群中的企业在优势矿产资源的基础上，不断发展，不断壮大，企业不断聚集，各企业分工不断明确，从而形成了一个联系紧密的网络结构，这样的群体在同类竞争中具有一定优势地位，而且这种优势具有可持续性。

2. 有色金属产业集群竞争力形成机理

21 世纪以来，产业集群化越来越成为了国际产业发展的新趋势，体现了产业在实践中自身的发展规律，赣州市有色金属产业集群的形成和发展也为产业集群化提供了一个全新的真实案例，本书在前述分析的基础上，认为赣州市有色金属产业集群竞争力的形成机理主要有以下几点：

（1）资源禀赋。有色金属产业集群作为典型的资源型产业集群，拥有资源的多少在很大程度上决定了产业集群的形成，而其能否持续发展同样依赖于资源优势。拥有资源的地区具有天然的产业优势，为产业的形成提供了前提，为产业的发展壮大提供了养料，目前我国有许多地区形成的特色产业集群特别是资源型产业集群，均是在拥有丰富资源的前提下形成并逐渐发展壮大的。赣州市同样是在其丰富的矿产资源优势下逐渐形成了有色金属产业集群，其产业集群竞争力所具有的一定优势地位很大一部分得益于其资源优势。

（2）规模经济。根据经济学的观点，随着企业规模不断扩大，其生产能力不断增强，使得单位成本下降，进而使得企业因生产能力增加而平均成本逐渐下降，这种现象就是规模经济。实现集群的规模经济则解决单个企业由于规模扩大而带来的企业管理成本上升和灵活性下降的问题，将有助于产业集群竞争力的提升。产业集群本身就带有企业聚集的效应，尤其对有色金属产业集群这样的资源型产业集群来说尤为明显，因为集群内的每个企业为了能够有效地利用资源，必会尽可能向资源地靠近，这样使得集群内企业具有使用共享资源和互补性资产的低成本优势。而正是这样的企业聚集带来了企业间物流成本和信息成本的降低，不仅没有降低企业的灵活性，而且充分利用规模经济带来的成本降低，这样的现象不是多个企业简单相加所能比拟的，因为前者所带来的利益非常巨大。同时由于有色金属产业是一个关联性很强的产业，产业链具有很强的延展性，而且产业链之间联系紧密，正是规模经济的推动，使得产业更好地发展，从而促进整个产业集群竞争力的提升。

（3）技术创新。正是由于资源的限制，导致了有色金属产业具有明显的生命周期性，随着矿产资源的日益减少，产业必然会经历出生、发展、成熟到衰退的阶段。对于单个企业来说，如果仍然是仅依赖资源的简单利用，将不能获得持久的竞争力，最后将导致企业走向灭亡。同样对产业集群来说，简单地依靠资源优势将不能获得长久的竞争力，而且由于资源的有限性，使得产业在资源日益枯竭的情况下，必须进行技术创新，这就对产业的技术创新提出了要求，从珍惜资源的角度考虑，也要不断进行技术创新，只有不断进行技术创新，才能提升整个产业的竞争力。而随着企业间竞争的日益激烈，如何在这样的环境下生产发展也不得不面临着进行技术创新的问题，而且越及时进行技术创新，越能让企业在竞争中取得优势地位，正是因为各个企业为了获得这样的竞争优势而不断进行技术创新，带动了整个产业的技术创新，进而不断提高整个集群的竞争力。

（4）经营绩效。企业经营绩效是指企业在经营期间所获得的经营效益和经营者业绩。如果一个企业能够在市场中取得较好的经营效益，说明该企业发展良好，且在市场竞争中会处于优势地位，这种竞争优势地位反映了企业获得超出资本成本的投资收益的能力。同样对产业集群来说，如果其在一定期间内拥有较高的创造社会财富的效率，则说明该产业集群具有一定的竞争力。

（5）集群环境。产业集群的影响因素众多，但归根结底可以分为内部因素和外部因素，内部因素指的是与产业集群内部企业经营活动紧密相关的一些内在因素，如技术开发、资源禀赋等。但同样集群的发展在很大程度上也受到了外部因素的影响，例如外部经济环境的情况、人力资本市场的健全、配套服务产业的完善等，这些外部环境为产业集群的发展提供了条件，也为产业集群的顺利发展提供了保障，因为外部环境的不断完善，会促进产业集群不断健康、快速发展，逐渐增强产业集群的竞争力。

二、赣州市有色金属产业集群竞争力实证分析

由于影响产业集群竞争力的因素比较多，其评价对前期准备工作要求较高，评价方法既要合理，具有科学性，还要具有前瞻性，能够对未来一段时间做出预测。因此对其进行分析研究时，先要对其整体进行一个大概的了解，对其内涵、影响因素做一个深入研究，然后为了方便进行对比研究，还需要在前述研究的基础上进行量化研究，从而得到一个综合评价结果。要进行定量评价，就要先对各影响因素进行分类概括，然后构建一个评价体系，选择合适的评价方法，进行综合评价，得出结果，最后根据结果进行分析研究。由于本书研究的有色金属产业集群带有很强地域性，具有一定特殊性，因此在对其进行评价时不仅要考虑到其所处的地区和所处行业的特点，还要注意外部环境对其发展带来的影响，只有这样尽可能地客观进行评价研究，才能让研究结果具有说服力，才能对其发展有益，才能为当地发展有色金属产业集群提供理论依据。

（一）赣州市有色金属产业集群竞争力评价指标体系的构建

1. 评价指标体系的构建原则

作为产业集群竞争力研究的重要环节，构建评价体系的重要性毋庸置疑，因为其所选择的影响因素是否完备，所选择的研究方法是否先进，所选择的数据及评价方法是否可行都对评价研究至关重要，因此为了选择最合适的有色金属产业集群竞争力评价指标，应当遵循以下几个原则。

第一，既全面又抓重点的原则。产业集群的影响因素较多且较为复杂，简单地将一个或者几个因素作为评价产业集群竞争力的指标很难真正反映产业集群的真正实力。因此在选取评价指标时需充分考虑各种因素，把产业集群的内外部环境都考虑在内，要尽可能从各个层面、各个环节来体现产业集群的特性。但由于不同因素反映的内容不一，这些因素的影响作用大小也各不相同，因此在选取评价指标时我们既要尽量选择能较全面地反映集群特点的因素，又要选择那些至关重要的影响因素，从而剔除一些非核心因素的干扰，较全面、较有效地反映产业集群的特点。

第二，可以对未来进行预测的原则。产业集群的绩效评价是对过去的业绩评

价，同样产业集群评价指标的建立要对未来的趋势做出合理的预测，因此在选取评价指标时，应考虑通过指标建立的评价体系具有可预测性。

第三，具有可操作性与科学性的原则。在对赣州市有色金属产业集群竞争力进行评价时，需要选取可操作的产业集群评价指标，包括数据的可获得性、指标的可量化性、数据的简明性，即应尽量选择可以获得数据的指标，选择可以量化、进行操作的指标，而且选择的指标不可太复杂，这样既给研究带来更大工作量，也不利于评价研究，应尽可能简化指标。同时在选取评价指标时应有科学依据，不仅要符合经济规律，与集群环境和发展水平相适应，而且还要求指标明确，计算方法科学简单，既能科学地、系统地反映产业集群的真实情况，还能发现哪些因素对产业集群竞争力的影响最大。

2. 评价指标的确定

在前期文献资料准备过程的基础上，本书试图通过对国内外有关产业集群竞争力评价指标体系的研究，结合赣州市有色金属产业集群竞争力自身特点和其竞争力来源，对赣州市有色金属产业集群竞争力评价指标的确定从集群规模、经营绩效、集群环境、技术研发能力和可持续发展能力五个方面进行综合考虑。

（1）集群规模。集群规模越大，一定程度上体现了该集群具有越大的发展优势，具有越强的竞争力，本书借鉴前人研究，主要从集群内企业的数量、集群每年从业人员平均数两个方面来体现集群规模竞争力。企业数量是指集群内企业的个数，数量越多，说明群内企业越多，表示该地的集群优势吸引了更多企业的聚集，也说明了集群规模水平较高。本书的企业数量是指有色金属产业集群内相关行业规模以上企业数量的总和，从业人员平均数是指每年有色金属产业集群内企业拥有的全部从业人员平均数，从业人数越多，说明该集群规模越大。

（2）经营绩效。企业经营绩效反映的是企业的获利能力，集群的经营绩效同样反映的是集群的经营效益，经营绩效越高，说明该产业集群的竞争力越强。在市场经济中，经济活动的关键是其经营活动所取得的成绩，即所取得的工业增加值以及工业总产值，工业增加值是指区域内规模以上企业完成的增加值。而历年工业总产值在本书中是指每年年底统计的集群内企业在一定时期内生产的工业最终产品或提供工业性劳务活动价值量的总和，它反映了工业生产的总规模和总水平，本书所提到的工业总产值均是指有色金属产业集群带来的价值增加量。

（3）集群环境。本书选取了赣州市地区固定资产总投资和地区生产总值来反映集群企业的发展环境。固定资产投资值越高，说明当地对基础设施投资越看重，其相应基础设施建设越完善，生产总值对集群发展越有利。而地区生产总值越高，说明该地区的经济发展越好，给集群发展提供了很好的经济环境。

（4）技术研发能力。随着市场经济的发展，企业之间的竞争越来越激烈，企业之间的差异逐渐缩小，在这种情况下，技术研发能力成为了企业在竞争激烈的市场中获得竞争优势的主要方法。技术研发能力也是产业集群获得竞争优势的主要方法之一，群内企业间的竞争导致的技术创新会带动整个集群技术创新，从而形成竞争优势，而进行技术研发的基础是资金支持，只有在资金上得到充足的支持，才能有效促进企业以及集群的研发能力提升。因此本书采用研发（R&D）费占财政总支出的比重来反映技术创新能力，研发费是指该地区用于研究发展的费用。

（5）可持续发展能力。可持续发展的概念一经提出便引起了各国的共鸣，得到了广泛的关注，我们国家也在 2002 年中共十六大中把“可持续发展能力不断增强”作为全面建设小康社会的目标之一。同样作为资源型产业集群，有色金属产业集群的可持续发展显得尤为重要，可持续发展能力是其继续生存发展下去的重要保障，关系到其未来的发展。由于直接反映集群可持续发展能力的指标不多，如工业固体废物综合利用率、工业废水排放水质达标率、治理污染项目数量，但考虑到数据的来源，本书采用较容易获得的三废综合利用产品产值和环境污染处理投资作为其可持续发展能力的指标。三废综合利用产品产值是指利用三废作为主要原料取得的产值，其中三废是指废液、废气、废渣，环境污染处理投资是指产业用于环境污染处理的投入。

本书选取的 8 个指标包括集群规模、经营绩效、集群环境、技术研发能力和可持续发展能力等多项内容，能够较客观地对有色金属产业集群进行评价，反映出其较真实的竞争力状况，揭示产业集群的竞争态势。这些指标如表 6–4 所示。

表 6–4　赣州市有色金属产业集群竞争力评价指标

项目	一级指标	二级指标
赣州市有色金属产业集群竞争力评价指标	集群规模	企业数量 X_1
		地区总产值 X_2
		从业人员平均数 X_3
	经营绩效	工业总产值 X_4
	集群环境	固定资产投资 X_5
	技术研发能力	研发费占财政总支出比重 X_6
	可持续发展能力	三废综合利用产品产值 X_7
		环境污染治理投资 X_8

（二）赣州市有色金属产业集群竞争力评价方法的确定

1. 因子分析的基本思想

根据前述研究可知，一个地区、行业或产业竞争能力的影响因素众多，涉及各个方面，所以对其的研究较复杂，需要考虑的因素较多，需要利用多指标综合评价方法。

随着综合评价指标方法相关概念的提出，出现了很多综合评价指标方法，但无论哪种评价方法，都需要赋予各个指标相应的权重，按照赋予权重方法的不同，可以把评价方法分为主观赋权评价法和客观赋权评价法。主观评价法是从定性角度，利用调查问卷或者专家访问，根据专家的经验判断从而确定各个指标的权重，例如层次分析（AHP）法、综合评分法、模糊评价法等。这种方法的优点是可以利用专家的经验优势，依据现实情况和评价指标的重要程度给出合理的排序，这种方法往往能够较好地反映现实情况；但这种方法带有主观随意性，很大程度上受到人为因素的影响。客观评价法则是从客观角度出发，通过数学方法对所取得的原始数据进行定量演算，原始数据一般是通过统计年鉴或者相关资料获得，该方法具有较强的客观性和科学性，代表方法有因子分析、数据包络法、熵值法、神经网络分析法等，该方法弥补了主观评价方法受主观因素影响的缺陷，根据已有数据进行研究，具有较高的研究价值。

因子分析（Factor Analysis）就是这样一种客观赋权评价，它通过研究各个变量间的内部联系，探求观测数据的基本结构，找到并用几个抽象的公共因子来反映观测数据的主要信息。因子分析就是一种通过对指标进行分类，每类指标之间的相关性较低，而同一类别的指标相关性较高，可以把数据简化，可以得到几个所谓的公因子，这样就把一些信息重叠、具有错综复杂关系的实测变量通过数学方法转变为少数几个不相关的综合因子。另外，用提取的公因子的方差贡献率作为权重可以构造出一个综合评价函数，从而实现对研究对象的综合评价，故本书采用因子分析法对赣州市有色金属产业集群 2004~2013 年的各指标数据进行分析，从而对赣州市有色金属产业集群竞争力进行综合评价。

2. 因子分析的主要步骤

（1）KMO 检验和 Bartlett 球形检验。KMO 统计量是一种对各变量进行比较的简单相关系数和偏相关系数的指标，可以判断原始变量间的相关性强弱，它的取值为 0~1，KMO 值越接近 1，表示原始变量间的相关性越强；KMO 值越接近 0，则表示原始变量间的相关性越弱。

Bartlett 球形检验检验的是相关矩阵是否是单位矩阵，如果是单位矩阵，则表示不适合进行因子分析，显著水平值越小（小于 0.05），表明原始变量之间越可能存在相关性；显著水平值越大（大于 0.1），说明原始数据不适宜进行因子分析。

（2）利用数学方法对原始数据进行标准化处理。设有 m 个样本，n 个指标，则可以构成一个 $m \times n$ 阶矩阵：

$$X = \begin{pmatrix} x_{11} & x_{12} & \cdots & x_{1n} \\ x_{21} & x_{22} & \cdots & x_{2n} \\ \vdots & \vdots & \ddots & \vdots \\ x_{m1} & x_{m2} & \cdots & x_{mn} \end{pmatrix}$$

为了消除量纲和原始数据量级的不同带来的影响，先对数据进行标准化，本书采用 Z-score 法对指标数据进行标准化，$ZX = (zx_{ij})_{m \times n} = (zx_1, zx_2, \cdots, zx_n)$，即原数据减去均值，再除以标准差，如式（1）所示：

$$ZX = (X_{ij} - \overline{X}_j)/S_j \tag{1}$$

式（1）中，$\overline{X}_j = \sum_{i=1}^{m} X_{ij}/m$，$S_j^2 = \sum_{i=1}^{m} (\overline{X}_{ij} - \overline{X}_j)^2/m-1$，$(i = 1, 2, \cdots, m; j = 1, 2, \cdots, n)$。

经过标准化变换，可以得到一个标准正态分布，即样本均值为 0，方差为 1。

（3）构造因子变量。利用主成分分析方法，对指标数据进行线性变换，得出指标数据的相关矩阵 $R = (r_{jk})_{m \times n}$，$r_{jk}$ 为指标 j 与指标 k 的相关系数，且 $r_{jk} = \sum_{i=1}^{m} ZX_{ij} \times ZX_{ik}/m-1$，其中，$i = 1, 2, \cdots, m$；$j, k = 1, 2, \cdots, n$，从而有 $r_{ij} = 1$，$r_{jk} = r_{kj}$，即 R 为对称矩阵，主对角的元素为 1。

然后根据特征方程公式 $|\lambda_i E - R| = 0$，计算得出相关矩阵的特征值 $\lambda_i (i = 1, 2, \cdots, n)$，并对其进行排序 $\lambda_1 \geqslant \lambda_2 \geqslant \cdots \geqslant \lambda_n \geqslant 0$，所得特征值为主成分的方差贡献，反映的是各主成分对所评价对象的重要程度，由特征方程公式可以按照特征值大小顺序，得出其所对应的特征向量 $\mu = (\mu_1, \mu_2, \cdots, \mu_n)$，其中 $\mu_i = (\mu_{i1}, \mu_{i2}, \cdots, \mu_{in})(i = 1, 2, \cdots, n)$。

根据特征值和相应的特征向量求出因子载荷矩阵 $A = \sqrt{\lambda_i \mu_i}$，方差贡献率 $\omega_i = \lambda_i / \sum \lambda_i$，它们反映的是公共因子的相对重要程度，由于因子分析的关键就在于将复杂的多变量进行简化，减少最终的变量数，因此所求的因子数目 p 应小于原始变量个数 n，实际应用中常用的确定提取因子个数 p 的方法有两种，一种

是仅提取方差贡献 $\lambda_j=\sum_{i=1}^{n}\mu_{ij}^2>1$ 的因子，另一种则是利用根据提取累计贡献率 $\sum_{j=1}^{p}\lambda_j \Big/ \sum_{j=1}^{n}\lambda_j \geqslant 85\%$的前 p 个主因子以及碎石图确定因子变量的个数。

（4）利用旋转方法使因子变量具有可解释性。通常最初抽取的因子无法对因素做出有效的解释，需要对所得的因子负荷矩阵进行旋转，通过坐标变换使各变量有规律地分布在各主因子上，每个变量在尽量少的因子上有较高的负荷，使得因子解的意义更容易解释，从而实现选取较少因素层面，获得较大的解释量，然后再根据实际意义分别对各因子进行解释和命名。

（5）计算因子得分并构建评价模型。采用回归分析方法，将各因子变量作为原有变量的线性组合，进而可以利用变量的样本值来计算各因子得分，因子得分可看作各变量值的权数总和，而权数的大小表示了变量对因子的重要程度，因子得分的数学模型为：$F_i=\beta_{i1}X_1+\beta_{i2}X_2+\cdots+\beta_{in}X_n(i=1，2，\cdots，m)$，其中 F_i 为第 i 个因子的因子得分，β_{in} 为因子得分系数，X 为初始变量的标准化值，然后把各个主因子的方差贡献率作为权重，可以构建综合评价模型 $F=\sum\varepsilon_iF_i$，ε_i 为第 i 个主因子的权重，F_i 为第 i 个主因子的得分，从而得出有色金属产业集群竞争力的历年综合得分。

（三）赣州市有色金属产业集群竞争力综合评价

本书利用因子分析法，以 2004~2013 年赣州市有色金属产业集群各指标数据为基础，借助 SPSS19.0 分析软件，对赣州市有色金属产业集群竞争力进行综合评价。

1. KMO（Kaiser–Meyer–Oklin Measure）检验和 Bartlett 球形检验

在进行因子分析前先要判断各个变量是否相关，如果原始变量之间的相关程度很低，则不可能用共同因子，无法进行因子分析，需要进行相关检验以判断原始数据是否适合因子分析，本书借助 KMO 检验和 Bartlett 球形检验方法来判断所选取的评价指标是否适合进行因子分析。Kaiser 则给出了 KMO 统计量的度量标准，如表 6–5 所示。

表 6–5 KMO 统计量的判断标准

KMO 统计量	因素分析适合性
0.9 以上	非常适合
0.8 以上	比较适合

续表

KMO 统计量	因素分析适合性
0.7 以上	一般适合
0.6 以上	不太适合
0.5 以上	勉强适合
0.5 以下	极不适合

根据 2004~2013 年赣州市有色金属产业集群的指标数据，运用 SPSS19.0 软件对指标进行 KMO 和 Bartlett 球形检验，检验结果如表 6-6 所示。

表 6-6　KMO 和 Bartlett 的检验

取样足够度的 Kaiser-Meyer-Olkin 度量	0.794	
Bartlett 球形检验	近似卡方	134.343
	df	28
	Sig.	0.000

由表 6-6 的结果可知，KMO 值为 0.794，表示一般适合进行因子分析，Bartlett 球形检验的结果显示 p 值为 0.000，小于 0.05，否定原假设，表示各变量存在相关性，有必要进行因子分析。

2. 公共因子的确定

表 6-7 为公因子方差，给出了采用主成分分析法提取因子后的各变量共同度，包括各变量对应的初始共同度和提取因子后的再生共同度，其反映的是每个变量对所提取的所有公共因子的依赖程度，体现了提出的因子对原变量的贡献程度，因子方差比的值为 0~1，其值越接近 1，则表示因子对原变量的解释程度越高。如表 6-7 所示 8 个指标的因子方差比初始值为 1，提取了 2 个公共因子后指标对应的因子方差比发生了改变，由表 6-7 可知所有变量的因子方差比均在 90%以上，说明提取的公共因子包括了原变量的绝大部分信息，因子提取的效果较好。

表 6-7　公因子方差

项目	初始	提取
企业数量 X_1	1.000	0.974
地区生产总值 X_2	1.000	0.995
从业人员平均数 X_3	1.000	0.989
工业总产值 X_4	1.000	0.962

续表

项目	初始	提取
固定资产投资 X_5	1.000	0.921
研发费占财政总支出比重 X_6	1.000	0.994
三废综合利用产品产值 X_7	1.000	0.938
环境污染处理投资 X_8	1.000	0.971

注：提取方法为主成份分析。

按照因子分析过程，利用 SPSS19.0 软件对原数据进行主成分分析，可以得出相关系数特征值 λ_1，λ_2，…，λ_n 和特征向量 μ_1，μ_2，…，μ_n，然后根据特征值和特征向量求出因子的方差贡献率，运行软件可以得出结果。如表 6-8 所示，第一组数据的初始特征值描述了初始因子解的情况，可以看到第一个因子的特征值为 7.295，解释原有 8 个指标变量总方差为 91.183%（即 7.295/8），累计贡献率为 91.183%，其余因子的数据含义可以此类推，通过表 6-8 中数据可以发现，在初始变量中提取的 8 个因子能够全面地解释原始变量的总方差。

第二组提取平方和载入项描述了因子解的情况，可以看到提取的两个主因子后，第一主因子的方差贡献率为 91.183%，第二主因子的方差贡献率为 5.619%，两个因子共解释了原有变量总方差的 96.82%，总体上，原有变量的信息丢失较少，因子分析效果较理想。

第三组数据项描述了经旋转后的方差和累积贡献率的情况，可知经过旋转的两个主因子的方差贡献率分别为 61.074%和 35.727%，累计方差贡献率达到了 96.802%，累计方差比的大小没有发生变化，说明经旋转后的因子没有影响原始变量的共同度，却重新分配了各因子解释原有变量的方差，使得各主因子的分布更具有可解释性，因此可以把它们作为主因子对赣州市有色金属产业集群竞争力进行评价。

表 6-8 解释的总方差

成分	初始特征值			提取平方和载入			旋转平方和载入		
	合计	方差的百分比（%）	累积（%）	合计	方差的百分比（%）	累积（%）	合计	方差的百分比（%）	累积（%）
1	7.295	91.183	91.183	7.295	91.183	91.183	4.886	61.074	61.074
2	0.450	5.619	96.802	0.450	5.619	96.802	2.858	35.727	96.802
3	0.137	1.707	98.509						
4	0.090	1.119	99.628						
5	0.013	0.165	99.793						

续表

成分	初始特征值			提取平方和载入			旋转平方和载入		
	合计	方差的百分比（%）	累积（%）	合计	方差的百分比（%）	累积（%）	合计	方差的百分比（%）	累积（%）
6	0.010	0.127	99.920						
7	0.006	0.070	99.990						
8	0.001	0.010	100.000						

注：提取方法为主成分分析。

图 6-2 给出的是因子碎石图，横坐标是因子的序号，纵坐标是因子相对应的特征值，从图 6-2 中可以看到，前两个因子的特征根较大，连接成了陡峭的折线，而第二个因子后的特征值普遍较小，连接成了平缓的折线，就像“高山下的碎石”可以忽略，这与表 6-8 的结论是相吻合的，进一步说明了提取两个因子是比较适当的。

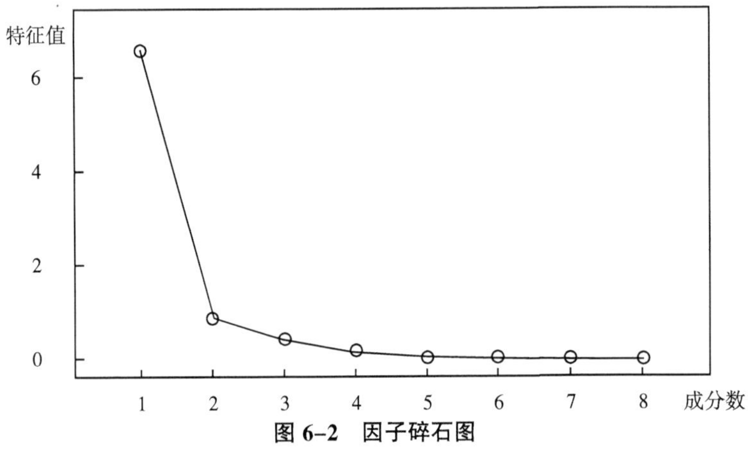

图 6-2 因子碎石图

3. 因子的命名解释

表 6-9 显示的是因子负荷矩阵，这是因子分析的核心内容，反映的是各变量在提取因子上的负荷度，由表 6-9 可知原有 8 个变量与第一个因子的相关程度很高，说明第一个因子很重要，而第二个因子只与企业数量和环境污染治理投资有相对较高的相关性，但负荷值均较低，其他变量与第二个因子的相关性均很小，说明它对原有变量的解释作用不明显，另外还可以看到这两个因子的实际含义较模糊，因此需要对两个主因子进行解释命名。

为了对提取的主因子进行准确解释和命名，即使得每个变量只在一个公共因

表 6-9　成分矩阵 [a]

项目	成分	
	1	2
企业数量 X_1	0.936	−0.314
地区生产总值 X_2	0.996	−0.046
从业人员平均数 X_3	0.990	−0.092
工业总产值 X_4	0.981	0.023
固定资产投资 X_5	0.958	−0.049
研发费占财政总支出比重 X_6	0.985	−0.155
三废综合利用产品产值 X_7	0.953	0.176
环境污染处理投资 X_8	0.830	0.531

注：提取方法为主成分，a 表示已提取了 2 个成分。

子上有较高的负荷，而在其他因子上有较小的负荷，这样就使得每个变量在各因子上呈现两极分化的趋势，即一部分向 1 靠近，另一部分向 0 靠近，就可以对所有变量进行清晰的区分，使得公共因子得以解释，运行 SPSS19.0 软件可以得出旋转后的因子负荷矩阵表。

通过表 6-10 可知，在第一个主因子上有较高负荷系数的变量有企业数量、研发费占财政总支出比重、从业人员平均数、地区生产总值、固定资产投资工业总产值，系数分别是 0.94、0.885、0.852、0.83、0.8、0.776。可以看出这些指标都是从生产经营能力方面来反映产业集群竞争力的，因此可以称之为“经营能力因子”；在第二个主因子上负荷系数较高的指标有：环境污染治理投资、三废综合利用产品产值，他们的系数分别为 0.92、0.706。可以看出这些评价指标综合反映的是可持续发展方面的重要性，因此可以把这个主因子称为“可持续发展能力因子”。

表 6-10　旋转成分矩阵 [a]

项目	成分	
	1	2
企业数量 X_1	0.940	0.302
地区生产总值 X_2	0.830	0.554
从业人员平均数 X_3	0.852	0.513
工业总产值 X_4	0.776	0.600
固定资产投资 X_5	0.800	0.529
研发费占财政总支出比重 X_6	0.885	0.459

续表

项目	成分	
	1	2
三废综合利用产品产值 X_7	0.663	0.706
环境污染处理投资 X_8	0.353	0.920

注：提取方法为主成分。旋转法为具有 Kaiser 标准化的正交旋转法。a 表示旋转在 3 次迭代后收敛。

4. 因子得分及评价模型的构建

在完成提取因子和以因子名义解释之后，还需要对多得到的因子得分进行计算，这一步是因子分析的最后一步，也是关键一步。在因子分析的实际应用中，确定因子之后，便可计算各个因子在每个样本上的具体数值，这些数值就是因子得分，所对应的变量就被称作因子变量，由于提取的主因子能够反映与原始变量的联系，而且还能克服变量间的多重共线性，于是在以后的分析中就可以利用提取的主因子代替原有变量进行数据分析，或利用因子变量对样本进行分类或评价研究。

因子得分函数是以因子负荷矩阵为基础，通过一定的数学原理方法将主因子表示为变量的线性组合，在 SPSS19.0 中计算因子得分的方法分别有回归分析法、Bartlett 法、Anderson-Rubin 法等，本书采用最常用的回归分析法来计算因子得分，软件运行结果如表 6-11 所示，可以得到各因子得分系数，则因子得分函数如下：

表 6-11　成分得分系数矩阵

项目	成分	
	1	2
企业数量 X_1	0.518	-0.487
地区生产总值 X_2	0.171	-0.002
从业人员平均数 X_3	0.231	-0.084
工业总产值 X_4	0.078	0.121
固定资产投资 X_5	0.170	-0.009
研发费占财政总支出比重 X_6	0.313	-0.198
三废综合利用产品产值 X_7	-0.127	0.392
环境污染处理投资 X_8	-0.609	1.019

注：提取方法为主成分。旋转法为具有 Kaiser 标准化的正交旋转法。

$$F_1 = 0.518ZX_1 + 0.171ZX_2 + 0.231ZX_3 + 0.078X_4 + 0.17X_5 + 0.313ZX_6 - 0.127ZX_7 - 0.609ZX_8 \quad (2)$$

$$F_2 = -0.487ZX_1 - 0.002ZX_2 - 0.084ZX_3 + 0.121ZX_4 - 0.009ZX_5 - 0.198ZX_6 + 0.392ZX_7 + 1.019ZX_8 \quad (3)$$

式（2）、式（3）中 ZX_i 为原始变量的 Z-score 标准化值。

然后可以根据提取各主因子的方差贡献率和各因子得分，来构建有色金属产业集群竞争力的评价模型：

$$F = \omega_1F_1 + \omega_2F_2 = 0.611F_1 + 0.357F_2 \quad (4)$$

式（4）中，F 为某一年的有色金属产业集群竞争力值，$\omega_i(i = 1，2)$ 为第 i 个主因子的方差贡献率即所占权重，F_1、F_2 分别为某一年所取第一个主因子、第二个主因子的得分。

最后，根据表达式（2）、式（3）可计算出 2004~2013 年各年主因子 F_1、F_2 的得分，根据评价模型可以得出赣州市有色金属产业集群竞争力各年得分和排名，计算结果如表 6-12 所示。

为了便于直观比较，本书采用 $F^* = (F + 5) \times 10$ 的关系式进行变换，把赣州市有色金属产业集群竞争力综合得分进行放大处理。

表 6-12 主因子得分及综合得分

年份	F_1	F_2	F	比上年增长	F*	综合得分排名
2004	−1.56464	−0.09303	−0.99	—	40.11	10
2005	−1.20711	−0.22627	−0.82	0.17	41.82	9
2006	−1.05210	0.10582	−0.61	0.21	43.95	8
2007	−0.20992	−0.56797	−0.33	0.28	46.69	7
2008	−0.19433	−0.08822	−0.15	0.18	48.5	6
2009	0.75756	−1.06689	0.08	0.23	50.82	5
2010	1.35457	−1.56381	0.27	0.19	52.69	4
2011	0.66137	0.55237	0.60	0.33	56.01	3
2012	0.75847	1.04715	0.84	0.24	58.37	2
2013	0.69613	1.90084	1.10	0.26	61.04	1

（四）赣州市有色金属产业集群竞争力评价结果分析

通过计算可以得出，2004~2013 年赣州市有色金属产业集群竞争力的综合得分基本呈逐年增加的趋势，但增加幅度较小，将综合得分进行数据变换后，可以得出其竞争力的折线图，如图 6-3 所示，从中我们可以更加清晰地看到竞争力折线增长幅度较缓，说明近十年来赣州市有色金属产业集群竞争力逐年缓慢增长。

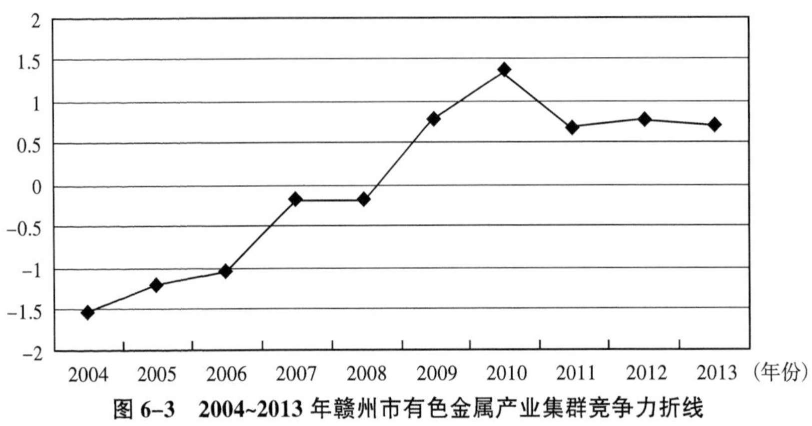

图 6-3　2004~2013 年赣州市有色金属产业集群竞争力折线

由表 6-12 可知，2009 年其综合得分才开始由正值转为负值，其中增加幅度最大的是 2011 年，相比 2010 年增加 0.33，增加幅度最小的是 2005 年，仅比 2004 年增加 0.17。一方面，原始数据是从 2004 年开始统计的，所以，在计算竞争力得分增长情况时，2005 年相当于起始日期，同时也说明从计算期开始赣州市有色金属产业集群竞争力逐年增长，导致了该年的增长最低；另一方面，2005 年赣州市有色金属产业集群还处于发展初期，很多方面还不完善，给赣州市有色金属产业集群发展带来了不利因素，因此其竞争力得分相比 2004 年增长最少。还可以看出 2008 年的增幅与 2005 年的增幅差不多，这是由于受到金融危机的影响，我国的有色金属行业受到了一定的冲击，一方面有色金属相关产品出口受阻；另一方面受原油和成品油价格持续上涨的影响，其重要生产资料价格处于上升的态势，故造成有色金属产业发展较缓，竞争力综合得分增长幅度较小。随后为了促进经济发展，我国及地方政府出台了一系列刺激经济的计划，例如基础设施投资加大、相关产业政策出台等，为有色金属产业集群的发展创造了有利条件，从而造成其竞争力得分呈逐年增长的态势，同时我们还可以看到其竞争力还有继续增长的趋势，说明赣州市有色金属产业集群还处于快速的发展时期，仍具有一定的竞争优势。

1. 经营能力有待加强

通过因子分析，本书把赣州市有色金属产业集群竞争力的大小归结为两个主因子共同作用的结果，在综合评价模型中主因子 F_1 所占比重为 0.611，表明产业集群的经营能力对其竞争力有很大的影响，而主因子 F_2 也占到了 0.357，同样对其竞争力有着较大影响。

从表 6-12 可以看出主因子 F_1 的得分 2009 年才开始出现正值，2004 年的得分最低，只有-1.56464，自 2004 年开始，F_1 的得分整体上呈逐年增长的趋势，在 2010 年达到近十年的最高值，为 1.35457，这说明赣州市有色金属产业集群的"经营能力"随着经济发展而逐渐增强，但并不是直线上升，从图 6-4 可以看出，F_1 的得分增长具有一定波动性，这也是赣州市有色金属产业集群竞争力一直增长缓慢的原因之一。

通过前述分析可知企业数量、地区生产总值、从业人员平均数、工业总产值、固定资产投资、研发费占财政总支出比重等在经营因子上的负荷度均在 0.75 以上，而企业数量、从业人员平均数、研发费占财政总支出比重均在 0.85 以上，说明这些变量对经营能力因子有较大影响。企业数量代表了该产业的规模，产业规模越大，产业体系越完善，产业集群竞争力则越强。从业人员平均数的多寡直接反映了该产业的发展规模，从业人员数量越多，说明该产业的规模越大。

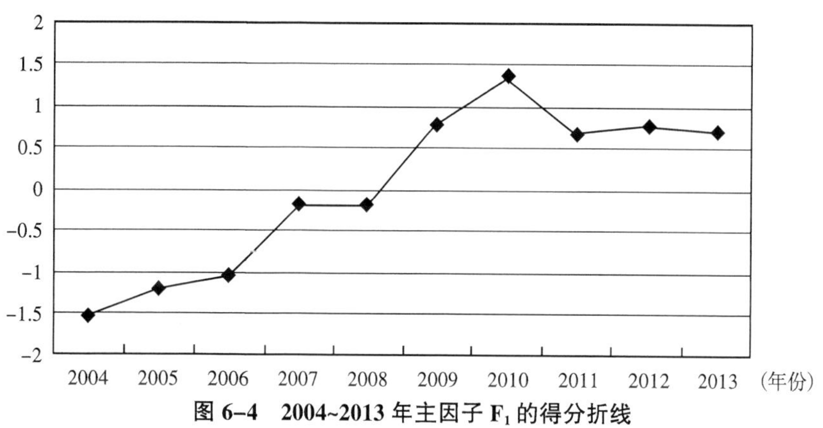

图 6-4 2004~2013 年主因子 F_1 的得分折线

同样，产业的发展也离不开人才，从业人员数量的增加在一定程度上也给产业的发展注入了活力，人员素质的高低更是直接影响着产业的未来发展。从地区 GDP 和工业生产总值来看，虽然整体呈现逐渐增长的趋势，但是自 2010 年开始，其同比增长率均出现了下降，这也导致了主因子 F_1 的得分在 2010 年出现了波动。企业数量、从业人员平均数一直处于增长的态势，但增长较慢，而固定资产投资和研发费比重的增长比较明显，说明近几年来赣州市地区加强了有色金属产业方面的投入，但是主因子得分的增长仍不明显，说明要真正实现快速增长，还需要多方面的努力。

2. 可持续发展能力有待提升

由表 6-12 可知，主因子 F_2 的最高得分是在 2013 年，达到了 1.90084，而最低得分是在 2010 年，为-1.56381，可以看到，整体上主因子 F_2 的得分都不高，而且 2011 年才开始出现正值，说明其可持续发展能力整体不强，从图 6-5 更是可以直观看到，主因子 F_2 的大部分得分都在横轴附近徘徊，从 2011 年才开始转为正值并一直保持增长的态势，由此说明相对于整体产业集群而言，其可持续发展方面还很欠缺，没有形成竞争优势。根据前述分析，可以得知经营能力因子对赣州市有色金属产业集群竞争力的提升起到了很大的作用，但可持续发展能力因子同样非常重要，在保持经营能力不断提升的同时，提高可持续发展能力将有助于提高产业集群的整体竞争力。

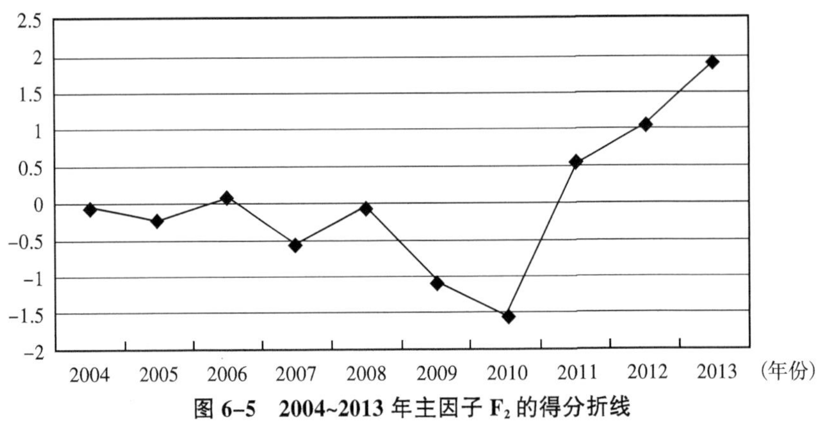

图 6-5　2004~2013 年主因子 F_2 的得分折线

可持续发展能力因子包括三废综合利用产品产值与环境污染处理投资两个变量，其中，三废综合利用产品产值与环境污染处理投资在可持续发展能力因子上具有较高的负荷度，分别达到了 0.706 和 0.92，可见这两个指标均是提高可持续发展能力因子的重要因素。从原始数据可以得知，自 2004 年以来，赣州市有色金属产业的环境污染处理投资均较少，而且增长比较缓慢，在 2009 年、2010 年更是出现了投资下降的现象，这也是主因子 F_2 的得分在这两年出现下降的原因，说明其在环境污染处理方面的投入对可持续发展能力因子具有重要影响，由于有色金属产业的发展给环境带了很大影响，因此其对环境污染方面的投资及对三废综合利用取得的产值在很大程度上决定了其是否能够可持续发展，而数据表明赣州市有色金属产业集群在这两方面还需进一步加强。

三、进一步提升赣州市有色金属产业集群竞争力的若干政策建议

（一）优化有色金属产业链

1. 有色金属产业链的纵向整合

赣州市有色金属产业链的创值能力不高，集群竞争力不强的主要原因就是其产业链不长，发育不完全。有色金属产业链的纵向整合在于产业链的完整性和延伸能力，以钨产业为例，钨矿产业形成物理串联式的产业链结构：上游采选业→中游冶炼业→下游加工业，其发展受到前向关联产业和后向关联产业发展的影响。如果产业链环节过少、产业链条过短，就会降低钨产业产品的附加值。因此在优化有色金属产业链的过程中，进行产业链向下游延伸，不断延长资源利用度，不断完善高附加值的下游加工业，进而提升产业链的发展水平。产业链的纵向整合不仅可以提升资源效用，减少资源浪费和环境污染，实现产业的可持续发展，还实现了资源产业链的良性循环，使产业链的核心转移至具有高附加值的下游产业，实现创值能力的提升。

2. 有色金属产业链的横向整合

规模经济的好处毋庸置疑，不仅能够为企业带来低成本、高效率，同样对产业链来说，其效果也是显而易见的，产业链需要这样具有规模效应的企业，因为当企业达到一定规模时，将给产业链带来很大变化，甚至有可能带动关联企业的发展，实现产业链内部的横向整合。但是目前赣州市地区的有色金属产业链还处于独立发展的阶段，链内企业的关联性不高，企业间竞争大于合作，达到规模效应的龙头企业没有充分发挥其带头作用或者还没有培育出这样的龙头企业，导致产业链内企业间缺乏合作，竞争多于合作。因此地方政府及相关企业应该着力按照实现专业化分工协作和规模经济的目标，大力培育及发展产业链中的龙头企业，使其“龙头”作用真正得到发挥，实现大企业带小企业，强企业带弱企业的多赢局面，从而带动和支撑整个有色金属产业的健康快速发展。

3. 有色金属产业链的混合整合

混合整合是将横向整合与纵向整合紧密联系起来，一方面，不断延伸有色金属产业链，实现有色金属产业链内部横向整合，以及促进产业链内部企业合作共赢，实现产业链内部纵向延伸；另一方面，不断完善金融、信息、培训、物流等相关产业服务体系，加强产学研合作力度，构建以龙头企业带动产业链发展，各配套服务产业快速发展的网络结构，实现企业规模扩张，产业链不断优化，产业创值能力不断增强，进而实现产业集群竞争力的提升。

（二）健全人力资源管理体系

人才是企业利润的实现主体，德才兼备的员工是企业的第一资源、第一资本、第一动力，对于赣州市有色金属产业集群来说，更是如此，人才对其发展起到了举足轻重的作用。赣州市要想成为国家级有色金属产业基地，成为世界知名的有色金属产业基地，离不开人才，但由于地理以及历史原因，赣州市一直属于经济欠发达地区，人才紧缺和人才流失一直是其发展过程中存在的问题。

1. 重视教育制度改革

充分发挥政府及公共部门的领导作用，重视教育制度改革，加大教育投入，树立正确的人力资本理念，鼓励和支持企业与个人进行人力资本投资，让其认识到人力资本投资的重要性与必要性。另外，全面进行基础教育，提高区域人口素质，发展职业教育，增加劳动者的生存技能，并积极发展高等教育，培育高素质的专业人才，做好人力资源的储备。

2. 优化集群内人才环境

良好的人才环境才能吸引人才，因此，集群内企业应该积极培育健康的人才环境，建立专业的人才培训体系，建立公开、公平、公正的人才管理平台，重视人才的挖掘与起用，同时注重物质与精神奖励并存，既能让人才实现价值，又能让人才得到精神上的满足，从而吸引到外部优秀的人才。

3. 进行现代化人力资源管理

在现代社会中，企业不仅要面临产品市场的竞争，而且要面临人才的竞争，如果没有建立相应的现代化人力资源管理体系，将难以留住优秀人才，因此积极构建科学的人力资源管理体系，建立人力资源开发与共享机制，实现集群内人力资源的充分利用，对集群内企业至关重要。

（三）实现可持续发展

赣州市处于经济欠发达地区，虽然资源丰富，但其生态环境脆弱，特别是在进行有色金属资源开发的时候，容易对生态环境造成破坏，并且在有色金属产业集群发展初期，一些企业为了追求短期利益，造成了当地生态环境的严重破坏，如果我们放任这种以牺牲环境为代价的经营行为，将会给有色金属产业集群带来灭顶之灾，因此需要正确认识与处理环境和资源开发的关系，实现环境与产业的可持续发展。

1. 发展循环经济

不断加大技术创新投入，实现技术创新提高资源综合利用率，通过自身创新及积极引进先进技术形成先进的技术和管理方法，提高有色金属矿产资源的利用率和回收率，逐渐淘汰高污染、高耗能的工艺和设备。另外，政府不断加强监督管理机制，严格处理有关违规企业，对新建的企业严格把关，努力使得有色金属产业集群与环境和谐相处。

2. 不断完善环境管理制度

近年来赣州市政府逐渐加强了环境保护方面的检查、监督、惩罚力度，这对赣州市的环境保护起到了一定的积极作用，但可以看到目前其相关监督管理机制还不够完善，还没有把有法可依、有法必依、执法必严、违法必究的相关环境保护制度落实到位，因此有关部门应积极制定完善《环境保护法》，对群内企业进行严格监督，对新进企业严格把关，对环境保护责任人具体到位，切实完善相关管理制度。另外不断加大相关环境保护投入，政府引导企业积极开展环境保护工作，并实施相关企业补偿制度，促使企业积极进行环境保护工作。

3. 培育产业新的增长点

有色金属产业集群作为资源型产业，对资源的消耗较大，而且资源是有限的，因此赣州市有色金属产业集群需积极进行产业转型，结合自身特点，依靠技术及知识创新，把群内企业从单纯依靠资源开发转变为注重高附加值产品开发，不断加强低环境破坏的有色金属精加工产业，培育新的产业增长点。

第二节　赣南脐橙特色产业集群竞争力分析

一、赣南脐橙特色产业集群竞争力评价综述

可以从多层面对特色产业集群竞争力进行比较（刘善庆、叶小兰、陈文华，2005），本书是对处于不同空间（区域）的脐橙特色产业集群竞争力进行比较分析。可以从两个层面对赣南脐橙特色产业集群竞争力进行分析，即赣南脐橙特色产业集群竞争力与国外脐橙特色产业集群竞争力的比较、赣南脐橙特色产业集群竞争力与国内各个脐橙特色产业集群（主要是四川、重庆、湖北等地，从自然地理上讲，重庆、湖北同属于长江三峡地带，所以，本书将重庆、湖北的脐橙特色产业集群统称为三峡脐橙特色产业集群）竞争力的比较。

从世界范围来说，是赣南脐橙特色产业集群与外国脐橙特色产业集群竞争力的比较。脐橙对气候的要求较严格，全世界能生产脐橙的地方十分有限，主要集

中在地中海气候类型的美国加利福尼亚、欧洲的西班牙、南半球的南非和澳大利亚、中国的湘南—桂北—赣南等地。根据对世界生产情况的调查，美国（主要是加利福尼亚）生产的脐橙大约为 170 万吨，西班牙大约生产 150 余万吨，摩洛哥大约生产 30 万吨，澳大利亚和南非各生产 30 万吨。中国大约生产 120 万吨，其中：2004 年长江三峡生产 30 万吨；赣南生产 30 万吨；湘南生产 15 万吨；桂林生产 10 万吨；四川金堂、眉山等地生产 25 万吨；其他地区生产 10 万吨。全世界大约生产 600 万吨脐橙。

赣南脐橙与美国、澳大利亚、南非、乌拉圭等地的脐橙相比，具有突出的气候优势，丰富的土地资源优势，卓越的质量优势，明显的区位优势以及特有的无公害优势。从品质来看，赣南优质脐橙的果皮光滑度、外观颜色和口感风味等内在品质，都明显优于美国加利福尼亚的脐橙；与美国脐橙相比，赣南脐橙可溶性固形物含量多在 12%以上，最高达 16%。而美国脐橙果皮粗糙，着色一般，肉质较粗，可溶性固形物一般为 10%~12%。

柑橘鲜果生产属于劳动密集型产业，根据全世界柑橘成本的调查，我国目前生产的脐橙和其他柑橘的成本为 0.6~1 元/千克，同一品种，美国的成本比中国多一倍。就脐橙而言，我国目前的生产成本远低于美国、西班牙、澳大利亚等脐橙主要生产国。其中农药和化肥投入与发达的美国没有差异，成本低的主要原因是采果成本低，我国劳动力成本比较低。发达国家的脐橙生产成本中大约 40%是采收开支。

从中国香港的脐橙价格可以看出我国的价格优势：2002 年初，我国出口到中国香港的脐橙产地价格 3.6 元/千克，经过包装运输到达中国香港后大约为 5 元/公斤，而美国的脐橙到达中国香港后达到 6 元/千克以上。如果在广州，美国脐橙的价格达到 10 元/千克。加上我国脐橙的品质和外观并不比美国脐橙逊色，所以近年来中国香港市场上内地生产的脐橙占 50%以上。

与国外相比，赣南脐橙拥有不可比拟的优势条件，同时也表现出一些缺陷，特别是在非价格因素方面，如品种结构、水果质量、采摘后商品化处理、水果营销状况等劣势明显。因此，从总体上讲，赣南脐橙特色产业集群的竞争力有限，特别是与美国等发达国家的脐橙特色产业集群相比，差距十分明显。

按脐橙的气候要求，我国脐橙适宜区主要在赣南—湘南—桂北和三峡河谷，具体位置是重庆万州以东至湖北宜昌南津关以西长江中上游、江西赣南、湖南西部和南部的广大区域。在这两大区域里，赣湘桂一条线积温较高，秋季温差较大，生产的脐橙外观很好，表现为甜酸适度、外观橙红、成熟期较三峡库区早

10~15 天，比美国和西班牙早 1 个月。国家农业部已把赣南—湘南—桂北地区列为脐橙生产的优势区域。我国其他地方也有脐橙发展，但是，外观和肉质与上述两个地区相比均有差距。因此，国内脐橙特色产业集群竞争力的比较主要是赣南脐橙特色产业集群与四川、重庆、湖南、湖北脐橙特色产业集群竞争力的比较。其中，湖南脐橙主要产地是湘南脐橙带。农业部专家认为这里的土壤、气候条件特别适合生产优质脐橙。据研究比较，湘南新宁崀丰、纽荷尔脐橙的品质超过了美国的“新奇士”。截至 2004 年，湘南脐橙带已经发展了 30 万亩优质脐橙，生产脐橙 15 万吨。

据赣州市果业局统计，2003 年赣州市的脐橙面积为 80 万亩，产量 20 万吨，分别占全国脐橙面积（300 万亩）的 26.67%和脐橙产量（100 万吨）的 20%。截至 2006 年，赣南脐橙面积已达 137 万亩，产量 63 万吨。显然，仅从规模而言，湘南脐橙特色产业集群与赣南脐橙特色产业集群相比，无法望其项背，更不要说年产量只有 10 万吨的桂林了。这样一来，可能与赣南脐橙特色产业集群形成较强竞争的主要是长江三峡、四川金堂等地脐橙特色产业集群。基于此，本书着重应用层次分析法（刘善庆、叶小兰、陈文华，2005）定量评价赣南脐橙特色产业集群与长江三峡、四川脐橙特色产业集群的竞争力状况。

二、脐橙特色产业集群竞争力评价指标

（一）构建脐橙特色产业集群竞争力评价指标体系

本书对特色产业集群竞争力评价指标体系（刘善庆、叶小兰、陈文华，2005）稍作改进，并在此基础上建立了脐橙特色产业集群竞争力评价指标体系，如表 6–13 所示。

表 6–13　脐橙特色产业集群竞争力评价指标体系

目标层 A	准则层		方案层（二级指标）D
	准则（一级指标）B	子准则（二级指标）C	
特色产业集群竞争力 A	特定资源竞争力（B_1）	自然资源（C_1）	土壤、气候（D_1）
		区位优势（C_2）	地理位置、交通状况（D_2）
	市场竞争力（B_2）	技术创新能力（新产品研发能力、实现市场价值的能力）（C_3）	创新系统（大专院校、科研院所等）（D_3）
			R~D 投入强度（D_4）
			成果转化的效率、效益（D_5）
			产品差异化程度及新产品开发的时间优势（D_6）

续表

目标层 A	准则层		方案层（三级指标）D
	准则（一级指标）B	子准则（二级指标）C	
特色产业集群竞争力 A	市场竞争力（B_2）	生产能力（C_4）	劳动生产率（D_7）
			信息化程度、设备先进程度（全自动化、机械化、手工操作）（D_8）
		市场控制能力（C_5）	企业衍生能力（企业数量）（D_9）
			市场占有情况（销售收入）（D_{10}）
			营销网络和物流系统建设情况（适应全球化市场的能力）（D_{11}）
	人力、组织和制度竞争力（B_3）	人力资源（C_6）	企业家资源（数量、综合素质、企业家精神）（D_{12}）
			技术人员、高级管理人员（数量、素质、观念）（D_{13}）
			熟练工人（数量）（D_{14}）
		组织资源（C_7）	社会形象和声誉（知名度、商誉）（D_{15}）
			地方传统文化（价值观、企业伦理、创业环境）及企业文化的适应性（D_{16}）
			组织学习能力（D_{17}）
			管理水平（D_{18}）
		制度背景（C_8）	环境（政府干预程度、为企业提供服务情况、市场开放度）（D_{19}）
			制度创新能力（D_{20}）
			网络关系（企业间的非市场关系、结构状况）（D_{21}）
			资金环境（企业融资难易程度）（D_{22}）
			社会资本（群内的规范、信任与合作、知识流动机制等）（D_{23}）

（二）脐橙特色产业集群竞争力评价指标排序

1. 构造成对判断矩阵

采用专家问卷调查的方式，对上述递阶层次结构进行两两比较，并用 1~9 的比例标度将定性的比较结果转化为定量的判断数据（见表 6-14），形成以下判断矩阵。

表 6-14　判断矩阵标度及其含义

标度 a_{ij}	含义
1	表示两个因素相比，具有同样的重要性
3	表示两个因素相比，前者比后者稍重要
5	表示两个因素相比，前者比后者明显重要

续表

标度 a_{ij}	含义
7	表示两个因素相比，前者比后者强烈重要
9	表示两个因素相比，前者比后者极端重要
2，4，6，8	表示上述两相邻等级的中间值
倒数	表示相应两因素交换次序比较的重要性

$$M=\begin{pmatrix} a_{11} & a_{12} & \cdots & a_{1n} \\ a_{21} & a_{22} & \cdots & a_{2n} \\ \vdots & \vdots & \ddots & \vdots \\ a_{n1} & a_{n2} & \cdots & a_{nn} \end{pmatrix}，其中，A=\begin{pmatrix} 1 & 5 & 8 \\ 1/5 & 1 & 4 \\ 1/8 & 1/4 & 1 \end{pmatrix}，B_1=\begin{pmatrix} 1 & 7 \\ 1/7 & 1 \end{pmatrix}，$$

$$B_2=\begin{pmatrix} 1 & 4 & 1/5 \\ 1/4 & 1 & 1/8 \\ 5 & 8 & 1 \end{pmatrix}，B_3=\begin{pmatrix} 1 & 4 & 1/4 \\ 1/4 & 1 & 1/7 \\ 4 & 7 & 1 \end{pmatrix}，C_3=\begin{pmatrix} 1 & 4 & 8 & 6 \\ 1/4 & 1 & 6 & 5 \\ 1/8 & 1/6 & 1 & 1/4 \\ 1/6 & 1/5 & 4 & 1 \end{pmatrix}，$$

$$C_4=\begin{pmatrix} 1 & 1/6 \\ 6 & 1 \end{pmatrix}，C_5=\begin{pmatrix} 1 & 1/4 & 1/8 \\ 4 & 1 & 1/5 \\ 8 & 5 & 1 \end{pmatrix}，C_6=\begin{pmatrix} 1 & 5 & 9 \\ 1/5 & 1 & 3 \\ 1/9 & 1/3 & 1 \end{pmatrix}，$$

$$C_7=\begin{pmatrix} 1 & 1/6 & 1/8 & 1/4 \\ 6 & 1 & 1/4 & 5 \\ 8 & 4 & 1 & 6 \\ 4 & 1/5 & 1/6 & 1 \end{pmatrix}，C_8=\begin{pmatrix} 1 & 8 & 8 & 5 & 8 \\ 1/8 & 1 & 1 & 1/6 & 1 \\ 1/8 & 1 & 1 & 1/6 & 1 \\ 1/5 & 6 & 6 & 1 & 6 \\ 1/8 & 1 & 1 & 1/6 & 1 \end{pmatrix}$$

2. 计算权向量（即单排序值），并做一致性检验

首先，用根法求列向量 $\overline{w}$，将向量 $\overline{w}=(\overline{w_1},\overline{w_2},\cdots,\overline{w_n})^T$ 归一化，得到近似特征向量 $\vec{w}$ 即层次单排序权向量。

$$\overline{w}_i=\left(\prod_{j=1}^{n}a_{ij}\right)^{1/n} \tag{5}$$

$$\vec{w}_i=\frac{\vec{w}_i}{\sum_{j=1}^{n}\overline{w}_j} \tag{6}$$

其次，计算出 $M\vec{w}$ 和最大特征根 λ_{max}。

$$\lambda_{max} = \frac{1}{n}\sum_{i=1}^{n}\frac{(M\vec{w})_i}{\vec{w}_i} \tag{7}$$

最后，计算出一致性指标 CI 及随机一致性比率 CR，若 CR < 0.1，则一致性检验通过，认为层次单排序权向量值有满意的一致性。

$$CI = \frac{\lambda_{max} - n}{n - 1} \tag{8}$$

$$CR = \frac{CI}{RI} = \frac{\lambda_{max} - n}{(n-1)RI} \tag{9}$$

式（9）中，RI 为平均随机一致性指标，可查表 6-15 得到。

表 6-15 随机一致性指标值

N	1	2	3	4	5	6	7	8	9
RI	0	0	0.58	0.90	1.12	1.24	1.32	1.41	1.45

按照上述方法和步骤，计算 A 矩阵的权向量，并做一致性检验。

$$A = \begin{pmatrix} 1 & 5 & 8 \\ 1/5 & 1 & 4 \\ 1/8 & 1/4 & 1 \end{pmatrix}, \quad \bar{w} = \begin{pmatrix} \sqrt[3]{1 \times 5 \times 8} \\ \sqrt[3]{1/5 \times 1 \times 4} \\ \sqrt[3]{1/8 \times 1/4 \times 1} \end{pmatrix} = \begin{pmatrix} 3.420 \\ 0.928 \\ 0.315 \end{pmatrix}$$

$$\vec{w} = \begin{pmatrix} \frac{3.420}{3.420 + 0.928 + 0.315} \\ \frac{0.928}{3.420 + 0.928 + 0.315} \\ \frac{0.315}{3.420 + 0.928 + 0.315} \end{pmatrix} = \begin{pmatrix} 0.733 \\ 0.199 \\ 0.068 \end{pmatrix}$$

$$A\vec{w} = \begin{pmatrix} 1 & 5 & 8 \\ 1/5 & 1 & 4 \\ 1/8 & 1/4 & 1 \end{pmatrix} \begin{pmatrix} 0.733 \\ 0.199 \\ 0.068 \end{pmatrix} = \begin{pmatrix} 2.272 \\ 0.618 \\ 0.210 \end{pmatrix}$$

$$\lambda_{max} = \frac{1}{3}\left(\frac{2.272}{0.733} + \frac{0.618}{0.199} + \frac{0.210}{0.068}\right) = 3.098$$

$$CI = \frac{3.098 - 3}{3 - 1} = 0.049，\quad CR = \frac{0.049}{0.58} = 0.084 < 0.1$$

其他矩阵的计算过程省略。上述各层次单排序值及一致性检验值如表 6-16 所示。

表 6-16 各层次单排序值及一致性检验值

A	$\vec{w}$	B_1	$\vec{w}$	B_2	$\vec{w}$	B_3	$\vec{w}$	C_1	$\vec{w}$	C_2	$\vec{w}$
B_1	0.733	C_1	0.875	C_3	0.199	C_6	0.229	D_1	1.000	D_2	1.000
B_2	0.199	C_2	0.123	C_4	0.068	C_7	0.075				
B_3	0.068			C_5	0.733	C_8	0.696				
$\lambda_{max}=3.098$ CI = 0.049 CR = 0.084		$\lambda_{max}=2$ CI = 0 CR = 0		$\lambda_{max}=3.098$ CI = 0.049 CR = 0.084		$\lambda_{max}=3.100$ CI = 0.050 CR = 0.086		$\lambda_{max}=1.000$ CI = 0 CR = 0		$\lambda_{max}=1.000$ CI = 0 CR = 0	
C_3	$\vec{w}$	C_4	$\vec{w}$	C_5	$\vec{w}$	C_6	$\vec{w}$	C_7	$\vec{w}$	C_8	$\vec{w}$
D_3	0.595	D_7	0.875	D_9	0.068	D_{12}	0.752	D_{15}	0.043	D_{19}	0.579
D_4	0.265	D_8	0.123	D_{10}	0.199	D_{13}	0.178	D_{16}	0.265	D_{20}	0.055
D_5	0.043			D_{11}	0.733	D_{14}	0.070	D_{17}	0.595	D_{21}	0.055
D_6	0.097							D_{18}	0.097	D_{22}	0.256
										D_{23}	0.055
$\lambda_{max}=4.210$ CI = 0.070 CR = 0.078		$\lambda_{max}=2$ CI = 0 CR = 0		$\lambda_{max}=3.098$ CI = 0.049 CR = 0.084		$\lambda_{max}=3.029$ CI = 0.015 CR = 0.026		$\lambda_{max}=4.210$ CI = 0.070 CR = 0.078		$\lambda_{max}=5.217$ CI = 0.054 CR = 0.048	

3. *层次总排序及一致性检验*

在构造各层次元素的比较判断矩阵并计算层次单排序值的基础上，还须进行各层次的总排序，并进行一致性检验。总排序权重按如下递推公式得到：

$$\omega^{(K)} = [\omega_1^{(K)}\omega_2^{(K)}\cdots\omega_{nK}^{(K)}]^T = P^{(K)}\omega^{(K-1)} \tag{10}$$

式（8）中，$\omega^{(K-1)} = [\omega_1^{(K-1)}\omega_2^{(K-1)}\cdots\omega_{nK-1}^{(K-1)}]^T$ 是已合成出的第 K－1 层上nK－1 个元素相对于总目标的组合权重向量。矩阵 $P(K) = [P_1^{(K)}P_2^{(K)}\cdots P_{nK-1}^{(K)}]$，其第 j 列 $P_j^{(K)} = [P_{1j}^{(K)}P_{2j}^{(K)}\cdots P_{nj}^{(K)}]^T$ 为第 K 层 nK 个元素关于 K－1 层第 j 个元素的排序权重向量，其中，不受 j 支配的元素的权重为零。

总排序下的一致性检验值按如下步骤和公式得到：设上一层 n 个因素的层次单排序值为 $\vec{w}$，$\vec{w}_2$，$\vec{w}_3$，…，$\vec{w}_n$；本层次某些因素相对于上一层单排序值的一致性指标为 CI_j，相应的平均随机一致性指标为 RI_j，则本层次总排序下的随机一致性比率为：

$$CR = \frac{\sum_{j=1}^{n}\vec{w}CI}{\sum_{j=1}^{n}\vec{w}RI} \tag{11}$$

若 CR＜0.1，则满足一致性要求。

根据式（11）得到脐橙特色产业集群竞争力评价指标总排序值及一致性检验值，如表 6-17 所示。

表 6-17　脐橙特色产业集群竞争力评价指标总排序值及一致性检验值

<table>
<tr><th rowspan="2"></th><th colspan="4">一级指标</th><th colspan="4">二级指标</th><th colspan="4">三级指标</th></tr>
<tr><th>符号</th><th>单排序值</th><th>总排序值</th><th>排名</th><th>符号</th><th>单排序值</th><th>总排序值</th><th>排名</th><th>符号</th><th>单排序值</th><th>总排序值</th><th>排名</th></tr>
<tr><td rowspan="24">A</td><td rowspan="2">B_1</td><td rowspan="2">0.733</td><td rowspan="2">0.733</td><td rowspan="2">1</td><td>C_1</td><td>0.875</td><td>0.641</td><td>1</td><td>D_1</td><td>1.000</td><td>0.641</td><td>1</td></tr>
<tr><td>C_2</td><td>0.125</td><td>0.092</td><td>3</td><td>D_2</td><td>1.000</td><td>0.092</td><td>3</td></tr>
<tr><td rowspan="9">B_2</td><td rowspan="9">0.199</td><td rowspan="9">0.199</td><td rowspan="9">2</td><td rowspan="4">C_3</td><td rowspan="4">0.199</td><td rowspan="4">0.040</td><td rowspan="4">5</td><td>D_3</td><td>0.595</td><td>0.024</td><td>6</td></tr>
<tr><td>D_4</td><td>0.265</td><td>0.011</td><td>9</td></tr>
<tr><td>D_5</td><td>0.043</td><td>0.002</td><td>18</td></tr>
<tr><td>D_6</td><td>0.097</td><td>0.004</td><td>12</td></tr>
<tr><td rowspan="2">C_4</td><td rowspan="2">0.068</td><td rowspan="2">0.013</td><td rowspan="2">7</td><td>D_7</td><td>0.143</td><td>0.002</td><td>18</td></tr>
<tr><td>D_8</td><td>0.857</td><td>0.011</td><td>9</td></tr>
<tr><td rowspan="3">C_5</td><td rowspan="3">0.733</td><td rowspan="3">0.146</td><td rowspan="3">2</td><td>D_9</td><td>0.068</td><td>0.010</td><td>11</td></tr>
<tr><td>D_{10}</td><td>0.199</td><td>0.029</td><td>4</td></tr>
<tr><td>D_{11}</td><td>0.733</td><td>0.107</td><td>2</td></tr>
<tr><td rowspan="12">B_3</td><td rowspan="12">0.068</td><td rowspan="12">0.068</td><td rowspan="12">3</td><td rowspan="3">C_6</td><td rowspan="3">0.229</td><td rowspan="3">0.016</td><td rowspan="3">6</td><td>D_{12}</td><td>0.752</td><td>0.012</td><td>7</td></tr>
<tr><td>D_{13}</td><td>0.178</td><td>0.003</td><td>13</td></tr>
<tr><td>D_{14}</td><td>0.070</td><td>0.001</td><td>20</td></tr>
<tr><td rowspan="4">C_7</td><td rowspan="4">0.075</td><td rowspan="4">0.005</td><td rowspan="4">8</td><td>D_{15}</td><td>0.043</td><td>0.0002</td><td>23</td></tr>
<tr><td>D_{16}</td><td>0.265</td><td>0.001</td><td>20</td></tr>
<tr><td>D_{17}</td><td>0.595</td><td>0.003</td><td>13</td></tr>
<tr><td>D_{18}</td><td>0.097</td><td>0.0005</td><td>22</td></tr>
<tr><td rowspan="5">C_8</td><td rowspan="5">0.696</td><td rowspan="5">0.047</td><td rowspan="5">4</td><td>D_{19}</td><td>0.579</td><td>0.027</td><td>5</td></tr>
<tr><td>D_{20}</td><td>0.055</td><td>0.003</td><td>13</td></tr>
<tr><td>D_{21}</td><td>0.055</td><td>0.003</td><td>13</td></tr>
<tr><td>D_{22}</td><td>0.256</td><td>0.012</td><td>7</td></tr>
<tr><td>D_{23}</td><td>0.055</td><td>0.003</td><td>13</td></tr>
<tr><td colspan="4">CR=0.084</td><td colspan="4">CR=0.084</td><td colspan="4">CR=0.070</td></tr>
</table>

（三）脐橙特色产业集群竞争力评价指标分析

从上述计算结果分析，可以大致得出如下结论：

第一，脐橙特色产业集群竞争力在多层次、多方面都有表现，但是，从排序值看，有的分值很高，有的很低，表明各个指标的地位和作用并不相同。

第二，从一级指标分析。脐橙特色产业集群竞争力主要体现在特定资源竞争力和市场竞争力两个方面（两者之和的总排序值为 0.932）。其中，特定资源竞争力所占的分值高达 0.733，说明特定资源是脐橙特色产业集群竞争力的主要衡量指标，特定资源优势构成了脐橙特色产业集群竞争优势的主要来源。

第三，从二级指标分析。①从总排序值看，在构成脐橙特色产业集群竞争力子准则层的八大指标中，以自然资源和市场控制能力作用最显著（两者之和为 0.787）；在这两个主要指标中，自然资源又因其分值高达 0.641 而居首位，表明在脐橙特色产业集群之间的竞争中，是否拥有自然资源优势直接关系到该集群竞争优势的强弱，并最终影响集群的生存。②从单排序值分析。在构成特定资源竞争力的两个指标中，自然资源作用最大，其分值占到单排序值的 0.875，从而成为衡量集群特定资源竞争力的主要指标。在构成市场竞争力的三个指标中，以市场控制能力所占分值最高，达到 0.733，技术创新能力分值次之，为 0.199，这种情况表明，市场控制能力和技术创新能力是衡量市场竞争力的主要指标（两者之和为 0.932），而市场控制能力是其中的关键性指标。在人力、组织和制度竞争力三个指标中，制度背景以 0.696 的分值位居首位，人力资源以 0.229 的分值位居第二，两者之和为 0.925，表明制度背景和人力资源是其主要衡量指标。由此，在衡量脐橙特色产业集群竞争力的八个二级指标中，自然资源、市场控制能力、制度背景是最主要的指标。因此，在提高脐橙特色产业竞争力建设中，应该集中精力挖掘、发挥自然资源的潜力，强化集群的市场控制能力，改善群内制度环境，为集群发展创造良好的微观组织生态环境。

第四，从三级指标分析。就单排序值而言，构成自然资源竞争优势的指标主要是指集群所拥有的土壤和气候。在区位优势方面，地理位置和交通状况是主要的衡量指标。技术创新能力是指新产品开发能力和实现市场价值的能力。在衡量技术创新能力的四个指标中，集群的技术创新系统以 0.595 高居首位，其次是研发投入强度，其分值为 0.265，两者之和为 0.860，表明创新系统和研发投入强度是衡量集群技术创新能力的主要指标。在衡量集群生产能力的两个指标中，信息化程度、设备先进程度（全自动化、机械化、手工操作）以 0.857 的分值居首，说明集群的生产能力主要指集群的信息化程度以及生产设备的先进程度。在衡量市场控制能力的三个指标中，营销网络和物流系统的建设情况的好坏以 0.733 的分值而高居首位，表明集群营销网络和物流系统发达与否决定了集群市场控制能力的大小。在人力资源方面，企业家资源以 0.752 的分值居于三个要素的首位，表明企业家是集群的稀缺资源，其数量的多少、素质的高低和是否具有企业家精神是衡量脐橙特色产业集群人力资源丰富与否最重要的指标。企业家精神最主要表现为富于创新精神和冒险精神。在集群的组织资源中，组织学习能力、地方传统文化和企业文化的适应性所占分值高达 0.860，前者更以 0.595 而高居首位，表明组织是否具有学习能力在组织资源配备中具有关键性意义，起着主导作用。在制度背景方面，由政府干预程度、为企业提供服务情况、市场开放度等因素所构成的环境以 0.579 的分值而居于主导地位，资金环境（企业融资难易程度）以 0.256 的分值位居第二，两者之和为 0.835，表明在集群制度建设方面，为集群营造良好的组织环境和资金环境对集群的健康发展具有关键意义。从总排序值看，土壤、气候、营销网络和物流系统建设情况、地理位置、交通状况等因素（三个因素之和为 0.840）是衡量脐橙特色产业集群竞争力的主要指标，其中，土壤、气候情况以 0.641 的高分值位居所有指标之首，成为一个关键性指标，因此，从一定角度看，脐橙特色产业集群之间的竞争就是集群所拥有的土壤、气候状况的竞争。

第五，从上述分析可知，脐橙特色产业集群竞争力主要指特定资源竞争力和市场竞争力。特定资源竞争力指集群所拥有的自然资源和区位优势，也就是集群自身所拥有的土壤、气候、地理位置和交通状况，通常意义上叫作资源禀赋。市场控制能力集中表现为营销网络和物流建设能力，技术创新能力则集中体现在集群的创新系统方面，因此，脐橙特色产业集群竞争力的实质就是指集群的土壤、气候、地理位置和交通状况。当然，只有同时具备比较完善的营销网络和物流系统良好的创新系统，才能在竞争激烈的市场中生存，并在不断战胜对手的过程中发展壮大自己。

第六，培育并不断增强脐橙特色产业集群竞争力，最主要的工作是挖掘集群的土壤、气候潜力，发挥其独特的地理位置优势，大力改善交通状况，加强营销网络和物流系统的建设，极端重视创新系统的完善，增强适应全球化市场的能力。

三、赣南、三峡、四川脐橙特色产业集群竞争力实证分析

（一）赣南、三峡、四川脐橙特色产业集群竞争力指标排序

依照前文建立的脐橙特色产业集群竞争力评价指标体系框架，通过对赣南、三峡、四川脐橙特色产业集群的调查，给出三地关于各三级指标的两两比较判断矩阵，计算出各判断矩阵的单排序值，并进行一致性检验，得到赣南（E_1）、三峡（E_2）、四川（E_3）脐橙特色产业集群竞争力各评价指标的排序值，如表 6–18 所示。

表 6-18　赣南、三峡、四川脐橙特色产业集群竞争力各评价指标的排序值

	D_1	D_2	D_3	D_4	D_5	D_6	D_7	D_8
E_1	0.674	0.714	0.615	0.615	0.600	0.333	0.600	0.714
E_2	0.226	0.143	0.268	0.268	0.200	0.333	0.200	0.143
E_3	0.100	0.143	0.117	0.117	0.200	0.333	0.200	0.143
	CR=0.074	CR=0.002	CR=0.064	CR=0.064	CR=0	CR=0.003	CR=0	CR=0.002
	D_9	D_{10}	D_{11}	D_{12}	D_{13}	D_{14}	D_{15}	D_{16}
E_1	0.714	0.758	0.674	0.666	0.615	0.600	0.778	0.600
E_2	0.143	0.151	0.100	0.167	0.268	0.200	0.111	0.200
E_3	0.143	0.091	0.226	0.167	0.117	0.200	0.111	0.200
	CR=0.002	CR=0.029	CR=0.074	CR=0.002	CR=0.064	CR=0	CR=0	CR=0
	D_{17}	D_{18}	D_{19}	D_{20}	D_{21}	D_{22}	D_{23}	
E_1	0.666	0.714	0.731	0.637	0.333	0.600	0.600	
E_2	0.167	0.143	0.081	0.105	0.333	0.200	0.200	
E_3	0.167	0.143	0.188	0.258	0.333	0.200	0.200	
	CR=0.002	CR=0.002	CR=0.055	CR=0.033	CR=0.003	CR=0	CR=0	

（二）赣南、三峡、四川脐橙特色产业集群竞争力排序

根据表 6-18，求得赣南、三峡、四川脐橙特色产业集群竞争力的综合权重，得到三地竞争力排序，如表 6-19 所示。

表 6-19　赣南、三峡、四川脐橙特色产业集群竞争力排序

地区	竞争力评价指标综合排序值	排名
赣南（E_1）	0.632	1
三峡（E_2）	0.195	2
四川（E_3）	0.173	3

（三）赣南、三峡、四川脐橙特色产业集群竞争力分析

综合上述计算结果，可以得出如下结论：

第一，从总的情况看，在赣南、三峡、四川脐橙特色产业集群中，赣南脐橙特色产业集群竞争力最强，三峡次之，四川最弱。

第二，从竞争力的具体表现来看，情况又有所不同。赣南除在产品差异化程度及新产品开发的时间优势、网络关系（企业间的非市场关系、结构状况）两个方面与三峡、四川脐橙特色产业集群分值相同外，在其他方面均占据明显优势。如果从分值考虑，就是三峡、四川两地之和也远远达不到赣南一地的分值。这种情况说明，在国内所有脐橙特色产业集群中，赣南脐橙特色产业集群具有十分明

显的竞争优势，其他脐橙特色产业集群无法望其项背。截至 2006 年，赣州已成为全世界种植面积最大，年产量世界第三、全国第一的脐橙产区。脐橙产业总产值达 45 亿元，带动养殖、生产资料供应、采后分级处理加工、流通运输、包装印刷、旅游、劳务等相关产业产值 23 亿元，并且解决了 67.8 万人的就业问题。在产业发展方面，建立了国际一流的柑橘无病毒良种繁育场，实施了良种繁育与供应、标准化生产、病虫害防控、商品化处理与加工、技术创新与应用、质量监督、市场营销、品牌管理与保护、产业组织、产业服务等产业十大体系建设，增加了早熟、特早熟品种的种植，启动了加工橙种植计划等。从市场控制能力看，赣南脐橙果品不仅走进了北京、上海、广州、深圳等国内大多数大中城市市场，摆上了沃尔玛、家乐福、好又多等大型超市货架，牢牢占据国内脐橙消费的高端市场，并且有近 30%远销中国香港、中国澳门、东南亚、俄罗斯、欧洲、中东、北美等国际市场。从制度环境看，全市建立了比较完善的市、县、乡（镇）、村（基地）四级协会网络，建有各级协会 363 个，会员 6.6 万人，企业型果业合作社 41 个，协会和合作组织上联政府、下联果农、内联基地、外联市场，作用越来越突出。从组织资源看，2006 年，《赣南脐橙》国家标准获国家标准委批准，成为我国首个脐橙国家标准，标志着“赣南脐橙”具备了“国际知识产权”的法律保障。同年，“赣南脐橙”产品获得国家“地理标志”保护产品，被列为全国十一大优势农产品之一，赣南脐橙生产基地被批准成为“全国农产品加工业示范基地”，“赣南脐橙”果品荣获“中华名果”荣誉称号，“赣南脐橙”品牌被列为江西省 20 个重点扶持的农产品品牌之首。

综上所述，脐橙特色产业集群竞争力的实质是指集群所具有的土壤、气候、地理位置和交通状况的优劣与好坏。从世界范围来看，赣南脐橙特色产业集群的竞争力在总体上与西方发达国家特别是美国的脐橙特色产业集群还有明显的差距。但是，就国内赣南、三峡、四川脐橙特色产业集群来看，赣南脐橙特色产业集群竞争优势十分明显。虽然近年来赣南脐橙特色产业集群取得了巨大的进步，但是，要赶上美国脐橙特色产业集群，赣南还有许多工作要做，特别是要进一步挖掘自身特有的自然资源优势，充分发挥区位优势，强化市场控制能力。

第三节 景德镇陶瓷特色产业集群竞争力分析

一、基于层次分析法的特色产业集群竞争力指标体系的构建

层次分析法（AHP）先提出递阶层次结构。递阶层次结构分为目标层、准则层、方案层三层。目标层是问题的预定目标或理想结果，这里表现为特色产业集群竞争力评价指标的重要性排序；准则层是实现目标所需要考虑的准则，该层可由若干层组成，本书的准则包含特色产业集群外部的竞争力和特色产业集群内部的竞争力两个准则，两个准则下又分别包含三个和四个子准则；方案层是为实现目标可供选择的具体方案，这里表现为创新系统等 23 个具体指标，如表 6–20 所示。

表 6–20 特色产业集群竞争力评价指标体系

目标层 A	准则层		方案层（三级指标）D
	准则（一级指标）B	子准则（二级指标）C	
特色产业集群竞争力评价指标 A	争夺资源（市场）和控制市场的能力（B_1）	技术创新能力（新产品研发能力）（C_1）	创新系统（大专院校、科研院所等）（D_1）
			研发投入强度（D_2）
			成果转化的效率、效益（D_3）
			产品差异化程度及新产品开发的时间优势（D_4）
		生产能力（C_2）	劳动生产率（D_5）
			设备先进程度（全自动化、机械化、手工操作）（D_6）
		市场控制能力（C_3）	企业衍生能力（企业数量）（D_7）
			市场占有情况（销售收入）（D_8）
			营销网络建设情况（适应全球化市场的能力）（D_9）
	特定的资源和制度背景（B_2）	实体资源（C_4）	区位优势（D_{10}）
			基础设施（D_{11}）
		人力资源（C_5）	企业家资源（数量、综合素质、企业家精神）（D_{12}）
			技术人员、高级管理人员（数量、素质、观念）（D_{13}）
			熟练工人（数量）（D_{14}）

续表

<table>
<tr><th rowspan="2">目标层 A</th><th colspan="2">准则层</th><th rowspan="2">方案层（三级指标）D</th></tr>
<tr><th>准则（一级指标）B</th><th>子准则（二级指标）C</th></tr>
<tr><td rowspan="9">特色产业集群竞争力评价指标 A</td><td rowspan="9">特定的资源和制度背景（B_2）</td><td rowspan="4">组织资源（C_6）</td><td>社会形象和声誉（知名度、商誉）（D_{15}）</td></tr>
<tr><td>地方传统文化（价值观、企业伦理、创业环境）及企业文化的适应性（D_{16}）</td></tr>
<tr><td>组织学习能力（D_{17}）</td></tr>
<tr><td>管理水平（D_{18}）</td></tr>
<tr><td rowspan="5">制度背景（C_7）</td><td>环境（政府干预程度、为企业提供服务情况、市场开放度）（D_{19}）</td></tr>
<tr><td>制度创新能力（D_{20}）</td></tr>
<tr><td>网络关系（企业间的非市场关系、结构状况）（D_{21}）</td></tr>
<tr><td>资金环境（企业融资难易程度）（D_{22}）</td></tr>
<tr><td>社会资本（群内的规范、信任与合作、知识流动机制等）（D_{23}）</td></tr>
</table>

（一）特色产业集群竞争力评价指标总排序值的获得

1. 构造成对判断矩阵

采用专家问卷调查的方式，对上述递阶层次结构进行两两比较，并用 1~9 的比例标度将定性的比较结果转化为定量的判断数据，形成以下成对判断矩阵：

$$A=\begin{pmatrix} a_{11} & a_{12} & \cdots & a_{1n} \\ a_{21} & a_{22} & \cdots & a_{2n} \\ \vdots & \vdots & \ddots & \vdots \\ a_{n1} & a_{n2} & \cdots & a_{nn} \end{pmatrix},\ A=\begin{pmatrix} 1 & 4 \\ 1/4 & 1 \end{pmatrix},\ B_1=\begin{pmatrix} 1 & 5 & 1/4 \\ 1/5 & 1 & 1/8 \\ 4 & 8 & 1 \end{pmatrix},$$

$$B_2=\begin{pmatrix} 1 & 1/4 & 1/7 & 1/6 \\ 4 & 1 & 1/5 & 1/4 \\ 7 & 5 & 1 & 3 \\ 6 & 4 & 1/3 & 1 \end{pmatrix},\ C_1=\begin{pmatrix} 1 & 4 & 8 & 6 \\ 1/4 & 1 & 6 & 5 \\ 1/8 & 1/6 & 1 & 1/4 \\ 1/6 & 1/5 & 4 & 1 \end{pmatrix},\ C_2=\begin{pmatrix} 1 & 1/6 \\ 6 & 1 \end{pmatrix},$$

$$C_3=\begin{pmatrix} 1 & 1/4 & 1/8 \\ 4 & 1 & 1/5 \\ 8 & 5 & 1 \end{pmatrix},\ C_4=\begin{pmatrix} 1 & 6 \\ 1/6 & 1 \end{pmatrix},\ C_5=\begin{pmatrix} 1 & 5 & 9 \\ 1/5 & 1 & 3 \\ 1/9 & 1/3 & 1 \end{pmatrix},$$

$$C_6=\begin{pmatrix}1 & 1/6 & 1/8 & 1/4\\ 6 & 1 & 1/4 & 5\\ 8 & 4 & 1 & 6\\ 4 & 1/5 & 1/6 & 1\end{pmatrix},\quad C_7=\begin{pmatrix}1 & 1/4 & 4 & 6 & 3\\ 4 & 1 & 6 & 8 & 5\\ 1/4 & 1/6 & 1 & 4 & 1/3\\ 1/6 & 1/8 & 1/4 & 1 & 1/5\\ 1/3 & 1/5 & 3 & 5 & 1\end{pmatrix}$$

2. 计算权向量，并做一致性检验

首先，用根法求列向量 $\bar{w}$，再将向量 $\bar{w}=(\bar{w}_1, \bar{w}_2, \cdots, \bar{w}_n)^T$ 归一化，得到近似特征向量 $\vec{w}$，即层次单排序权向量。

$$\bar{w}_i=(\prod_{j=1}^{n}a_{ij})^{1/n}，如\ \bar{w}=\begin{pmatrix}\sqrt[2]{1\times4}\\ \sqrt[2]{1/4\times1}\end{pmatrix}=\begin{pmatrix}2\\ 0.5\end{pmatrix}，\vec{w}_i=\frac{\vec{w}_i}{\sum_{j=1}^{n}\bar{w}_j}，如\ \vec{w}=\begin{pmatrix}\frac{2}{2+0.5}\\ \frac{0.5}{2+0.5}\end{pmatrix}=\begin{pmatrix}0.8\\ 0.2\end{pmatrix}$$

其次，计算出 $A\vec{w}$ 和最大特征根 λ_{max}。

$$A\vec{w}=\begin{pmatrix}1 & 4\\ 1/4 & 1\end{pmatrix}\begin{pmatrix}0.8\\ 0.2\end{pmatrix}=\begin{pmatrix}1.6\\ 0.4\end{pmatrix}，\lambda_{max}=\frac{1}{n}\sum_{i=1}^{n}\frac{(A\vec{w})_i}{\vec{w}_i}，如\ \lambda_{max}=\frac{1}{2}\left(\frac{1.6}{0.8}+\frac{0.4}{0.2}\right)=2$$

最后，计算出随机一致性比率 CR，若 CR < 0.1，则一致性检验通过，认为层次单排序权向量值有满意的一致性。

$$CR=\frac{\lambda_{max}-n}{(n-1)RI}$$（RI 为平均随机一致性指标，可查表得到），如 $CR=\frac{2-2}{(2-1)\times0}=0$。

CR < 0.1，则一致性检验通过。

为了节省篇幅，略去其他判断矩阵的计算过程，只给出相应的层次单排序值及一致性检验值，如表 6-21 所示。

表 6-21 各层次单排序值及一致性检验值

A	$\vec{w}$	B_1	$\vec{w}$	B_2	$\vec{w}$	C_1	$\vec{w}$	C_2	$\vec{w}$
B_1	0.8	C_1	0.237	C_4	0.048	D_1	0.595	D_5	0.143
B_2	0.2	C_2	0.064	C_5	0.115	D_2	0.265	D_6	0.857

续表

A	$\vec{w}$	B_1	$\vec{w}$	B_2	$\vec{w}$	C_1	$\vec{w}$	C_2	$\vec{w}$
		C_3	0.699	C_6	0.549	D_3	0.043		
				C_7	0.288	D_4	0.097		
λmax = 2 CR = 0		λmax = 3.090 CR = 0.078		λmax = 4.237 CR = 0.088		λmax = 4.210 CR = 0.078		λmax = 2 CR = 0	
C_3	$\vec{w}$	C_4	$\vec{w}$	C_5	$\vec{w}$	C_6	$\vec{w}$	C_7	$\vec{w}$
D_7	0.068	D_{10}	0.857	D_{12}	0.752	D_{15}	0.043	D_{19}	0.236
D_8	0.199	D_{11}	0.143	D_{13}	0.178	D_{16}	0.265	D_{20}	0.523
D_9	0.733			D_{14}	0.070	D_{17}	0.595	D_{21}	0.074
						D_{18}	0.097	D_{22}	0.034
								D_{23}	0.133
λmax = 3.098 CR = 0.084		λmax = 2 CR = 0		λmax = 3.029 CR = 0.026		λmax = 4.210 CR = 0.078		λmax = 5.392 CR = 0.088	

3. *层次总排序及一致性检验*

在构造各层次元素的比较判断矩阵并计算层次单排序的基础上，还须进行各层次的总排序，并进行一致性检验。总排序权重按如下递推公式得到：

$$\omega^{(K)} = [\omega_1^{(K)}\ \omega_2^{(K)} \cdots \omega_{nK}^{(K)}]^T = P^{(K)}\omega^{(K-1)}$$

式（10）中，$\omega^{(K-1)} = [\omega_1^{(K-1)}\ \omega_2^{(K-1)} \cdots \omega_{nK-1}^{(K-1)}]^T$ 是已合成的第 K－1 层上nK－1个元素相对于总目标的组合权重向量。矩阵 $P^{(K)} = [P_1^{(K)}\ P_2^{(K)} \cdots P_{nK-1}^{(K-1)}]$，其第 j 列 $P_j^{(K)} = [P_{1j}^{(K)}\ P_{2j}^{(K)} \cdots P_{nj}^{(K)}]^T$ 为第 K 层 nK 个元素关于 K－1 层第 j 个元素的排序权重向量，其中，不受 j 支配的元素的权重为零。

根据式（10）得到特色产业集群竞争力评价指标总排序值及一致性检验值，如表 6–22 所示。

表 6–22　特色产业集群竞争力评价指标总排序值及一致性检验值

一级指标				二级指标				三级指标			
符号	单排序值	总排序值	排名	符号	单排序值	总排序值	排名	符号	单排序值	总排序值	排名
B_1	0.800	0.800	1	C_1	0.237	0.190	2	D_1	0.595	0.113	02
								D_2	0.265	0.050	05
								D_3	0.043	0.008	15
								D_4	0.097	0.018	10
				C_2	0.064	0.051	5	D_5	0.143	0.007	17
								D_6	0.857	0.044	06
				C_3	0.699	0.559	1	D_7	0.068	0.038	07
								D_8	0.199	0.111	03

续表

一级指标				二级指标				三级指标			
符号	单排序值	总排序值	排名	符号	单排序值	总排序值	排名	符号	单排序值	总排序值	排名
B_1	0.800	0.800	1	C_3	0.699	0.559	1	D_9	0.733	0.410	01
B_2	0.200	0.200	2	C_4	0.048	0.010	7	D_{10}	0.857	0.008	14
								D_{11}	0.143	0.001	23
				C_5	0.115	0.023	6	D_{12}	0.752	0.017	11
								D_{13}	0.178	0.004	20
								D_{14}	0.070	0.001	22
				C_6	0.549	0.110	3	D_{15}	0.043	0.005	18
								D_{16}	0.265	0.029	09
								D_{17}	0.595	0.065	04
								D_{18}	0.097	0.011	13
				C_7	0.288	0.057	4	D_{19}	0.236	0.014	12
								D_{20}	0.523	0.030	08
								D_{21}	0.074	0.0043	19
								D_{22}	0.034	0.001	21
								D_{23}	0.133	0.007	16
CR = 0				CR = 0.080				CR = 0.079			

（二）结果分析

从总排序中可以得出如下结论：

第一，特色产业集群竞争力表现在多方面，但是，从排序值看，各方面的地位并不相同。

第二，仅从静态的观点看，特色产业集群竞争力主要体现在与其他集群争夺资源（市场）和控制市场的能力（总排序值 0.800）。

第三，从动态看，只有同时具备强大的市场控制能力、持续不断的技术创新能力、丰富的组织资源和良好的制度背景的特色产业集群才能在竞争激烈的市场中生存，并在不断战胜对手的过程中发展壮大自己。

第四，要维持并不断增强特色产业集群竞争力，最主要的工作是大力加强营销网络建设，增强适应全球化市场的能力，极端重视创新系统的完善，提高产品的市场占有率，强化组织学习能力，增加研发投入。

二、赣、粤、闽陶瓷特色产业集群竞争力实证分析

（一）赣、粤、闽三地陶瓷特色产业集群概况

赣、粤、闽陶瓷特色产业集群主要指江西的景德镇、广东的潮州、福建的德化三地陶瓷产业集群。三地的陶瓷生产均有悠久的历史，属于典型的特色产业集群。宋代到现代，景德镇一直作为中央政府首脑机关用瓷专供地，号称“瓷都”。但是，20 世纪 90 年代中期以后，景德镇陶瓷产业集群状况急剧恶化，而德化、潮州的陶瓷产业则奋起直追，迅速超过景德镇。以 2003 年为例，景德镇该年陶瓷产品销售收入为 10 亿元（下同），德化为 53.1 亿元（其中出口约 40 亿元），潮州为 116.8 亿元（其中出口约 50 亿元）；三地企业数量分别为：景德镇 2400 家，德化 1100 多家，潮州 10000 多家。

（二）应用 AHP 计算赣、粤、闽陶瓷特色产业集群竞争力指标排序值

依照本书已经建立的特色产业集群竞争力评价指标体系框架，通过对景德镇、潮州、德化陶瓷特色产业集群的调查，给出三地关于各三级指标的两两比较判断矩阵，计算出各判断矩阵的单排序值，并进行一致性检验，得到景德镇（E_1）、潮州（E_2）、德化（E_3）陶瓷特色产业集群竞争力各评价指标的排序值，如表 6-23 所示。

表 6-23 景德镇、潮州、德化陶瓷特色产业集群竞争力各评价指标的排序值

	D_1	D_2	D_3	D_4	D_5	D_6	D_7	D_8
E_1	0.674	0.105	0.105	0.105	0.105	0.078	0.229	0.075
E_2	0.225	0.637	0.637	0.637	0.637	0.635	0.696	0.696
E_3	0.101	0.258	0.258	0.258	0.258	0.287	0.075	0.229
	CR = 0.075	CR = 0.032	CR = 0.032	CR = 0.032	CR = 0.032	CR = 0.081	CR = 0.086	CR = 0.086
	D_9	D_{10}	D_{11}	D_{12}	D_{13}	D_{14}	D_{15}	D_{16}
E_1	0.075	0.092	0.163	0.731	0.091	0.091	0.750	0.112
E_2	0.696	0.454	0.540	0.081	0.691	0.691	0.125	0.444
E_3	0.229	0.454	0.297	0.188	0.218	0.218	0.125	0.444
	CR = 0.086	CR = 0	CR = 0.009	CR = 0.055	CR = 0.047	CR = 0.047	CR = 0	CR = 0
	D_{17}	D_{18}	D_{19}	D_{20}	D_{21}	D_{22}	D_{23}	
E_1	0.091	0.091	0.091	0.072	0.112	0.066	0.142	
E_2	0.691	0.691	0.691	0.649	0.444	0.467	0.429	
E_3	0.218	0.218	0.218	0.279	0.444	0.467	0.429	
	CR = 0.047	CR = 0.047	CR = 0.047	CR = 0.058	CR = 0	CR = 0	CR = 0	

（三）赣、粤、闽陶瓷特色产业集群竞争力排序

根据表 6-23，求得景德镇、潮州、德化陶瓷特色产业集群竞争力的综合权重，得到三地竞争力排序，如表 6-24 所示。

表 6-24　景德镇、潮州、德化陶瓷产业集群竞争力排序

地区	竞争力评价指标综合排序值	排名
潮州（E_2）	0.547	1
德化（E_3）	0.268	2
景德镇（E_1）	0.185	3

（四）赣、粤、闽陶瓷特色产业集群竞争力分析

综合上述计算结果，可以得出如下结论：

第一，从总的情况看，在赣、粤、闽三地陶瓷特色产业集群中，广东潮州陶瓷特色产业集群的竞争力最强，福建德化次之，江西景德镇最弱。

第二，从竞争力的具体表现来看，情况又各不相同。其中，广东潮州在下列各方面表现最为突出：研发投入强度，成果转化的效率、效益，产品差异化程度及新产品开发的时间优势，劳动生产率，设备先进程度，企业衍生能力，市场占有情况，营销网络建设，基础设施，技术人员及高级管理人员数量、素质，熟练工人数量，组织学习能力，管理水平，环境，制度背景；在以下方面，广东潮州与福建德化情况类似：区位优势，地方传统文化及企业文化的适应能力，网络关系，资金环境，社会资本；江西景德镇则因其历史悠久，在社会形象和声誉、创新系统（主要由大专院校和科研院所构成）方面表现最为出色。

第三，各地改革的力度和深度各不相同，以及市场发育程度不一，致使三地陶瓷产业集群表现出明显的地域差异。

综上所述，产业集群生命周期问题是理论界十分关注的一个重大问题。产业集群生命周期问题的实质是如何确保产业集群可持续发展。一个产业集群能否可持续发展，取决于其竞争力的强弱。特色产业集群的发展概莫能外。本书的理论和实证分析说明：只有同时具备强大的市场控制能力、持续不断的技术创新能力、丰富的组织资源和良好的制度背景的特色产业集群才具有较强的竞争力，才能在竞争激烈的市场中生存，并在不断战胜对手的过程中发展壮大自己。

第四篇

江西产业集群政策及其绩效分析

第七章

基于产业集群视角的中小企业政策演变研究

第一节　基于产业集群视角的企业边界变动原因分析

一、问题的提出

20 世纪 70 年代末 80 年代初，西方发达国家经济普遍出现了衰退，大企业的弊端暴露无遗，与此同时，如意大利中部和东北部的艾米利亚——罗马格纳和图斯卡尼、美国加利福尼亚硅谷等区域，不但经受了世界经济衰败的考验，而且，由于专业化的某些中小企业集群表现出惊人的增长势头。这一现象表明企业生存和发展的环境发生了巨大变化。然而，环境变化主要体现在哪些方面？这些变化对企业边界有何影响，结果如何？学术界虽然对此进行了研究，取得了不少成果，但是研究远没有结束，尚有继续深入的必要。

二、企业所处环境变化迫使其调整边界

科斯（1937）在《企业性质》一文中指出，市场上之所以存在企业是因为某些交易在企业内部进行比在市场进行的成本要低。交易成本的构成主要有三个要素，即调查和信息成本、谈判和决策成本、制定和实施成本。从而，对资源的管理分别形成交易成本和组织成本。由此，企业的边界由市场的交易成本与企业组织成本的比较来决定（金雪涛、李琳，2005）。企业边界保持稳定的前提是环境稳定不变与静态化的竞争条件。

然而，自20世纪70年代末、80年代以来，尤其是90年代后，世界政治经济格局发生了巨大变化。日新月异的技术变革和经济的快速发展导致企业生存和发展的环境已经、正在而且还将发生更大变化。这些变化主要表现在市场环境、经济环境、政治环境和国际环境（易树平等，2005）等方面。变化的主要特征是不确定性空前增加。企业生存和发展环境的改变导致企业面临的竞争条件发生了前所未有的变化。企业的竞争从静态转向动态，企业之间竞争的对抗性越来越强，竞争互动的速度越来越快，竞争环境越来越动荡、越来越复杂。于是，传统的企业组织模式变得无所适从（张守风、徐伟，2005）。具体表现在四个方面：

（1）传统科层式的企业组织结构无法适应全球化的竞争态势。信息和通信技术的发展拉近了世界各国在空间上的距离，加速了全球经济一体化的进程，企业从而可以在全球范围内更加有效地协调其战略行动和经营行为。竞争手段的现代化明显加快了国际和国内两个市场上竞争与反应的速度。面对这种情况，基于稳定的市场环境和静态竞争条件下建立起来的传统的科层组织的固有缺陷就越来越突出：容错性差、反应迟钝、学习效率低、应变能力弱、管理协调成本高等（何瑛，2003）。

（2）传统的刚性组织结构无法适应新的竞争规则。日趋激烈的国际化市场竞争、个性化的顾客需求、未来环境变化的难以预测，以及网络技术和电子商务的迅猛发展，致使产品生命周期日益缩短，市场利益不断细分，企业竞争不断激化，从根本上改变了市场竞争规则和企业的竞争方式。显然，传统的刚性的企业组织结构不但不能适应新形势下企业战略动态化的需要，有时甚至成为发展的障碍。

（3）高度不确定的竞争环境对传统的金字塔式组织模式提出了挑战。在新形势下，顾客在变，市场在变，竞争在变，而且变化本身也在变。变化的速度越来越快，周期越来越短。变化带来了更高程度的不确定性。传统的金字塔式组织结构虽然各部门之间分工明确，但是缺乏统一的沟通协调机制，森严的等级制度极大地压抑了员工的积极主动性和创新精神，不仅如此，而且信息沟通渠道过长使决策者无法及时对顾客的需求和市场的变化做出快速反应（周静怡，2003）。

（4）传统的刚性组织结构无法满足动态环境下强烈的竞争互动要求。面对竞争的强烈互动，传统的垂直结构由于组织层级较多，反应速度慢，沟通困难，使得信息传递的速度慢、效率低、强度衰减而且信号失真，势必造成企业错失市场良机。显然，企业为了生存和发展，必须进行组织结构调整和再造，建立高度灵活、富有弹性、适应市场变革、对市场需求快速响应的动态组织结构。这种组织结构或叫柔性组织（张守国、徐伟，2005）或称组织网络化（郑小敏等，2005），其主要特征是灵活和快速反应。但是，与其说这是一种产业组织，还不如称为产业组织的特征更贴切。事实上，近年来引起政府、企业和学术界广泛关注的产业集群就是企业应对新的环境变化所进行的一次重大的组织变革。

三、企业、产业集群、市场三者的关系分析

产业集群主要指特定产业集中于一定区域内的众多具有合作关系的不同规模的企业和与其发展有关的各种机构、组织等行为主体通过纵横交错的网络关系紧密联系在一起的空间集合体（刘善庆等，2005）。产业集群的特征有许多，如生产的弹性专精（即组织柔性化）、构成的多元性、地理集中性、企业之间的关联性，合作网络特征，社会文化特征，自我增强特征，内部整合与外部链合特征，协同作用与集体效率，竞争特征、一体化特征，生命周期特征，良好的公用基础环境设施，知识的快速扩散，价值链上的相互需求，外向型的投入产出，资源的相互共享（刘善庆等，2006）等。由于产业集群集中了企业所需的上、下游以及科研开发、金融服务等各种组织和机构，产业链完整，规模经济、范围经济明显。产业集群整合了企业和市场双重优势的机理，可以从威廉姆森关于交易费用理论的相关分析中得到解释。

威廉姆森认为，企业既是经济人，也是“契约人”。作为“契约人”，企业如下两个特征十分明显：

（1）有限理性。市场的交易主体在经济活动中的感知和认识能力是有限的，也就是说，人们在收集和加工处理大量相关市场信息方面，其能力受到自身多方面的局限。

（2）机会主义。其含义是指交易主体以欺诈手段追求自身利益的行为倾向是以有限理性假设为前提的。正是由于人的有限理性，有的交易者才可能利用信息不对称环境或某种有利的讨价还价地位欺诈对方。威廉姆森关于机会主义的假设扩展了传统经济理论中人的自利动机，为经济人在自利的引导下寻求策略性行为留下了空间。此外，他认为交易费用还和交易特性有关，即资产专用性、交易不确定性和交易频率。

1）资产专用性。当一项耐久性投资被用于支持某些特定交易时，所投入的资产即具有专用性。在这种场合，假如交易资产已经投入而交易被终止，所投入的资产将全部或部分地因无法改作他用而损失。资产专用性主要包括四种类型：场地资产专用性，物质资产专用性，人力资产专用性及专项资产。其共同特征

是，一旦形成则很难移作他用。因此，交易双方具有很强的依赖性，一方违约将使另一方产生巨大的交易风险。

2）交易的不确定性。由于市场环境复杂多变，使交易双方的稳定性受到影响。另外，交易双方的信息不对称和相互依赖程度的不对称，也增加了交易中的不确定性，进而增加履约风险。

3）交易频率。交易频率和交易费用线性相关，频繁的交易行为意味着反复签约，因而导致较高的平均成本和交易费用。

威廉姆森根据交易过程中的特性，把交易协调方式分为四种类型：

（1）市场规制方式，即古典的市场缔约。交易条件通过多次讨价还价达成，适用于非专用性交易。

（2）三方规制方式。在这一结构下交易的特征是资产具有混合性和高度异质型且交易频率较高的交易，通常是双方事先约定一个共同接受的第三者，授予这个第三者以相机决策的权力。

（3）双边规制方式。交易双方仍然保持各自的独立地位，但相互之间出现了某些旨在维持双方长期合作关系的机制。

（4）统一规制方式，即纵向一体化。总体而言，三方规制和双边规制属中间组织形式。市场规制和统一规制构成了两种最基本的交易协调方式。理论上，市场依靠价格机制发挥作用，可以不断提高交易效率，但现实中的市场运行总是伴随着高昂的交易费用（包括获取有关交易信息、进行讨价还价、签约和实施交易协调等方面的费用）。另外，由于各交易主体的行为是一个相互博弈过程，因而产生种种交易风险，由此导致“市场失灵”。企业常通过一体化（如不断设立子公司）的方式矫正“市场失灵”、降低交易费用。然而，一体化过程又促使企业组织规模不断扩大。为强化管理职能，企业必须增设管理机构，由此产生较高的管理费用。管理层级随之增加，管理链条相应拉长，极易滋生官僚作风，使管理效率下降。由于管理幅度过宽，难以了解和评价各部门员工的相对贡献，各种“搭便车”和偷懒行为也得不到有效监督，从而导致企业内部激励机制失效。由此，企业组织成本不但增加，甚至会出现“组织失灵”。

产业集群显然类似于威廉姆森所提出的“双边规制”形式。威廉姆森认为双边规制是双方在自由交易市场中为稳定交易关系而进行的一种被动的组织调整，相比而言，产业集群是企业双方（在产业集群内，企业的合作主要表现为众多的两两合作）战略性合作中主动进行的有组织的市场交易，从而能节约纯粹市场交易中的各种相关费用。

从交易的全过程看，产业集群有助于群内企业之间在交易过程中减少相关交易费用。虽然群内的企业、机构间的交往频繁，但是，由于产业集群集中了众多特征，群内企业的交往不是完全的市场关系，地理位置的邻近和交往的频繁不但不会增加交易费用，反而会因为面对面的交流和沟通而增加彼此的信任，获取更多的信息。由于群内企业之间经常沟通与合作，大大降低了搜寻交易对象信息方面的费用；提供个性化服务建立起来的相互信任和承诺，也可减少各种履约风险；即使在服务过程中产生冲突，也可通过协商解决，从而避免无休止地讨价还价，甚至产生法律诉讼费用。

从交易主体行为看，产业集群可以促使群内企业之间的组织学习，从而提高对不确定性环境的认知能力，减少因交易主体的“有限理性”而产生的交易费用。群内企业之间的长期合作在很大程度上抑制了交易双方间的机会主义行为，因为一次性的背叛和欺诈在长期合作中会导致“针锋相对”的报复和惩罚，面临着逆向选择的高昂代价，这使得交易双方机会主义行为带来的交易费用控制在最低限度。

从交易特性的三个方面看，产业集群也促使群内企业进行战略性合作，建立联盟伙伴关系。资产专用性是其中最为重要的方面。资产专用性越高，意味着投资所带来的固定成本和可变成本包含了相当部分的“不可收回的成本”或“沉没成本”，因此交易双方契约（包括心理契约）关系保持连续性具有特别重要的意义。群内企业合作联盟的建立以及对专用性资产的“共同占有”成为解决这一矛盾的有效选择。交易的不确定性和市场的多变性与交易主体的有限理性和机会主义行为都密切相关。交易双方都不可能了解未来的一切，并对将要发生的变故预先在契约中设置条款加以处理，如交易双方信息不对称也很难避免其中一方产生机会主义行为，通过集群代替市场交易，显然可减少此类情况的发生。市场中，交易频率越高，意味着双方的交易量很大且交易经常进行，从而产生较高的交易费用。产业集群却可以通过群内企业的交易消除交易频率较高带来的负面影响。

交易的全过程、交易主体行为和交易特性等领域和环节所产生的种种交易费用，增加了交易主体在经济运行中的总费用。产业集群作为一项有效的制度安排，节约了其中的交易费用，从而较好地解决了分工所造成的专业化经济与交易费用之间的两难选择，提供了一种有效率的交易关系、市场结构和制度安排（李刚，2005）。

概而言之，产业集群节约了如下交易成本和组织成本：①避免交易中的盲目性，减少搜寻信息的成本；②群内企业通过建立一定的程序和惯例，更顺利地达成交易，降低交易中讨价还价的成本；③群内企业间的组织协调可有效地节约交易中监督执行成本，交易双方也自觉地抑制各自的机会主义行为；④有利于提高交易主体对不确定性环境的应变能力，降低由此带来的交易风险；⑤群内企业在相互合作、组织协调交易的同时，仍保持各自的相对独立性，组织成员间仍存在竞争，既维持了较高的市场效率，又避免了一体化组织中的僵化失灵而产生的组织费用，充分利用了市场优势，保持了群内企业的内部活力。可以说，产业集群不仅仅是为克服市场和组织失灵而进行的制度安排，而且是有效利用组织和市场双重优势的一种组织创新（田宁、朱道立，2005）。这种组织集中了企业和市场的双重功能，是市场化的组织和组织化的市场，是一种特殊的产业组织形式（李刚，2005）。

企业组织结构的变动必然使组织边界发生前所未有的变化。一方面，企业组织边界从一个企业扩大到整个产业集群。产业集群鼓励群内企业进行专业化的分工与协作，从而在产业集群内形成企业网或产业链，作为大企业纵向一体化组织形式的替代，产业集群代替了企业一部分功能。由于产业集群具有企业和市场的双重属性，发挥企业和市场的双重功能，产业集群的边界和企业的边界因此在某种程度上形成重合。从一定意义上说，产业集群的边界等同于企业的边界，企业的边界就是产业集群的边界；产业集群的范围有多大，企业的边界就有多大；企业的边界随着产业集群的边界变化而变化。另一方面，企业组织边界趋于模糊甚至虚拟化。产业集群是各具有独立法人地位的相关利益主体——机构、企业、中介服务组织——的空间集合。他们之间既有合作，也有竞争。与传统企业组织主要依靠行政隶属关系进行管理不同，产业集群内的各个相关利益主体主要通过长久建立的信任和契约（主要是心理契约）关系进行管理。这样一来，企业对其直属部门的管理主要以行政管理为主，其边界划分非常方便，看得见、摸得着，实实在在，非常清晰、有形；企业对于群内相关协作主体的管理则主要以经济手段、通过信任和契约关系维持，其管理边界则变得看不见、摸不着，比较模糊、虚化。随着产业集群功能的不断完善和产业集群的不断升级，企业将更加专业化，其对群内相关协作主体的依赖程度将不断加深，其内部组织结构也必将发生更大变化，行政功能将不断弱化，企业组织边界将趋向更加模糊、虚拟化。

企业边界变动受到多方面因素的影响。环境因素主要影响企业部门及其职务设计、组织结构总体特征；管理因素主要通过企业战略、组织技术、企业文化对组织边界发生影响；组织结构特征因素通过管理层次、管理幅度、分工形式、关键职能、专业化程度、集权程度、规范化程度、制度化程度、职业化程度、地区分布、人员结构等方面对组织边界产生影响；组织规模与组织生命周期直接相关（易树平等，2005）。企业边界的变动是企业不断适应环境变化而对企业组织结构调整的结果，是技术和经济发展的必然结果。从来就没有一成不变的企业组织，更没有永恒的企业边界。企业边界的变动必须与时俱进，以适应不同的技术和经济发展阶段。只有这样，企业才能生存、发展、壮大。

第二节　转型期中小企业政策文本统计与分析

一、文本的收集与统计分析

（一）文本的收集与选择

在市场经济发展的过程中，国家出台的相关法律、法规，各项政策文本，以及各重大会议的召开，党政机关领导的重要发言，凡是涉及中小企业的部分，均会对中小企业的发展产生或多或少的影响。因此笔者在研究过程的初始阶段就发动学弟学妹们的力量，从网络、报纸、杂志以及书籍中收集党、政府、领导发言、法律等与中小企业发展有关的各项资料。在汇总了部分资料后，发现涉及中小企业发展的内容和数据很零散、庞大，但受研究时间的限制，无法将各资料进行全部系统的汇总。在中小企业生存的外部环境中，政策法律制约和影响着中小企业的运行发展，对中小企业在市场经济中的健康稳定发展起着不可或缺的重要作用。因此，笔者最终选取转型期（1978 年以后）我国已公开发布的针对中小企业的各项政策法规作为研究对象，包括全国人大通过的法律文本，中共中央、国务院及其部门制定的规定、办法、准则以及条例等。

在文本的选择上选取了全国人大通过的六部法律：《中华人民共和国公司法》、《中华人民共和国个人独资企业法》、《中华人民共和国合伙企业法》、《中华人民共和国企业破产法》、《中华人民共和国中外合资经营企业法》以及《中华人民共和国中小企业促进法》，同时包含了对六部法律的历次修改版；收集整理了 121 份转型期国务院及其部门制定的针对中小企业发展的规定、办法、准则以及条例，共计 127 份。

（二）文本统计分析

现将选取的 127 份政策文本进行系统的分析，主要从三个角度着手：

第一，纵向研究，按照这127份文件各自出台的时间进行分类，从整个时间轴的角度，研究国家对中小企业发展的重视程度变化状况。

第二，横向研究，将127份文件整理归类，从发文单位进行分析，主要是哪些部门对中小企业进行扶持。

第三，将各政策文件所发布的侧重内容，按照立法支持、金融政策、财税政策、创新政策、产业政策以及社会化服务政策进行分类统计，从中研究国家对中小企业的扶持程度分布状况。

1. 按时间纵轴顺序统计

将127份政策文本按照颁布的时间进行分类，在转型期的时间发布状况为：1979年1份，1989年4份，1993年1份，1996年1份，1997年1份，1998年6份，1999年7份，2000年6份，2001年5份，2002年3份，2003年5份，2004年7份，2005年4份，2006年10份，2007年6份，2008年10份，2009年12份，2010年14份，2011年13份，2012年10份，截至2013年1月1份。根据这些数据，制作出其时间分布图，如图7-1所示。

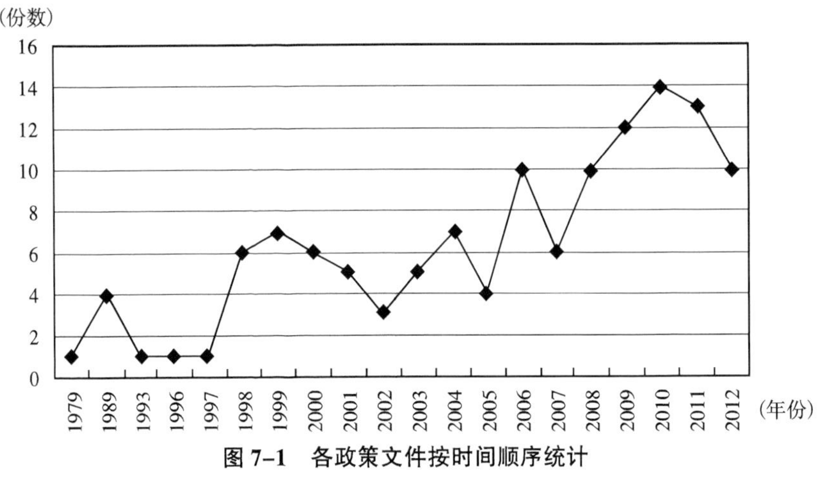

图7-1　各政策文件按时间顺序统计

从图7-1中可以直观地发现，我国对中小企业的政策扶持力度随着时间的推移整体上呈上升趋势，即国家在加大对中小企业的重视程度。同时结合127份文件的发布时间以及发布重点，发现在其纵向发展上有四个特征，具体如下：

（1）先断续后连续。在转型初期，国家对中小企业的扶持力度并不是连贯的，而是断断续续的。1979年仅发布了一部与企业有关的《中华人民共和国中外合资经营企业法》，之后的10年里再无任何相关政策出台，直到1989年才出台了 4 份，随后中断了 3 年，1993 年仅发布 1 份，之后又停滞了 3 年，转型的初始阶段处于摸索磨合状态。自 1996 年起，国家开始连续出台扶持中小企业的相关政策。

（2）整体上升趋势。虽然在转型的初始阶段，政策的出台是断断续续的，但是从整体走势看，国家对中小企业的重视程度却是在逐步加深，呈现明显的上升趋势。

（3）扶持重心逐步扩大。在转型初期，国家出台的政策主要是针对国有企业进行扶持帮助，直到 1998 年开始加大力度扩大范围，针对所有中小企业进行扶持，而不仅局限于国企。

（4）2008 年开始大幅增长。受 2008 年全球经济危机的影响，我国中小企业的发展不可避免地受到了很大程度的挫伤，国家为了保证中小企业的稳健发展，最大程度地降低经济危机所带来的负面冲击，在 2008 年开始大幅出台中小企业相关政策，同时首次出现了有关小型微利企业的政策。

2. 按发文单位统计

将 127 份文件按照各自的发文单位进行统计，其分布状况为：全国人大 6 份，联合发文 45 份，国务院 7 份，国家经贸委 6 份，国家发改委 3 份，财政部 10 份，国税总局 7 份，工业和信息化部 10 份，银行体系 18 份，证券体系 9 份，科技部 2 份，其他 4 份。根据统计数据，制作出政策发文单位的分布图，如图 7-2 所示。

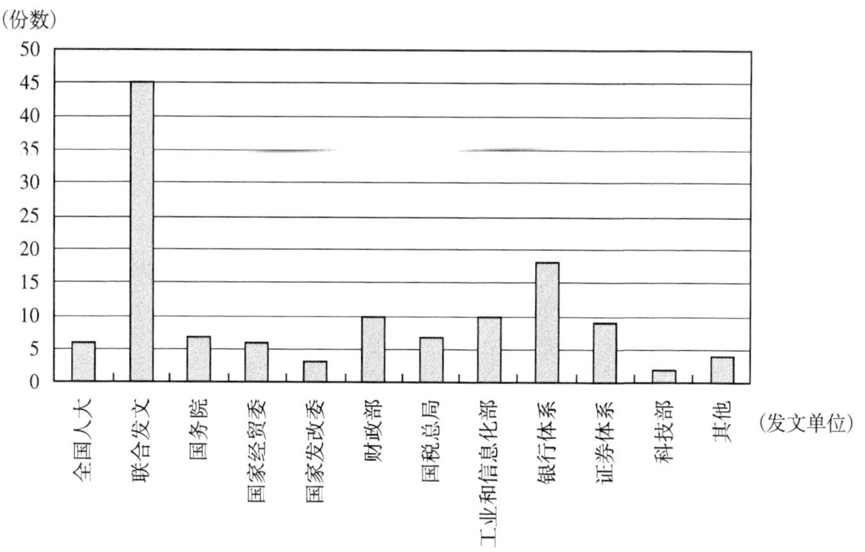

图 7-2　政策发文单位分布图

由于政策的发文单位较多，为了便于统计，将中国银监会、中国人民银行、中国银行、中国农业银行统一划分到银行体系，中国证监会、深圳证券交易所归为政权体系，将仅单独发布 1 份政策文件的单位归到其他类。对 127 份文件进行横向研究，从各自的发文单位看，这些文件有两个特征，具体如下：

（1）发文单位涉及面广而略杂。从选取的文本来看，国家多个部门均为支持中小企业发展提供了帮助，经过统计，可以发现虽然各单位发文个数不一，但不同的发文单位有将近 20 个，涉及范围很广。发文单位中包含了不相隶属的众多部门，无领导机构进行统一发文，所以也显得略杂。

（2）主要为联合发文。从图 7–2 可以很直观地发现，127 份文件中，各发文单位单独行文的个数均不高，绝大多数保持在个位，因此单独的发文单位均不占主导地位。通过统计，联合颁发的文件数最高占 35.4%，各单位在扶持中小企业时主要集中于联合发文的形式。

3. 按政策类型统计

将 127 份文件按照各政策发布的内容进行分类，在已发布的政策文本中，有部分文件的内容具有交叉性，因此对此类文件选取它们的侧重内容进行划分归类，其大体分布状况为：立法支持 9 份、金融政策 65 份、财税政策 22 份、创新政策 7 份、产业政策 11 份以及社会化服务政策 13 份。然后对各类文件按各自占总体的百分比进行分类统计，如图 7–3 所示。

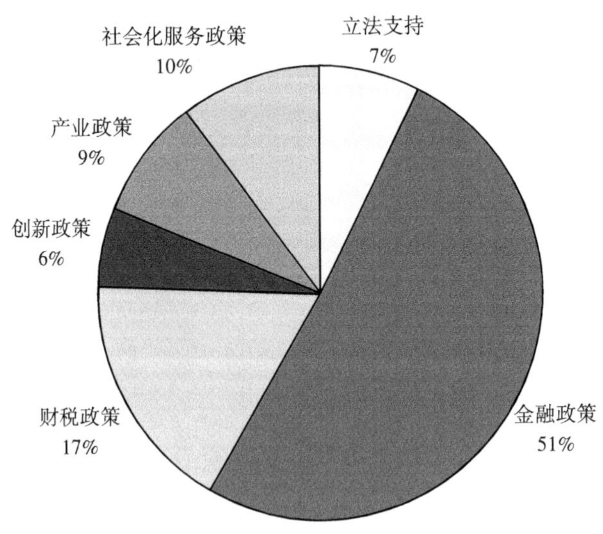

图 7–3　政策分布

根据图 7-3 我们可以直观地发现，各类政策在整体中所占的比例，以及国家对中小企业扶持的重点方向，总体上有两个特征，具体如下：

（1）主要集中在金融方面。中小企业无论是在创业的初期，还是逐步走上正轨，不可避免地都必须与各类资金打交道，尤其是资金周转不灵时，更是急需面对。因此国家出台的扶持政策中，有一半以上（51%）均是针对中小企业的金融扶持方向，重在解决中小企业的投资、融资、信贷、担保等一系列问题。

（2）创新、立法等方面较少，分配比例严重不均。由上述可知，国家对中小企业的金融扶持力度较大，占了所有政策中的 51%，而剩下的五类政策仅占了 49%，各类政策分配相差较大，扶持力度严重不均。单从立法方面看，立法支持的 9 份文件中，有 6 份属于全国人大通过的法律，这 6 份中仅有 1 份是完全意义上针对中小企业颁布的，其余 5 份只是对促进中小企业的发展方面略有涉及。

（三）我国中小企业政策的体系构成

中小企业政策体系是指政府为支持和促进中小企业的发展，而专门制定的公共政策和管理体制，其中包括一系列配套的法律、法规和方针。政策是由国家机关用语言和文字表达观念和信息的外化符号，而不是物质实体，因此从不同的角度出发就存在多种分类方法。可按政策的作用分为全局性和局部性；按政策的稳定性分为基本政策和具体政策；按时限又分为短期政策、中期政策和长期政策；按政策的目标又分为一般性政策和特殊性政策。之所以将政策按照不同的标准进行分类，主要是为了方便从不同的切入点进行研究和论述，但最终结果应该是一致的。

本书在国内学者已有的文献基础上，并结合现有的中小企业政策内容，将中小企业政策体系分为立法支持、金融政策、财税政策、创新政策、产业政策、社会化服务政策六个组成部分。各组成部分的主要内容如下：

（1）立法支持。中小企业的立法支持体系包括由全国人大通过的基本法律，以及关于规范中小企业政策法规条款。有效的法律支持体系一方面能提供基本的法律支持，为中小企业的发展创造公平竞争的环境，起到保护作用；另一方面也通过逐步完善的一系列法律建设，扶持中小企业发展壮大，起到引导作用。

（2）金融政策。中小企业金融政策是指支持中小企业融资的有关政策法规，包括直接融资、间接融资和其他非银行金融机构的融资支持，如政府专项基金、产业投资基金、风险投资基金、政策性银行、商业银行、中小企业金融机构、中小企业投资公司以及二板市场、产权交易、企业债券发行、中小企业融资体系和信用保证体系等的政策措施。

（3）财税政策。中小企业财税政策是指有关中小企业财政补贴、税收优惠、政府采购等政策措施，主要以促进中小企业发展和减轻中小企业社会负担为目的。

（4）创新政策。中小企业创新政策是指促进与扶持中小企业开展各项创新的政策措施，包括技术创新、产品创新、制度创新等。

（5）产业政策。中小企业产业政策是指旨在扶持产业结构调整和提升、产业集群区域经济发展、中小企业经营等的政策措施。

（6）社会化服务政策。中小企业社会服务政策包括机构组织保障，扶持中小企业出口、拓展市场和信息网络、培训辅导、社会化互助、简化行政手续等政策措施。

二、转型期中小企业政策演变研究

（一）我国中小企业政策阶段性演变情况分析

1. 我国中小企业政策演变阶段的划分依据研究

目前，学界较少对我国转型期中小企业政策进行详细的阶段性分析。就已有的文献看，刘震宇（1999）将中小企业政策演变分为三个阶段：①1978~1984 年以“所有制等级序列”为特征的中小企业政策，允许中小企业对市场进行调节，但只能在远离城市的农村对国有企业“拾遗补缺”；②1984~1995 年以“重大轻小”为特征的中小企业政策，中小企业政策分散、滞后，政策整体向国有大中型企业倾斜；③1995~1999 年开始统一整体化，中小企业得以全面发展。谭剑（1999），万兴亚、丁跃（2004），潘峰（2004），魏慧哲、都继萌（2006）均对转型期的中小企业政策进行了简要的阶段分析。学者们对中小企业政策的阶段性研究具有重要的参考意义，然而刘震宇等对其做的阶段性分析缺少近年（2008 年以后）的动态分析。

笔者在本章中从时间纵轴顺序、发文单位以及政策类型三个角度出发，对转型期的 127 份中小企业政策文本进行系统的分析，并从不同角度归纳出中小企业政策在颁布时的某些特征表现。其中，时间纵轴上显现出中小企业政策的出台起初是断断续续继后转变为连续出台，整体上呈现明显的阶段性上升趋势；政策出台缺少一个统一的颁发部门；中小企业的政策扶持内容存在明显的分布不均状况，大部分倾向于金融财税方面。

笔者认为，中小企业政策的制定是一个动态性的过程，我国对中小企业的关注程度由忽视到重视，中小企业政策的发展也经历了从无到有、由不明确到逐步明确的过程。因此笔者在学者们已有的阶段研究和上述政策文本统计分析的基础上，结合已归纳出的中小企业政策出台特征以及转型期间的重大事件（1997 年亚太金融危机和 2008 年全球金融危机），将转型期中小企业政策的演变划分为四个阶段。

2. 第一阶段（1978~1983 年）

1979 年作为我国改革开放重要的一年，中央出台了一系列政策重新将中小企业带入历史的舞台。国家在这个时期鼓励多种所有制经济共同发展，并且尽量修正"大跃进"时期对工业的破坏，采取了一系列有效的行政措施。

第一，对中小企业的资本进行重组，采取更加灵活的股份制，培养企业对市场的敏感性，增加经营者对企业的责任感，从而使得企业在扩张生产规模、融资等方面得到了增强。

第二，改革企业内部管理机构，精简组织部门，最大程度地减小企业的负担，使其在发展的道路上可以更快地吸收人才，不被繁冗的组织机构拖累，使得企业的灵活性进一步提高。

第三，将固定工资改为浮动工资，激活工人的劳动性。

在这一阶段，我国中小企业只能在不与国营企业争夺原料的前提下，同时国营企业又无法完全涉及的领域进行"拾遗补缺"，起补充公有经济的作用。虽然此阶段经济发展按照所有制的等级进行分类，非公有制的中小企业在政策上会被歧视和限制，无法与国有经济享受同等待遇，但是在这个阶段中我国突破了单一的公有制经济体制，使中小企业获得了合法存在的基本权利。中小企业在改革开放初期，灵活地利用自身的优势，跟随着国家大的发展方向而走上正确的道路，国家工业化改革开始走上由"重"变"轻"的道路，在工业上国家提出"轻工业六优先"的指导方针，使得中小企业在轻工业领域得到了前所未有的发展，在农业上众多乡镇企业的成立大大刺激了经济复苏，国家对农业承包制政策的巩固，也使得乡镇企业走在了众多中小企业的前端，城市中个体户的出现，对城市的迅速发展提供了有效的动力。对于大部分中小企业而言，在本阶段最有利的发展环境还是改革开放的春风，这对中华大地上经济的新一轮复苏有着不可磨灭的作用。

3. 第二阶段（1984~1996 年）

1984 年中共十二届三中全会提出《关于经济体制改革的决定》，逐渐由改革初期按照所有制等级发展经济转变为按照企业的规模大小来引导经济的发展，以大中型企业为核心，围绕这一中心实施改革，加大政策扶持力度。

在中共十四届三中全会上，提出一般小型国有企业可以进行承包制，也可以进行股份制改革，中小企业在市场经济面前有了公平对话的机会，使得个人可以对一些不曾对私人开放的领域进行投资。在中共十五届五中全会提出，放开对中小企业经营的管制，对适用中小企业的经济政策适当放宽，并依据不同情况，对不同类型的中小企业，采用改组、兼并、股份合作制、租赁、承包经营和出售等各类形式，在政策上给予扶持，从侧面加速中国国有中小企业的发展，提高中小企业的竞争力，使其更好地面对市场的淘汰机制，促使其改革步伐向好的方向稳步发展。在政策的扶持作用下，乡镇企业在整个国民经济中逐渐显现出它的重要地位，形成了“三分天下有其一”的形势。

在此期间，随着国门的开放，国外的资金也对国内中小企业出现的变化表现出了浓厚的兴趣，很多有远见的外国人和华侨，对中国新生经济的关注，使得“三资”中小企业在我国得到蓬勃发展，这与国家“在加大对经济体制改革力度的同时，也加速了对外经济开放的步伐”的大的方针是分不开的。

从总体上看，1997 年以前我国政府的重心在国有企业、大中型企业的身上，长期以来推行的都是扶持此类企业的经济政策，而对中小企业的发展大体上处于放任甚至是歧视或者限制的状态。

4. 第三阶段（1997~2007 年）

1997 年亚太金融危机对我国经济发展产生了较大的冲击，中国政府为保护国内经济体制改革成果，采取了宽松的货币政策和温和的财政政策，对中小企业而言，这次金融危机使得西方国家经济持续恶化，对亚太产业的控制力也持续降低，这给了中国中小企业发展的历史性契机，危机背后意味着机遇。在这次金融危机中，中小企业快速反应，牢牢抓住机遇，尤其密切关注国家拉动内需的政策机会以及由危机造成的国际产业转移的机遇。

1997 年中共十五大召开，明确提出了其他所有制形式的合法性，在会上提出了对中小企业继续实行“抓大放小”的方针，使中小企业在面临世界经济冲击的时候有了更多的后盾，在经过中央的认可后，中小企业的社会支持服务体系也逐步完善，进一步确立中小企业在国家经济体系内的地位，随着培训人才、融资、技术联合开发、信息服务等社会保障体系的完善，中小企业对市场的影响力进一步扩大，加之一系列优惠政策的出台，对中小企业在 1997 年金融风暴时的坚韧也有了很大帮助，在保持自己独立特色的同时，牢牢控制住人才、市场、资金的命脉。1998 年中共第九届全国人大一次会议提出继续“抓大放小”，并且从 1998 年开始陆续出台针对中小企业的各项扶持政策，加大中小型企业的改革力度。1999 年中共第九届全国人大二次会议修改宪法，明确了中小企业的政治地位，为中小企业提供法律保障，更好地促进了中小企业的发展。在宪法和政策认同中小企业的同时，随着国家机构的改革，在进一步确立了国家经贸委从宏观上指导中小企业局发展规划的职能后，成立了专门指导中小企业发展改革的中小企业司。

国际上大批西方经济体从亚太地区的撤资，中国宽松的财政融资政策，给中小企业开拓亚太海外市场带来强有力的支持，迅速抢占国际产业空白区域，使得一部分资金比较充裕的中小企业迅速得到成长。

国内虽然在金融危机中出口企业的贸易额受到严重影响，但是国家出台的相应的政策保护措施，在夹缝中给企业留下了巨大的机遇。金融危机后，面对国家急需拉动内需的政策支持，众多出口贸易企业转而开拓国内市场，迎合合理的产业改革，适应新的市场发展环境，进而借助国家大的政策方向的支持完成企业蜕变。

5. 第四阶段（2008 年至今）

中国加入 WTO 之后，中国社会主义经济体制改革在各个领域都可以见到，在中小企业的发展与规划上，国家在面对来自世界各国的挑战的同时，不遗余力地支持中小企业的发展，再以较小的代价平安度过全球经济危机，我国经济体制改革的成绩有目共睹。

在这个阶段，国家出台了《关于中小企业信用担保体系建设有关工作的通知》，加强对中小企业融资的支持，使其在次贷危机的冲击下有足够的周转资金，促使企业在转型的同时带动金融行业的活性，进而扩大内需，将国内中小企业所在行业的执行力提升到国家执行力的层面，提升实业经济体的市场竞争力，在面对金融风暴时，国家对大部分中小企业的财税问题实行宽松政策，在财政部、工信部关于印发《中小企业发展专项资金管理办法》的通知中，政策逐步倾向对中小企业潜力发展的挖掘，使其更加适合面对国际金融市场的冲击。

王岐山曾表示，面对世界经济环境不景气、市场总需求量下降的外部环境，要加快转变外贸发展方式，提高国际竞争力，这是克服金融危机的根本出路。在保持外贸政策稳定性和连续性的同时，要确实减轻进出口企业的赋税负担，加大对有订单、有效益出口企业的金融支持，特别要重视解决中小出口企业的困难。

在金融政策方面，国家降低企业税收和银行贷款利率；支持中小企业发展，增加就业岗位。稳定国内经济市场的稳定，逐步对中小企业进行产业结构改革，合理地利用区域经济带动大局经济的作用。此间的财税政策更加倾向于对中小企业信贷的支持，以保持中小企业发展的稳定性。我国对中小企业的政策扶持力度和扶持范围在逐渐加大，同时不断进行完善。

（二）我国中小企业政策演变的背景

在已有的研究中，学者们在针对中小企业政策的阶段性分析时，缺少对这些阶段中小企业政策的背景原因分析，大多停留在对政策的现象及产生结果的描述。笔者认为，在不同的时间段，国家出台不同的扶持政策，制定不同的扶持重心政策，均与当时所处的时代背景有关，同时受路径依赖的影响，各阶段的政策之间存在相互衔接性和渐进性，而不是大刀阔斧地跳跃式发展。在我国中小企业发展过程中制定合理政策的时候，不仅要对政策的直接影响结果进行考察，还要对其长远的效应做出判断，在依据路径依赖的调整过程中，及时发现路径偏差并对其进行调整。在处理重大改革方案时，路径依赖的重要性得以具体展现，例如在改革开放初期，我们认识到依据之前的路径继续重点发展重工业已经不能对国内经济进行合理改造，因此转而重视更具灵活性的中小型企业的发展。

1. 第一阶段背景（1978~1984 年）

新中国成立初期，百废待兴，国内大部分经济体面临着巨大的困难，在那个由国有大型企业为主导地位的计划经济时代，小企业的发展受到了巨大的限制，为了国民经济的发展，国家主要支持国有大型企业的发展，对中小型企业的发展并没有过多地关注，但是在“一五”时期，对生产关系的改革，促进了合理的社会主义改造，给我国中小企业提供了一个温和的发展环境。但经历“文革”的动荡后，中国经济发展缓慢，很多行业陷入泥潭，我国急需将工作重心从政治斗争转移到经济建设上。

然而我国长期以来实施的是计划经济体制，扶持着公有制企业，再加上经济恢复初期离不开国家的积极引导，也需要国有企业起到带头作用。“文革”之后，大量技术人员流失，生产材料短缺，给企业的发展带来较大的阻力，我们意识到经济的恢复使得国家必须集中力量，利用有限的资源对重点企业进行优先发展，合理地整合资源。中小企业规模小，在交通不发达、信息流通不畅的年代，自身的局限与不足也使中小企业在转型初期无法立马显现出它的重要作用。因此，受路径依赖的影响，转型初期我国将继续延续前期的主要方式，把经济的发展扶持重心放在国有企业上，对企业按照所有制进行等级划分。

在经济发展过程中，国有企业无法将触角伸到各个方面，在某些方面会存在因顾及不到而产生的不足，因此在这一阶段我国同样承认非公有制经济的存在。政府的努力给中小企业的生存带来新的希望，为了人民群众生活的便利，使其可以更好地为社会服务，充实市场的多样性，允许非公有制的中小企业在不抢夺资源的前提下，在国有企业无法完全涉及的领域进行“拾遗补缺”。转型初期的中小企业虽然在行业发展上受到了一定程度的限制和歧视，但是却获得了存在的最基本权利。国家出台《对城镇中小企业改革措施的监管条例》，在此明确提出对中小企业的扶持，激活区域经济的活力，促使城乡结合部的经济先一步发展。1978年中共十一届三中全会提出了实行改革开放的重大决策。在这个阶段，中国经济迅猛发展，在世界经济体内的地位也变得举足轻重，国家政策明确提出大力发展经济，在这个背景下，国家经济的发展重点在东部沿海地区，大批私营经济体蓬勃发展，中小企业在时代的潮流中迅速崛起。

2. 第二阶段背景（1985~1996 年）

在第二阶段，我国在经济发展上转变了所有制的等级划分，转而以企业的规模大小作为划分依据。改革开放作为国家重要的发展方针，对非公有制企业的生存有一定的帮助，但是由于长久以来政策倾向都是重视公有制经济，即使是转变划分依据，以企业规模大小作标准，我国在政策扶持力度上仍然习惯以国有大中型企业为中心。在短时间内并不能立刻改变这一习惯，在与国际金融市场接触的过程中，国家认识到中小企业在国民经济中的地位，开始对中小型企业进行有计划有步骤的改革。

第一阶段党中央、国务院批准福建广东在对外经济活动中实行“特殊政策，灵活措施”，同时决定在深圳、珠海、厦门、汕头试办经济特区。之后又进一步开放了 14 个港口城市，作为吸收整合国外投资资金、学习世界先进技术和优秀经营管理方法的窗口。在这期间围绕经济特区发展的新型中小企业，都有着对世界市场的敏感投资理念，确立了最早一批实业型中小企业的发展基础，合理的政策方针加之开放的投资环境，促使东部沿海地区的中小企业在国内处于领先地位。第一阶段取得的改革开放成果促使国家对经济发展采取“抓人放小”的正确方针，保持中小企业发展的自由性，进一步抓紧对国内市场的管控，经过改革开放多年的努力，中国国内的市场经济逐渐成熟，形成了一套自己的管理发展方针。

3. 第三阶段背景（1997~2007 年）

尽管我国在第一阶段、第二阶段逐渐采取了一定的措施扶持中小企业的发展，但同国有企业特别是国有大中型企业相比，我们可以比较清晰地发现我国对中小企业的态度整体上是处于一种忽视的状态，管理松散。

第三阶段初期亚太金融危机的爆发，严重冲击了亚太金融，而中国香港在这场资本对战的过程中，对国际炒家的阻击体现了中国政府的强有力经济政策。

1997 年《中华人民共和国合伙企业法》的出台对很多中小企业而言是一个关键的转折，使得大部分在改革开放初期从事对外贸易的企业，将经营重心放在国内，政府对拉动内需不遗余力，使得在亚太金融危机中，中小企业受到来自国际金融市场的冲击降低。此次危机，中小企业灵活专业的特点在金融危机中起到了重要作用，国家充分认识到中小企业在市场经济中的作用，政府及时对改革路线进行纠正，转变在第一阶段、第二阶段忽视中小企业的态度，开始强有力地加大对中小企业的政策扶持力度，进一步确立了扩大内需、减少对外依赖、及时从路径依赖上纠正经济体制改革的方向。中小企业在此阶段已经显现出自身在国民经济中占有重要的地位，中小企业开始正式走上市场经济的舞台，但是受前期政策惯性的影响，政府依然习惯性地在金融和财税方面对中小企业进行重点管理，对其他方面如社会服务系统并不关注。

在本阶段我国经历了亚太金融危机，加入了 WTO，承受住了一系列的考验。世贸组织很多规章制度与国内有着很大不同，加入初期国家对相应的世贸优惠条款进行修改，同时督促中小企业合理利用自身优势更快地适应世界经济体制，制定出相应的扶持政策。中国经济改革的成效有目共睹，中国式改革显现出它的成功性，国家的经济发展使得中小企业在国际市场也占得先机，借助周边沿海经济特区的优势，结合自身产业链，形成了一整套对内对外的营销策略。

加入 WTO 要求公共政策执行与 WTO 主要原则相契合。与非歧视原则及公正性原则相契合。非歧视原则是 WTO 原则体系中一项最基本的原则，它的精义在于：要求缔约双方在实施某种优惠和限制措施时，不要对缔约对方实施歧视待遇。非歧视原则实际上包含着最惠国待遇原则、国民待遇原则、关税减让原则等具体原则，它的基本精神在这些具体原则中得到体现。

政策执行中的经济手段，是指运用一系列与价值相关的经济利益范畴作为经济杠杆来组织调节和影响社会经济活动，促进政策的实施。加入 WTO 要求公共政策的决策者和执行者更多地树立与市场经济相适应的思想观念，WTO 以市场经济为基础，要求政府行为必须以实现市场经济体制为目标，在政策的具体执行过程当中更多地发挥经济方式的作用。经济方式主要有财政手段和货币金融手段，财政手段又包括预算、税收、公债、政府投资、政府购买、财政补贴等政策工具，货币金融手段则包括利率、汇率、存款准备率、再贴现率、公开市场操作和信贷规模控制等政策工具，此外还有价格管制、工资管制等。

经济方式的特点，首先表现为利益性，以物质利益调动人们参与政策执行的积极性。其次表现为调节性，通过利益奖惩促进政策的积极执行，改进执行过程中的失误。最后表现为间接性，政策执行本身是一种政治行为，而不是经济行为，经济手段只对政策执行起间接调控的作用。经济手段的核心在于贯彻物质利益原则，在政策实施中运用经济手段来调整各方面的经济利益关系，有利于调动人们执行政策的积极性和主动性，从而增强政策的效力。

近几年我国的政策实践表明，在政策实施中只有按客观经济规律办事，运用经济手段来协调各方面的经济利益，激励社会各方面从自身利益和国家意志、社会整体利益上寻求一致，才能最经济有效地实施政策，促进政策目标的实现。中国式改革显现出它的成功性，国家的经济发展使得中小企业在国际市场也占得先机，借助周边沿海经济特区的优势结合自身产业链，形成了对内对外的一整套营销策略。

4. 第四阶段背景（2008 年至今）

经历多年发展后，很多中小型企业发展成可以与国有企业比肩的大型企业，每天都有新的中小型企业成立，整个中国市场经济充满了活力，中国经济的快速增长离不开中小企业的贡献。国家政策在对中小企业的发展改革道路上起到了至关重要的作用。

我国成功度过了 2008 年全球金融危机的冲击，再次证明了中国渐进式改革存在的合理性与成功性。但是不得不承认的是，此次危机对国内中小企业的冲击很严重，在诸多不利情况下众多中小企业倒闭，中小企业产业机构的弊端也显现出来，自身质素不高、技术创新不足是中小企业面临的又一重大挑战。我国中小企业的快速发展主要是以低技术水平和外延扩张为特征，生产技术和装备水平都比较落后。中小企业的技术创新严重不足，技术创新能力与水平不够，技术创新存在的障碍与问题较多，成为中小企业进一步发展的重要“瓶颈”。综合而言，我国中小企业技术创新主要在下列两方面存在明显的不足：一是中小企业技术创新所需资金严重不足。资金不足严重制约中小企业的技术创新，造成资金紧张的最重要原因是融资渠道不畅。此外，政府对中小企业的财政支持不足也是造成中小企业技术创新资金紧张的重要原因。二是中小企业缺乏技术创新所需的技术、设备、人才、信息。大部分中小企业在技术、设备、人才、信息等方面不具备优势，严重制约企业的技术创新。政府认识到仅仅依靠金融财税政策不能使其健康发展，而要全方面地从科技创新、产业扶持、社会化服务等方面对其发展进行长期指导。

缺乏比较有效的法律保护是中小企业面临的又一生存性问题。健全的立法是中小企业稳定发展的基本保障。以美国为例，美国目前有 50 多部专项法律构成中小企业法律体系，保证了美国中小企业的健康发展。但是，中国中小企业的生存与发展一直缺乏比较有效的法律保护。尽管近年来我国已经出台了《中华人民共和国公司法》、《中华人民共和国合伙企业法》、《中华人民共和国个人独资企业法》、《中华人民共和国乡镇企业法》等法律法规，但都是从不同的法律侧面对中小企业加以规定。

现在国家对中小企业发展已经初步形成一套金融政策体系、财税政策体系、科技创新政策体系、产业发展体系、社会化服务体系，基于合理的路径依赖分析，国家在制定相应的政策方针时，多次及时改变扶持范畴，对中小企业的发展保驾护航，在当今市场经济的大环境下，中国合理的对内发展政策，使得各领域的经济都在稳步增长，改革开放后多年，中国经济一直保持着高速增长，在对外贸易中占得重要地位，外汇储备稳定，中国发展模式已经成为世界话题。

三、我国中小企业政策演变趋势分析与建议

（一）我国中小企业政策演变趋势分析

在中共的领导以及全国各族人民的不懈努力之下，我国的经济历经半个多世纪有了显著的进步和提升，中国作为世界重要的经济体之一，在国际上扮演着越来越重要的角色。对中小企业而言，国家政策的演变对其发展有着重要的意义，在其成长的过程中，有着举足轻重的地位，笔者有理由相信，在不久的将来，我们中华民族伟大复兴的“中国梦”即将实现，而中小企业在未来经济市场中的地位，也会更加重要。

一个合理的政策的出台，对一个行业而言是规划未来的标尺，对一个企业而言是未来发展的风向标，是对企业生存的考验，也是企业获得新的发展机遇的契机。对经济政策的研究是企业发展道路有效的参考依据。

对一个发展中国家而言，未来存在着更多未知风险，对具有中国社会主义特色的独特经济体而言，规避风险最好的参考就是自己的历史，就是自己政策的时效性。通过路径依赖的方法由前文对我国中小企业政策历史发展的研究可得出，我国中小企业的政策正逐渐完善，企业发展逐步有了明确的指向，遵循市场合理性规律有了明显的提升，我国中小企业的发展离不开完善的政策体系。经过前文的阐述，笔者对我国中小企业政策的发展趋势有了较清晰的了解，并对其未来的方向进行了大体的预测分析。

1. 立法支持预测

有效的法律支持体系一方面能提供基本的法律支持，为中小企业的发展创造

公平竞争的环境，起到保护作用；另一方面也通过一系列逐步完善的法律建设，扶持中小企业发展壮大，起到引导作用。

立法乃国之根本，古语有云“无规矩不成方圆”。一个国家要发展必须有一套适合自己国家发展的立法体系，同样企业要发展也要有立法支持，不然就会出现名不正则言不顺的局面，《中华人民共和国中小企业促进法》的出台，对中小企业而言是非常重要的一步，国家通过立法支持，使得中小企业经济发展迈入飞速发展的阶段，可见立法的重要性。

现在中小企业分布在各个行业，参与国家不同领域的建设，立法支持在未来必将对其发展起到至关重要的作用，为企业跨领域跨行业发展正名。

由前文的分析可得出，立法支持在近几年出台的政策中仅仅占了很小一部分，但却起到了掌管其命脉的作用，没有立法的支持，中小企业则无法在社会生存。

从近几年颁布的中小企业立法方面的政策来分析，作为企业根基存在的法律法规，在未来的社会主义建设中，国家将逐步放宽对中小企业经营的管制。

进一步扩大中小企业的规模，对中小企业开拓多元化市场的要求会进一步降低，以便企业得到更好地提升空间，可以更好地整合行业内的资源。

2. 金融政策预测

市场经济的竞争性，使得企业在发展的过程中不可避免地面临经济的困境，各类金融政策的出台为企业发展稳定了最重要的一环，近几年国家对中小企业的金融类政策的制定有了更好的规范，为企业在面临融资等困境的时候提供了及时的帮助，使得企业不管是在发展初期资金短缺时，还是经营失败融资困难时，都可以在国家的支持下得到帮助。

加入 WTO 之后对国内企业有着一定的冲击，但是国家出台了一系列强有力的金融政策，给中小企业很大的缓冲，使得企业在更好地向国际企业学习的同时少交了很多“学费”，市场的优胜劣汰是严酷的，但是国家的扶持型政策是柔和的，对坚持在胜利与失败边缘的企业，国家给予了大量的优惠政策。

未来我国金融市场必将更加稳定，法律规范也必将趋于完善，国家也必将给予中小企业的发展更加宽厚的待遇，目前中小企业面临的融资等问题，也会渐渐得到解决。在中小企业信贷问题上，类似《中小企业信用担保资金管理办法》的法律法规也会越来越多，作为企业经营的根本，得到国家政策的支持，对企业经营的长久发展有着重要意义。

3. 财税政策预测

一个国家的发展需要税收支持，而对于中小型企业而言，过重的赋税会对其发展产生遏制作用，甚至会严重影响其发展，国家为使中小企业更好地成长，更迅速地适应市场环境，采取了一系列措施保护发展中的中小企业的资金链稳定，减轻中小企业的社会负担，以便中小企业获得更好的发展前景。

税收是国家重要的财政收入，政府可以制定税收优惠的政策，足可见到国家发展中小企业的决心，对于有潜力、有实力的中小型企业，国家更是将其作为重点扶持对象，使其在面对市场竞争中可以更好地转换角色，从被动接受压力，变为主动迎接压力。

4. 创新政策预测

近年来高校与中小企业合作得越来越密切，这对双方都是很有利的措施。合理地利用高校人才科研资源，同时为高校提供就业实习岗位，是中小企业和高校双赢的措施。进一步促进产学研的结合，我国也将继续颁布政策提高企业的自主技术研发能力，为中小企业的创新提供必要的技术支持。中小企业作为目前科技创新政策执行中的主要成员，运用一系列与科技创新相关的经济政策，作为经济杠杆来组织调节和影响社会经济活动，促进对自身有利政策的实施。

5. 产业政策预测

中国中小企业的发展带有明显的地域性，一个地区的中小企业发展规模往往代表了该地区的经济发展程度，一个健康发展的中小企业可以有效地带动周边产业的发展，依托产业链接的多种中小企业集体发展形成了初步的产业集群，在特定的地域内共同发展。

所谓产业集群是指某一特定领域（通常以一个主导产业为主）中，大量产业联系密切的企业以及相关支撑机构在空间上集聚，并形成强劲、持续竞争优势的现象。中小企业的地域性决定了其在产业集群中有着不可替代的作用。

因此国家在制定对中小企业的政策扶持过程中，将会对围绕中小企业形成的产业集群进行重点扶持，以带动整个地区经济的发展。鉴于产业集群的优势，政府会促使同地区的中小企业在改革发展的过程中，向产业集群的方向发展。

6. 社会化服务政策预测

在《中华人民共和国中小企业促进法》中明确规定了建立健全中小企业社会化服务体系的要求。《中华人民共和国中小企业促进法》第四十条、第四十一条指出“国家鼓励各类社会中介机构为中小企业提供创业辅导、企业诊断、信息咨询、市场营销、投资融资、贷款担保、产权交易、技术支持、人才引进、人员培训、对外合作、展览展销和法律咨询等服务”，“鼓励分析机构、大专院校培训中小企业经营管理及生产技术等方面的人员，提高中小企业营销、管理和技术水平”。同时要求“行业的自律性组织应当积极为中小企业服务”。

依据《中华人民共和国中小企业促进法》，在今后的中小企业社会服务体系中，将会出现更多针对中小企业服务的政府机构，同时也会有越来越多的社会咨询、培训机构对中小企业发展、经营理念、人才培养进行指导。

（二）完善我国中小企业政策的政策建议

中小企业在国民经济中的重要性已经日益凸显，在我国，发展中小型企业作为一项长期战略发展任务，对保持国内经济增长、扩大内需、调整产业结构、促进改革发展、惠及民生有着重要作用，依据国内目前的政策体系，国家的中小企业发展规划政策体系已经逐步成型，紧密的政策结构体系对推动中小企业的健康发展发挥了巨大作用，依据政策性质可以分为立法支持、金融政策、财税政策、创新政策、产业政策社会化服务政策。对中小企业实施的政策按照性质大体可分为保护性政策和扶持性政策两类，其中保护性政策认为中小企业是一个弱者的形象，容易被大企业吞并，因此需要对中小企业各方面进行保护；扶持型政策认为中小企业具有较高的成长能力和竞争优势，为了促进中小企业更好地成长，推动经济发展，有必要制定并实施政策来加以扶持。

1. 立法支持

作为发展中小企业的重要手段，立法是支撑我国中小企业健康发展的重要指导方针。2002 年全国人大颁布了《中华人民共和国中小企业促进法》，这部法规的颁布代表着我国中小企业的发展正式进入了规范化和法制化的轨道，从法律上确定了中小企业的地位。使得中小企业的发展有法可依，对发展过程中的诸多问题也提供了清晰的解决方案。但是在很多立法方面，国家对中小企业的支持仍然浮于表面，对其内在问题的解决还不够深刻。

市场份额的占有率是对企业生存的重大考验，国家虽然出台了《中华人民共和国政府采购法》以及《中华人民共和国中小企业促进法》，但是受路径依赖的影响，大部分政府机构在采购相同产品的时候更加倾向于国有大型企业，在很多领域国有企业仍然处于垄断地位，这对国家经济发展多元化是很不利的。例如在水电行业，央企葛洲坝就存在此种现象，近年国家对水电行业的发展采取市场竞争机制，采用公开招标的方式经营，但是在葛洲坝，中水、中建等国有大型企业参与时，政府更加倾向于国企。而一些有实力的非公有制企业，虽有实力，却没有机会参与。因此，在市场经济下，在《中华人民共和国中小企业促进法》的政策基础上，我国需要形成一套比较完善的中小企业政策法律体系，同时也要进一步规范地方各级政府的职责和权力，使各部门、各地区之间能够相互协调发展，促进市场经济“公平、公正、公开”，保证市场主体的多元化、自由竞争。

2. 金融政策

在中小企业的发展过程中，由于企业注册资本小，在面对重要投资机遇的时候往往会遇到融资问题，类似《关于加强和改进对小企业金融服务的指导意见》的政策对中小企业的帮助很大，中小企业在发展初期困难重重，首先面对的就是融资问题，而中小企业在金融机构进行融资贷款时，由于双方信息不对称，会造成贷款金额不足甚至贷款失败，这就导致了中小企业发展困难，因此政府应对符合国家产业规划、具有发展前景的中小企业建立更加完善的信用担保体系，建立针对中小企业的专项基金和风险投资机制，降低中小企业贷款利率，让发展中的中小企业有更多融资机会。

同时在中小企业发展陷入困境的时候，政府应在其发展中占据主导地位，转变政府职能，及时引导中小企业合理进行融资，走出困境。为及时解决中小企业的金融问题，政府可以建立专注解决中小企业问题的职能机构，例如中小企业司的建立就是很成功的典范。在融资方面，应成立相应的政策性银行，集中处理中小企业的信贷业务，从上而下地建立多层次的金融支持体系。为中小企业拓宽融资渠道，引导民间资本向中小企业投资。

3. 财税政策

中国现阶段的财税政策对中小企业而言负担较重，所以国家应进一步对财税制度进行改革，使其更加适应现阶段企业的发展。加大对中小企业优惠税收政策的推行，制定合理的税收税率，为中小企业的发展提供健康的成长环境。

在市场经济体制的前提下，一个企业的发展需要活力，而活力的来源便是经济，过多的税收名目严重遏制了企业的发展，而中小企业往往具有地域性，在一些地方甚至存在一个企业养活一方财政的现象，各种繁杂的税收项目使得很多发展中的中小企业经济链断裂，不得不贷款，而较高的贷款利率使得企业的负担更严重，形成恶性循环。

因此国家应对中小企业的税收政策进行改革，对存在暂时性困难，但是具有较大发展潜力的中小企业给予税收减免，财政优惠政策逐渐向创新型中小企业倾斜，例如技术含量高的企业在购入或租借设备时可减免所得税。同时增加政府补贴的措施，加大对中小企业的政府采购比例，对地方政府乱收费的现象应严厉打击，减少地方政府对中小企业的收费项目，维护中小企业的合法权益。

4. 创新政策

近年国家提倡建设科技创新型企业，中小企业自身的灵活性得以利用，中小企业对科技创新也有着强烈的需求，同时对新科技的利用率也较高，在国内，中小企业在创新科技领域起着重要作用。同时在提升国家科技竞争力、创新能力方面也占据主导地位，有效地促进了经济增长，但是国内的科技创新概念提出时间较短，与之相对应的政策体系也不完善。

在这方面，政府应起到连接学校、科研机构与企业的作用，促使三方进行合作，营造一个健康的合作环境，并且建立专门的政府服务机构，及时让企业实践新的科研成果，同时把企业在实践中获取的经验反馈给科研机构，形成双向循环，促使中小企业的技术发展进入国家战略发展规划。

另外，国家也要注重企业自身的科技创新能力，并且依据国内的市场发展和产业结构帮助企业引进国外的先进技术，提供相应的技术创新基金，增加支持中小企业研究开发的预算，扩大对中小企业的科技开发资助，对引进新技术开发的科研成果，政府应根据国内市场情况进行辅助推广，也可以通过将中小企业创新科技的产品纳入政府采购计划来支持中小企业发展。

5. 产业政策

中小企业经过多年的发展，在各个行业都占有一席之地，但是核心竞争力不够强，在行业中更多的是扮演辅助角色，在区域经济中，中小企业对地域经济的发展虽起到重要作用，但是面对国有大型企业以及跨国企业时，其对技术、产业、经济并不十分敏感。对行业垄断的抵抗力较弱，容易被大型企业吞并。因此在未来制定产业政策时，国家会加强对反垄断的打击力度，保护中小企业在不正当竞争中的合法权益。

从他国的成功经验来看，政府仅仅依靠单纯的保护型政策是无法真正促进中小企业的发展的，因此需要依靠政府推行的扶持型政策来克服中小企业的不足与缺陷。对中小企业的产业发展，政府要进行积极引导，从市场的自发力量出发，主动参与中小企业的产业集群建设，推动中小企业向知识密集型、高科技产业领域发展，提高中小企业在产业转型时的经营环境适应能力，通过招商引资的方式为产业集群化发展铺平道路。

6. 社会化服务政策

面对中小企业“强位弱势”这一状况，除了中小企业需要不断发展外，社会化服务体系的帮助对于广大中小企业来说也不可或缺。一个完善的社会化服务体系应包括政府、行业协会、企业孵化器、企业信息服务机构、管理咨询服务机构、民间机构，全方位服务于中小企业成长、发展、成熟的体系。但如今我国针对中小企业的社会化服务体系仍很不健全。

在我国，面对中小企业的社会化服务体系还没有形成统一、科学的社会化服务引导规范，单个社会化服务组织的实力不强，服务的内容普遍比较单一、服务手段和方式比较落后。虽然，从 2003 年我国开始实行《中华人民共和国中小企业促进法》，其中特别提到了“国家鼓励社会各方面力量，建立健全中小企业服务体系，为中小企业提供服务”，而且一些地区也建立从省到市，甚至到县的社会化服务组织，如各地的生产力促进中心，它们也为当地中小企业的发展做了一些实事，但是与中小企业发展实际需要的服务水平还有很大的差距。一些服务机构，如管理咨询公司、人力资源服务公司等，也从本专业入手，为中小企业提供服务，但总的来说，由于服务模式落后、服务模块缺乏针对性，服务效果还不能令广大中小企业满意。

为此，根据中小企业在创业、发展、成熟、扩张各个阶段的特点与需求，我国需要围绕为中小企业服务的官方、半官方、民间服务机构，建立一套比较完善的社会服务体系，形成以政府官方部门为龙头，半官方机构为骨架，各类商会、协会为桥梁，民间服务中介为依托的全方位构架。返聘退休的专家和专业技术人才为企业的发展提供专业的技术指导和商业咨询，采取脱产、半脱产、中小企业大学和业余培训等多种方式，为企业培养各类专门人才。从多方面着手为中小企业在法律事务、评估、会计、审计、公证、招标、人才市场、人员培训、企业咨询等方面提供全面的服务。

中小企业的地位与作用在法律上的确立仅仅是中小企业政策的开始与基础，随后需要一系列扶持政策，政策的制定往往要根据时代的变化做出相应的修改和修订，注意政策的时效性；政策内容要逐步深化，注意政策的动态性；许多政策之间具有一定的关联性，因此在制定扶持政策时要注重整个中小企业政策体系的统一性。

第八章

江西产业集群政策绩效研究

第一节　赣南脐橙特色产业集群发展情况分析

一、赣南脐橙产业集群的基本概况

（一）赣南脐橙种植面积、产量及分布情况

赣州位于江西南部，包括赣县、寻乌、信丰、安远、瑞金、兴国、龙南等19个县市区，总面积为3.94万平方公里，山地面积高达4560万亩，其中适宜栽种果树的约450万亩，占山地面积的1/10。赣州常年气候温和，雨量充沛，光照充足，昼夜温差大，无霜期长，土壤肥沃，是典型的亚热带丘陵山区湿润季风气候，具备种植柑橘特别是脐橙的优越气候和土壤条件，是我国的橙类适宜区和柑橘优势带。

1. 种植面积及产量

赣南脐橙产业发展40余年，在中央和地方政府的引导和扶持下，取得了丰硕的成果。2013年，赣南脐橙的种植面积达183万亩，产量达150万吨，获得世界区域种植面积第一和产量第三的最好成绩。赣南脐橙的果业面积从2000年开始基本保持增长态势，2005年，赣州市委、市政府做出“把赣南产业集群培植壮大成超百亿元产值的优势产业集群”的战略部署，赣南脐橙种植面积突破100万亩，脐橙产量达36万吨。2008年受特大冰雪灾害的影响，赣南脐橙种植面积有所下降，产量下降幅度巨大，下降率达40%。2008年以后，赣南脐橙种植面积增幅平稳，产量受天气及病虫害影响较大，在上下波动的状态中呈增长趋势发展（见图 8-1）。

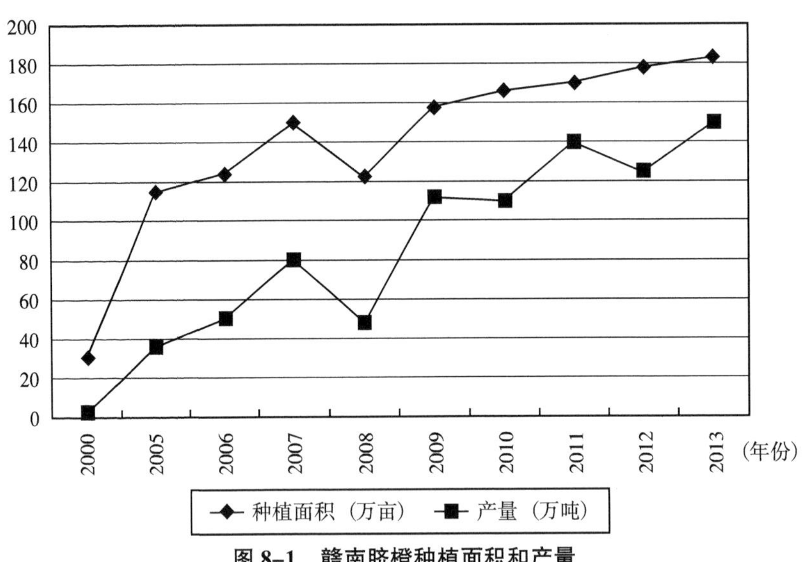

图 8-1　赣南脐橙种植面积和产量

2. 产区分布

据赣州市果业局统计，2013 年底脐橙面积超过 20 万亩的有寻乌、安远、信丰 3 个县；超过 10 万亩的有会昌、宁都、于都、瑞金 4 个县（市）；超过 5 万亩的有兴国、崇义、龙南、赣县、大余 5 个县。其中，2013 年底脐橙产量超过 15 万吨的有寻乌、安远、信丰 3 个县；超过 5 万吨的有宁都、于都、会昌、崇义、瑞金、龙南 6 个县（市）。赣南脐橙产业主要分布在寻乌、安远及信丰三个县，该三县的脐橙种植面积均超过 20 万亩，约占全省脐橙面积的一半（见图 8-2），

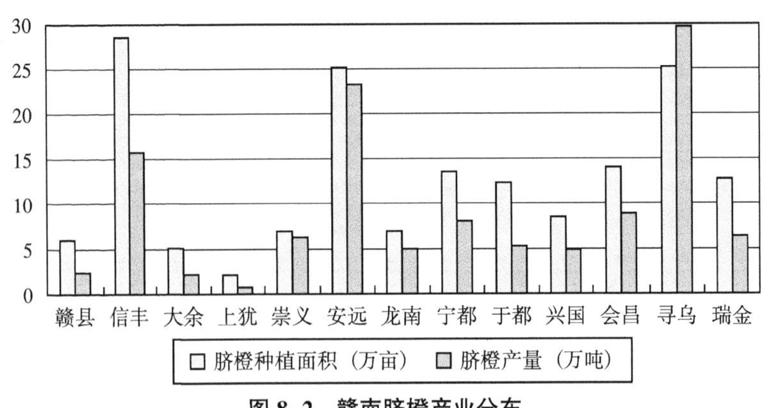

图 8-2　赣南脐橙产业分布

这三个地区均处于赣州南边，具有明显的气候优势和适宜的土壤条件，外加当地政府的大力扶持，基本形成了产业化规模。

（二）赣南脐橙产业集群加工产业链发展情况

目前，赣南脐橙以鲜果销售为主，绝大部分脐橙以初级产品统装、散装方式进行加工，精深加工产品种类不多，规模不大，总体来说，赣南脐橙产业集群的产业链偏短、产业附加值不高。

（1）初级加工。调查发现，赣南脐橙产品的收益集中在“脐橙鲜果—初加工脐橙”产业链，即新鲜脐橙采摘后进入初加工环节，包括清洗、打蜡、分级和包装4个步骤，得到加工后的脐橙。目前，全市建有果品采后初级商品化处理加工销售企业192家，果品分级生产线194条，分级处理能力2295吨/小时；大型贮藏冷库20万吨，简易通风贮藏库56万吨；大中型果品批发市场3个。

（2）深加工。赣南脐橙深加工链主要有“脐橙鲜果—鲜脐橙汁”、“脐橙鲜果—脐橙糕”、“脐橙鲜果—脐橙果醋”、“脐橙鲜果—脐橙果酒”等（见图8-3）。其中鲜脐橙汁和脐橙糕发展得较为成熟，脐橙果醋和脐橙果酒是新型开发的产品，在国际脐橙展销会上有很好的反响。当前赣州有脐橙汁加工企业3家，赣南鲜脐橙汁、脐橙糕等产业延伸产品产生的总价值约2亿元，按照发达国家农产品与深加工产品产值比例1∶5计算，赣南脐橙产业价值将增加80亿元。上述情况表明赣南脐橙产业加工链条非常短，尤其缺乏脐橙浓缩汁（NFC）的生产。

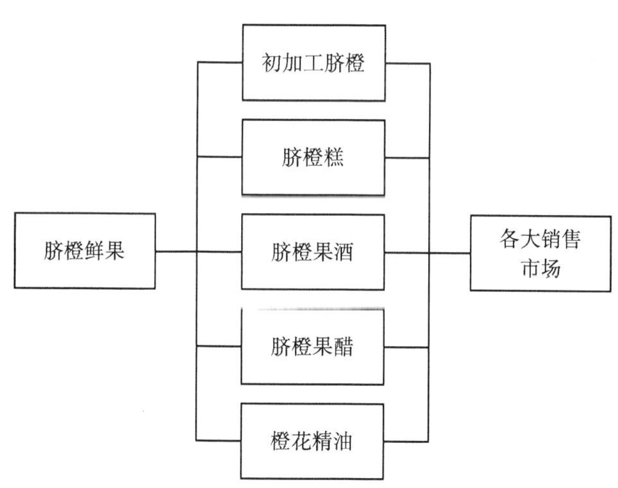

图8-3　赣南脐橙产业集群内的加工产业链

（三）赣南脐橙的销售情况

（1）销售区域。赣南脐橙发展至2004年，主要在省内销售，省外除了北京、上海、广东等地区有售外，其他市场基本由湖北、四川的脐橙占据。地方政府不断开拓市场体系，带领赣南脐橙走进更多的省份，经过4年的不懈努力，赣南脐橙走进了全国318个人口数超30万的城市。2009年，赣州举办了首届中国（赣州）国际脐橙展示展销会，让国内外更多脐橙经销商、加工商认识和了解赣南脐橙。同年，赣州市委、市政府制定了《2009~2011年赣南脐橙销售主攻市场对接任务》，主攻人口数达30万人以上的城市。此外，赣南脐橙还远销中国香港和东南亚等地。

（2）销售价格。伴随脐橙种植规模化扩张后，赣南脐橙的国内价格总体呈下降趋势。据统计，2000年以前，脐橙种植面积不大，产量少，平均价格达7元/千克，2001年接近6.5元/千克，2002年和2003年，脐橙价格维持在6元/千克左右，到2010年，赣南脐橙平均价格为2.6元/千克。2013年上市旺季，赣南脐橙的批发价格约为1.3元/千克，在脐橙供给淡季，零售价约为8元/千克。相比较，国外脐橙如美国新奇士，价格要高出许多，平均价格约为15元/千克。

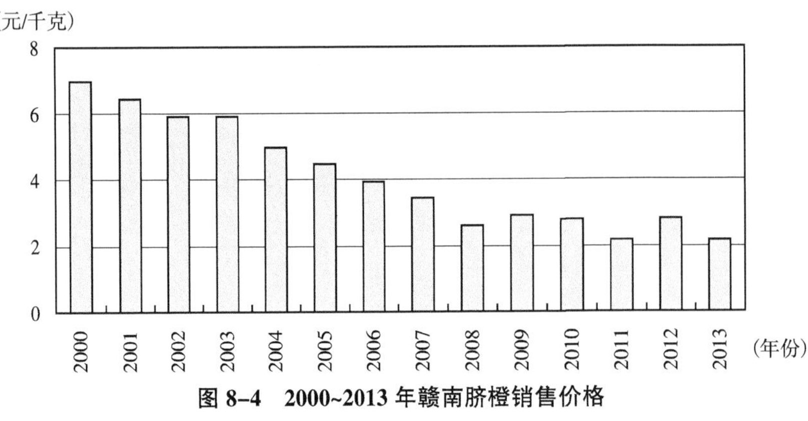

图8-4　2000~2013年赣南脐橙销售价格

（四）赣南脐橙产业集群支撑机构情况

（1）果业局。赣州将脐橙产业作为主导产业来抓，为了促进赣南脐橙产业更好地发展，赣州设立了市果业局，并在各个县市也分别成立果业局，在乡镇设立果技站。果业局的主要职责有：

1）制订果业发展规划和年度计划。

2）为果业生产和发展提供科学管理和技术指导。

3）对苗木进行全程监管。

4）指导和协调果业服务体系的建立。

5）果品市场信息的收集与发布。

6）市场监督与管理。

7）制定行业标准并进行实施和监督。

（2）果业协会与农村专业合作社。为了加强果品企业与脐橙种植户的交流与合作，也基于信息收集成本降低的需要，赣州各市（县）相继成立了果业协会。据民政登记统计，赣州果业协会数 380 个左右，其中专门的脐橙协会约有 20 个。果业协会能够发挥快捷获取市场资讯的优势，借助纸质媒体、广播电视、协会会刊、互联网等各种媒质，及时发布市场信息，同时果业协会通过发挥其凝聚力和辐射力，把更多的果农和果品企业纳入协会管理中来，促进赣南脐橙产业发展水平的提高。另外，为了贯彻落实《中华人民共和国农民专业合作社法》和增强果农的市场竞争力，各地方政府积极争取农业部门合作社支持资金，学习优秀合作社的管理经验，进一步加强和规范该县（市）合作社的自身建设，据工商部门统计，赣州经工商注册的果业专业合作社约 1000 个，覆盖农户达 30%。

果业协会和专业合作组织等中介机构的建立，对赣南脐橙产业的发展有很大的促进作用，尤其表现在大范围提供技术指导、集群内企业信息搜集成本的降低、产业相关培训的推广等方面。果业协会和专业合作组织等中介机构通过不断开拓创新、提高服务能力、增强综合协调作用，充分发挥自身优势，努力助推赣南脐橙产业又好又快地发展。

（3）其他辅助机构。赣南脐橙产业的发展既得益于上述支撑机构的支持，又有如法律部门、金融保险部门、科研及知识产权部门、物流机构等的辅助。法律部门主要为赣南脐橙在供产销环节保护果农、果企、消费者及其相关主体的合法权益，惩罚各相关主体的违法行为（如制造销售染色橙），为赣南脐橙产业的发展提供法律保障。金融保险部门则为脐橙产业链中果农及企业提供资金周转，贯彻执行政府产业政策，为果农种植脐橙提供保险业务。科研及知识产权部门主要对赣南脐橙品种的改进、果苗的培育、果实的贮存等方面提供技术指导，同时为赣南脐橙产业进行知识产权的申请和保护。物流机构的大力发展为赣南脐橙产前农资产品的运输、产后脐橙商品的运输起了关键的作用，尤其是在网络营销日趋普遍的今天，物流企业的发展为脐橙网络销售的顺利实现提供了时间保证（见表 8–1）。

表 8–1　赣南脐橙产业集群支撑机构作用

机构名称	果业局	脐橙协会及农业合作社	其他辅助机构
作用	1. 制订果业规划 2. 提供技术指导 3. 市场监管 4. 信息发布等	1. 信息收集与发布 2. 会员管理与监督 3. 协会发展	1. 物流提供 2. 法律援助 3. 资金提供

二、赣南脐橙产业集群发展中存在的主要问题

（一）丰产不丰收

赣南脐橙呈现大产业、小规模的奇特现象。规模不经济，丰产不丰收。作为一个集群，总体规模很大，排名世界第三，但是，群内生产主体以家庭小规模为主，规模化种植比例偏低。这种生产模式产生了一系列问题。首先是科技服务跟不上，导致脐橙品质无保证。其次是前期政绩导向比较明显。脐橙产业发展呈现明显的粗放型，过分注重脐橙种植的面积、数量，质量观念、效益观念比较差；比较欠缺科学、合理规划，在许多并非宜果山地大面积种植脐橙，从而降低了对自然灾害的抵御程度，加之预警、预防措施不得力，赣州每年在冬至前后有霜冻等因素，挂树果实有不同程度的冻伤。特别是1991年、1999年、2008年三次大冻害给脐橙产业造成重创。最后是品种结构不尽合理，结构单一，采摘期集中。90%以上的脐橙为纽荷尔品种，均为11月开始上市，造成脐橙果品集中上市的现象十分突出，应市期短，有效销售期仅为三个月左右。在盛产期，保鲜、加工、运输等设施、措施难以配套跟上，导致产地价格下跌，极大地影响了种植经济效益。典型的例子有2008年因为自然灾害，16万吨赣南脐橙滞销；加之国际金融危机的影响，致使脐橙价格更加低迷，果农只能鲜果贱卖，导致丰产歉收。在风险分担机制不健全或尚未完全建立的情况下，由此导致的经营风险主要由广大种植户承担，客观上就给期望靠种植脐橙致富的且本来并不富裕的广大农民带来了比较大的风险。产业风险比较大是目前赣南集群无可回避的一个问题。但是，这种现象并没有引起足够的重视。随着脐橙产量的逐年增长，如果没有意识到问题的严重性并提前预防，届时必将出现“果贱伤农”的局面，整个脐橙产业势必受到影响。

（二）物流专业化和社会化水平低

物流专业化和社会化水平低，无法满足实际需要，影响了集群效益的发挥。物流业是社会化和专业化分工的结果。赣州已初步建立起围绕脐橙产业的农村物流体系，但存在许多不足，尚不能适应脐橙产业现代化发展的需要。特别是自给自足的脐橙经营理念和传统粗放的经营模式与专业化的现代物流体系不相容。从物流基础设施看，存在以下问题：

（1）道路网络等级低、质量差。从而导致流通效率低、效益差。

（2）通信网络覆盖密度不足，流通信息服务薄弱。信息渠道不足，直接影响果农对市场的分析和判断，“高价惜售，低价抛售”和外出销售“扎堆”、相互降

价等无序、恶性竞争现象时有发生。

(3) 农资和农产品批发市场建设滞后。与先进国家和地区相比，赣州的农资和农产品批发市场起步较晚，市场规划、交易方式、准入制度等方面的差距就更大。

(4) 物流运输企业规模较小，运输工具运载量小，运输方式单一，大大限制了赣南脐橙物流分销网络的优化构建。

(5) 分销渠道存在多重中介主体，分销环节过于复杂，使脐橙的分销成本提高，效率下降。

除了上述方面外，群内贮藏、包装、加工等物流环节能力也明显不足。

目前，赣州市建有各类贮（冷）藏库 39 个（其中大型贮藏库 9 个），贮藏能力很低，远达不到均衡上市、拉长销售期的要求。目前，只有 60%左右的脐橙果品能进入分级，并且绝大多数还是按重量分级，按外观、肉质分级的极少（只占总产量的 1%）；大部分果品仍然靠人工分选、包装。果品大小、形状色泽差别较大。“统货”、“一树下”直接销售的比例大，外观品质遭受严重影响，从而造成“一流水果，三流包装”的尴尬。由于不同质量等级的果品价格差别较大，而且不同质量等级的同一果品在不同时间上市，其价格差异更大。因此，新鲜赣南脐橙虽然具有一定的价格优势，但在水果的保鲜包装方面，国际竞争力仍很弱。因处置不当而变质损失的脐橙，往往要占脐橙总产量的 23%左右，最终导致果品还未在市场上竞争，就因先掉价而非正常“夭折”。

（三）深加工不发达

脐橙产业链不长，深加工不发达，影响了产品附加值的提升。脐橙产业链大致可以分为提升赣南脐橙品牌价值、脐橙产品的深加工、发展脐橙生态旅游等方面。其中，赣南脐橙品牌价值凸显，脐橙生态旅游基本没有启动，脐橙产品的深加工仍然处于浅层次阶段。

脐橙果品最终消费可以分成三大途径：新鲜水果、橙汁和保健食品，从而形成三大产业链。作为鲜食品种的脐橙已成为赣南脐橙生产中的支柱。目前，赣南脐橙的加工主要是围绕鲜食果品的销售而进行的初级加工，即清洗、消毒、烘干、打蜡、再烘干、分级、包装等环节，但这些环节也仍处于粗放型的低级阶段，销售的也仅仅是鲜果，在整个脐橙加工产业链中，处于附加值最低端。虽然橙汁加工产业方兴未艾，但综观国际国内橙汁加工产业，加工原料多为加工型品种，如哈姆林甜橙及夏橙系列，目前用脐橙果品作为加工原料进行橙汁批量生产的尚无先例。因此，群内脐橙汁加工面临的问题比较多，困难比较大。其中，技术难题是关键，根本出路是解决人才问题。脐橙保健食品的加工则处于起始阶段，尚未形成规模。赣南脐橙要走出一条产品精深加工、延长产业链、提高附加值的发展之路，还将面临许多现实的困难，还要解决一系列与此相关的问题。

（四）产业组织化程度不高

集群内部各利益主体没有形成一个比较合理的利益分配机制，产业组织化程度不高。脐橙生产者的市场组织化程度仍然偏低。从赣南脐橙的种植现状来看，以松散的家庭式生产模式为主，大多数是一家一户种植，生产缺乏组织性和有效的预见性。由于资金、土地、劳动力等因素的制约，大多是几百株到1000株，在生产管理过程中各自为战，导致果品品种不一、品质不一、果品成熟期不一。有些地方虽然出现了农工商联合企业、果业协会或公司加农户的模式，但是存在很多问题。

第一，企业（或公司）、果协、合作社等合作组织给果农提供的服务不到位。“公司+果农”的利益关系不够稳定。由于目前全市龙头企业相对较少，而果农众多，“公司+果农”的稳定利益关系很难建立起来，无法真正做到“利益共享，风险共担”。企业（或公司）在产前、产中的服务中，在新农药、新技术、新材料的应用推广方面具有一定的带动辐射作用，但是在销售环节，企业（或公司）与农户之间存在着联系不紧密、利益分配机制不合理、农户与合作企业进行协商分担风险的意识比较低等问题，以致市场风险主要还是由果农自己承担；更有甚者，产销双方的逐利心理有时还会导致脐橙的生产和销售陷入恶性循环。果业协会和果业合作社是民间组织，但工作仅仅停留在提供培训、技术支持、配套物质服务和发布销售信息，销售网络不多，仓储运输能力弱。在销售方面，很大程度上只是把上门的经销商介绍给农户，未能积极主动参与到销售中去，不能很好地维护农民的利益，因此，多数农户对果业协会这类中介组织的作用还持保留态度。中介组织发挥农户代言人角色和服务农户的作用比较有限。

第二，合同履约率比较低。多数农户有使用书面合约进行自我保护的意识，但感觉合约条款设置过于简单，合约不够规范。农户与企业的合作强度较弱，主要表现在企业给予农户的技术指导不够和缺乏与之沟通交流，导致农户对企业的信任度较低。由于对与企业合作的总体满意度不高，对合作获取的收益、生产过程、与企业员工打交道等情况不尽满意，企业和农户的关系大多停留于单纯的购销关系，而未能发展成紧密的合作关系。利益结合较为松散，导致订单违约现象较为常见。从而导致脐橙生产者不管是在生产阶段，还是在产品的销售阶段基本上是各自为政，没有做到信息共享，没有形成合作伙伴。结果，一方面导致脐橙生产者在农用品的购买上成本较高；另一方面导致销售环节投入了更多的人力、财力，而进入市场的能力却仍然偏低。

由于缺乏核心主体，各环节结构松散、稳定性差，没有形成稳定的合作伙伴关系，脐橙生产者、果品公司、经纪人、批发商、零售商之间的交易多为随机的、偶然的、一次性的市场行为。各环节只是从自身利益暂时最大化出发，很少遵守协议、诺言，而且还时常发生欺诈行为。

第三，没有形成合理的利益分配机制。在脐橙产业各环节，由于参与者的地位的不一致，导致了利益分配的不合理。当前，脐橙经纪人、果品公司、批发商收益较大，而农户、零售商收益较少。利益分配得不合理，影响各参与者对合作的积极性和信心，从而影响到合作关系的稳定和发展。

（五）生态环境趋向恶化

水土流失比较严重，生态环境趋向恶化。现在，国际上掀起了“绿色”、“无公害”的消费热潮，但是，赣南脐橙特色产业集群这方面仍然停留在示范引导阶段。由于没有处理好规划开发与环境保护的关系，果园建设虽然强调要保护生态，但是实际上都是对原有地形地貌的破坏。“染色橙”事件发生后，赣州认识到赣南的山水是不可复制的资源，更是脐橙优良品质的坚实基础，只有打好生态牌，抓好绿色生产，才能突出重围。为此，在果业发展源头上就要注重绿色规划，严把建园质量关，赣州市各县（市）规定开发果园时必须做到“山顶戴帽”，即在山顶留下一些树木，但这个帽子要多大，并无规定，因此，在实际工作中，情况千差万别，有的只是象征性地留下几棵。有不少山头打出一排排条带以后长期不种苗木，有的虽然种上了苗木，但没有即时采取措施防止水土流失；在机械打条带的情况下山上水土流失现象更严重，看上去像炸了山似的，一场雨下来，表层水土流失非常严重。这些已经成为群内的一个普遍性的问题。从生态效益来讲，大面积山地种植，如果引导不当，势必引发水土流失问题，可能导致生态环境的恶化。

（六）集群对政府依赖性太强

集群对政府依赖性太强，严重影响其健康发展。据了解，由于县与县之间发展不平衡，部分县（市）在取消农业税和市里将资金扶持从开发转向营销后，对脐橙产业发展的人力、物力、财力投入下降，各方力量投入开发的积极性受到较大影响，加上县、乡各级人员变动以及资金扶持重点调整的影响，有些县（市）工作力度不大、各地开发进度较为迟缓。此外，脐橙开发种植的前期投入非常大，政府的资金扶持有限，而果农从金融机构贷款难、数额小、时限短的问题非常普遍，于是造成了投入不足，制约着产业的发展。同时，缺乏人才也是制约赣南脐橙产业发展的一个因素，据悉，虽然市（县）果业局都增设了市场科，但因为没有增加人员编制，只得从内部调整种植技术人员从事市场营销工作，相关人才缺乏相关知识经验，力不从心，从而影响了工作的效率和效益。总之，集群形成是政府强力扶持的结果，其超常规发展也主要得益于政府的强力扶持，政府作用成为集群发展过程中的关键性因素，形成了典型的路径依赖，不利于集群的健康发展。

三、赣南脐橙特色产业集群可持续发展的政策建议

（一）用绿色、生态理念建设集群

用绿色、生态理念建设集群，确保集群具有良好的生态环境，使其核心竞争力具有可持续性。赣南脐橙的核心竞争力就是其无可复制的自然资源禀赋，因此，必须把绿色、生态放到战略高度予以重视，千方百计采取各种措施确保这种优势不被破坏。这就要求在与集群相关的事前、事中、事后的每个环节都要采取各种措施确保绿色、生态的实施。

第一，在园区建设前，必须加强规划，贯彻绿色、生态理念。凡是不符合绿色、生态理念的园区建设一律不予批准；不经规划，不得擅自开发果园，未经林业果业、水土保持等职能部门审定的规划，不得付诸实施；凡是达到一定规模的连片规划，必须形成作业控制详图，做到“山腰当年开发，当年种果种草”，减少水土流失。

第二，在园区建设中，坚持生态开发，进一步强化、细化既有标准，使之更加科学，增强可操作性。如将“山顶戴帽”的原则规定进一步量化、细化，从而真正确保园区建设中将水土流失减低到最低限度，使“山顶戴帽”、山腰隔离带林、山脚防护林和涵养水源林一体的生态保护体系真正落到实处。在具体建设中，必须注意凡属坡耕地果园都应实施水土保持工程技术，将坡地改造成梯地，防止水土流失，同时拦蓄地面径流，提高土壤抗旱能力，提高果园地力等级等。必须改变利用垃圾作为果园改土基质的不良习惯，严禁把生活垃圾运进果园。新建果园在果树封行前，可间种花生、大豆等经济作物，或绿肥、牧草等。既能覆盖地面、减弱雨水冲刷、改良培肥土壤，又可增加收入。果园封行后，春夏可任土面生草形成生物覆盖，与果树形成生物互利系统，当草茂密后喷施除草剂，草枯死后自然覆盖在土面上。要积极推广“猪—沼—果”等生态农业模式，利用人畜粪便产生的沼气作燃料和照明，利用沼液、沼渣肥果，从而多层次利用

和开发自然资源，形成循环经济体系，提高经济效益，改善生态环境。在果树维护、果实生长过程中，严格按照无公害生产技术规程操作。为了解决这个问题，应该十分注重引进生产脐橙专用的无公害农药、生物农药、生物肥料及有机配方肥的企业。

与此同时，积极示范，加大无公害食品、绿色食品、有机食品、欧盟食品认证及其标准化基地建设力度，全面提高赣南脐橙的果品质量。积极创建标准化赣南脐橙园，推进赣南脐橙品牌建设。积极开展欧盟良好农业规范（GAP）认证。标准化果园要集中连片，生态环境良好，道路系统完善，交通便利；集成推广高干稀植、杀虫灯、捕食螨、节水灌溉、配方施肥等先进技术；产量稳定，每667平方米经济产量达到2000千克以上；果实品质达到品种特性要求，并符合无公害水果质量标准，进行果实套袋，商品果率95%以上，优质果率80%以上，果品质量达到国家食品安全要求。按照“龙头企业+基地+果农”的产销利益联结模式，指导果农按照欧盟良好农业规范认证要求进行生产，对获得欧盟良好农业规范认证的基地，市财政给予认证补贴。

第三，在脐橙精、深加工环节，贯彻绿色、生态理念。这就要求政府在规划、建设加工工业园区时，将绿色、生态理念贯彻其中，明确界定工业园的功能以及相关配套产业，最好使整个园区自身形成一个比较完整的循环经济体系，将“三废”降低到最低限度。工业园建立以后，要加强对园区内市场主体的监管，以经济手段为主，辅之以必要的行政、法律手段，规范园内企业行为，使之自觉绿色、生态地生产。

（二）大力发展精深加工业

赣南脐橙产业的发展必须依靠产品深加工，提升产品附加值，延伸产业链，由销售鲜果的粗放模式向产品精、深加工的方式转变，以生态的观念、市场的眼光、科学的头脑和超前的理念，推动“赣南脐橙”产品向精细化、特色化、绿色化和国际化的方向发展。

一是在初级加工环节做深、做精，进一步提高鲜果的价值。这方面的工作主要是强化采后商品化处理。对脐橙进行采后商品化处理能够提高果品的外在质量，增加果品的附加值，增强赣南脐橙的竞争力。政府应当通过各种手段，广泛宣传，使果农、果品经营公司充分认识到采后商品化处理的重要性。在实际操作中，按大小、色泽、甜酸度进行分级、打蜡、包装再上市。其中，分级、包装是两个关键环节。建议分级打蜡厂将脐橙分为特级、一级、二级和等外品，像美国新奇士一样坚决把等外品挡在市场之外。

在分级处理线问题上，赣州市政府应当积极协调、充分提高现有分级生产线的效率，避免重复引进。目前，赣南已有几十条分级生产线，但开工率不高，建分级打蜡包装厂不求多但求集中。在建设新厂的同时争取淘汰已有的小分级包装厂，或者将其合并到新厂里，从而提高集中度，有利于提高效率。

大力开展对赣南脐橙的印刷包装研究，提升赣南脐橙品质。五花八门的包装显然不利于赣南脐橙产业的现代化。脐橙的包装应体现便于识别赣南脐橙标志、便于消费者携带、便于果品保质、便于质检人员和消费者查看检验的特点；脐橙的包装应分等级，应当同脐橙质量的等级相对应。

二是进一步加强对脐橙产品用途的开发研究。目前至少可以从以下三个方面入手：

（1）发展脐橙汁加工。发展脐橙汁，要着力解决如下问题：原料成本、加工成本问题及加工时间短，可以通过改善物流和供应链从而降低脐橙物流成本来缓解；脐橙汁脱苦技术和保鲜技术则要通过技术攻关解决。要想在脐橙果汁加工关键技术上突破，就要加快技术创新与成果转化步伐。这些都必须发挥政府的作用。一方面，要争取把江西省脐橙工程技术研究中心建设成为国家级研究机构，加强与国内外科研院校的产学研合作，加强重大技术攻关，提高信息技术、精准技术的应用水平，建立有赣州特色的柑橘产业技术创新体系；另一方面，要设立赣南脐橙产业科技成果转化基金，纳入每年的市财政预算，用于建立科技成果产品中试基地及实现科技成果产业化。

（2）保健食品的深加工。首先，是等外级脐橙的加工。等外级脐橙果实既可以作为脐橙汁的原料，还可以加工成果冻、果脯、果干等各种风味休闲食品，还可以加工成果酒。因此，应该积极发展深加工，把消化等外级脐橙果实作为脐橙加工业的切入点。其次，为了减少鲜果集中上市的销售压力，稳定市场，促进产业的可持续发展，也可以将部分等级脐橙用于保健食品方面的加工。

（3）发展脐橙皮加工业。赣南脐橙皮占果重的20%~35%，以脐橙产量112万吨计算，则每年产生的脐橙皮数量可观。但是，目前，在赣南脐橙的加工和使用过程中，脐橙皮大都丢弃，客观上造成资源的浪费。建议在生产脐橙汁时，重视对脐橙皮的加工开发，达到既有效降低成本、提高效益，又充分利用资源、减少废弃物的目的。

从目前已知的情况看，赣南脐橙皮含有丰富的香精油、果胶、黄酮类化合物和色素等成分，是一种宝贵的食物资源。赣南脐橙皮色素为一种油溶性的天然色素，具有安全性高、色泽自然鲜艳的特点，对人体的多种疾病具有治疗、预防等药理作用和保健功能。橙皮苷又称橙皮甙，为赣南脐橙皮的主要有效成分之一，也是脐橙皮中含量最丰富的类黄酮化合物，具有防止动脉粥样硬化、心肌梗塞、微血管脆弱和抗氧化、抑菌消炎等生理功能。果胶具有良好的乳化、增稠、稳定和胶凝作用，早在食品、纺织、印染、烟草、冶金等领域得到了广泛应用。由于其独特的功效，近年来，在医药领域的应用较为广泛。随着功能性多糖的开发研究，果胶作为水溶性膳食纤维，越来越受到研究与加工行业的重视。赣南脐橙皮至少可以加工成如下产品：香精油、色素、橙皮甙、果胶、膳食纤维、皮渣饲料、橙皮食品等。对脐橙皮用途的研究开发为赣南脐橙的综合应用开辟了一条新路径。

必须注意的是，在开展脐橙深加工的过程中，要加强对脐橙后期产品的综合开发利用研究，积极探索、综合开发下游产品品种，实现加工产品品种多元化，延长产品增值链，从而有效降低产品加工生产成本，减少废物、残渣，减少污染，保护生态环境。如脐橙鲜果榨汁后的残渣可以制成饲料、肥料；榨汁后的橙皮可以制成蜜饯食品等。

（三）加强物流体系建设

进一步加强物流体系建设，为集群健康可持续发展提供强大的物质支撑。物流体系的完善可以提高集群运行的效率，有效降低集群运营的成本，提高集群整体的效益，进一步增强集群的竞争力。根据赣南目前的现状，主要应加强以下工作。

一是改善贮藏技术条件，完善贮藏保鲜设施，缓解脐橙现采现销、上市期集中、效益不高的问题，拉长脐橙果汁加工的原料供应时间，确保原材料提供，解决因脐橙汁加工时间短、效益不高的问题。具体可以分两步走。首先，从现有实际出发，加大贮藏库建设力度。大力推广适合一家一户贮藏的简易果品贮藏设施建设，如鼓励群内果园主在果园就地取材，建设果品简易通风贮藏库，鼓励农户推广使用微型冷库贮藏脐橙果品，以延长市场供应时间，或者以更低廉的投资建造地窖、土窑，利用石灰、木板、松毛等材料分层、分托贮存鲜橙。扶持销售和加工企业建设山区水冷通风贮藏库，或者兴建大型冷库和气调库，利用异地贮藏解决等方法，提高贮藏保鲜能力，最大限度地延长保鲜期。其次，还应加强对贮藏保鲜技术的研究，摸索出一套成本低、适合果农贮藏保鲜的简易技术。

二是完善基础设施建设。如改善群内公路运输条件，改善交通基础设施，确保道路畅通，增强运载能力，提高运输效率，降低果品残次品率。提高运输工具的专业化、社会化程度，推行冷库运输；改善群内通信网络状况，加强电子商务建设，提升群内特别是果农的信息化水平。

提升物流水平，很重要的一点是从现有实际出发，挖掘现有条件下的潜力。例如，强化与邮政物流的合作关系就是一个比较好的选择。邮政作为一个布局全国的大型国有企业，其辐射率、物流效率是有目共睹的。加强与邮政的合作，可以节省大量物流建设成本，关键是要找准入口。在操作层面上，必须紧紧围绕赣南脐橙的产业链，有所为，有所不为，突出重点，创新特色。总体上是专业化服务种植，市场化服务销售。具体而言，可从农资化肥和果品分销、销售及果品配送、运输等方面入手，提高整体服务能力。此外，在苗木寄递、货款结付、信息中介上，邮政物流也可以发挥其作用。

三是合理布局赣南脐橙物流集散中心。赣南脐橙物流集散中心应该是集收购、加工、包装、贮藏、配送、销售、外贸出口和信息功能为一体的综合性物流平台，为赣南脐橙提供从生产环节到最终销售环节的全方位物流服务。可以考虑在赣州全市范围内建立 5 个物流集散中心，即赣州市区（即章贡区、黄金区）、信丰、瑞金、寻乌、兴国脐橙物流集散中心。

（1）赣州市区脐橙物流集散中心。赣州市区是赣州政治和经济中心，京九铁路和赣粤高速公路从市内经过，赣州综合物流园区的建设，既可以为脐橙的物流提供强有力的保障，又可以服务周边的大余、崇义、上犹、南康和赣县。

（2）信丰脐橙物流集散中心。信丰位于赣州中部偏南，是赣南脐橙发源地，一直是赣南脐橙的主产县之一，毗邻京九铁路和赣粤高速公路，经济发展水平和人口在赣南名列前茅。该物流中心的建立，不但可以更好地服务于信丰脐橙业的发展，而且可以辐射到周边的全南、定南、龙南等县，还可以辐射到脐橙主产区安远和寻乌。

（3）寻乌脐橙物流集散中心。寻乌位于赣州东南，也是赣南脐橙主产县之一，是赣南地区通往粤东北和粤南的捷径。该物流中心不仅可以辐射会昌，关键是可以弥补信丰脐橙物流集散中心对安远脐橙主产区辐射的不足。此外，通过信丰、寻乌两个集散中心，可以把分别位于信丰、安远、寻乌的赣南柑橘无病毒良种苗木繁育场、良种繁育场的苗木快速销往赣南及全国各地。

（4）兴国脐橙物流集散中心。兴国位于赣州的中北部，属赣南脐橙中度发展规模区。兴国是有名的将军县，京九铁路从此经过，具有良好的区位优势和政策优势，可以提升赣南脐橙的宣传力度。该物流集散中心可以辐射宁都、于都。

（5）瑞金脐橙物流集散中心。瑞金市位于赣州市东北部，323、319、206 国道为主干的公路网可直达赣州、南昌及闽粤；已开通的赣龙铁路与京九线连接，成为瑞金另一条通往外界的快捷通道。瑞金是中国革命的摇篮，具有丰厚的红色资源，吸引着国内外游客前去观光旅游。在该市建立脐橙物流集散中心，不仅可以辐射宁都、于都、石城、会昌等地，而且可以进一步提高赣南脐橙的知名度。

（四）进一步提升产业组织化程度

进一步提升赣南脐橙特色产业集群产业组织化程度，既是实现规模经济的需要，也是解决目前因林权改革后土地流转成本较高、难度较大而影响集群进一步做强做大的一条比较好的途径。提升产业化的关键是通过价值链的有效整合，将分布在价值链各个环节的市场主体纳入一个利益共同体。具体而言，主要是抓两头，一头是发挥龙头企业的核心主体作用，另一头是采取措施将各自为政的千家万户果农组织起来。

培育龙头企业意义重大。只有龙头企业才有能力和实力整合集群内的各种资源，从而有利于提高集群的市场集中度，解决集群发展中的技术、管理等各种问题，但最重要的是龙头企业可以有效提高群内企业的产业带动力，有效解决因政府强势介入而导致的集群整体运营成本比较高的问题。因此，要通过市场和政策引导，大力培育果品销售、采后处理和深加工等环节的龙头企业。改善硬环境、软环境，支持其以资产、品牌等为纽带，采取兼并、联营、参股、租赁等多种方式实行低成本扩张，增强企业的市场竞争力。

由于现行法律、法规不健全等各种制度因素以及传统习惯等各种非制度因素的影响，将千家万户的果农组织起来的难度比较大。这就要求根据群内各地实际情况，因势利导地采取各种措施，将果农组织起来，途径主要有：

一是在现有基础上进一步发展合作经济组织。通过订单合同、合作制、股份制、股份合作制等，加大扶持果业协会和专业合作社的建设力度，把所有果农和其他从业者都纳入果品生产、流通、销售等专业合作组织中来。

二是进一步总结经验，继续完善“公司+农户”模式，推动龙头企业与农户之间建立比较有效的利益联结机制。关键是加强信用建设力度，提高合同的履约率；采取各种措施，依法保护作为市场弱势群体的广大农户的利益。

三是结合群内现状，把握未来趋势，积极探索现代经营方式，鼓励果农以参股形式参与企业管理。如可以采取协商租赁、调换、转让，以土地作价入股，资（金）土（地）联姻等多种形式并举的措施解决土地流转问题。还可以在此基础上，通过股份合作制的形式将资金、土地、劳动力三要素整合在一起。具体办法是将资金、土地、劳动力三要素按照商议的价格比例入股，实现农工商一体化，实现产前、产中、产后处理及销售各个环节有机紧密结合，真正实现投资者和拥有土地及劳动力的农民风险共担、利益共享、多方共赢。

（五）科学规划园区建设

科学规划园区建设，合理、审慎调整产品结构。

一是科学制定脐橙产业规划，进一步强化优势区域布局。

（1）增加中晚熟品种脐橙，改善早中晚熟脐橙品种的比例。针对品种结构不合理的情况，适当调整品种结构，拉开果品上市期，在赣州市南部地区推广种植晚棱脐橙及晚脐橙等晚熟品种，把成熟期延长到次年的5月，逐步形成早中晚品种共同发展的局面。

（2）在继续保持并扩大鲜食脐橙领先优势的同时，适度发展主要用于加工橙汁的甜橙新品种。在加工品种的定位上，不能局限于一般脐橙品种，要多考虑其他柑橘品种，特别是适宜榨汁的甜橙，如早金、哈姆林、锦橙、奥林达、德尔塔、康拜尔等；还要兼顾其他水果品种。加工甜橙的品种布局要兼顾企业的加工能力和加工效益，按合理的比例搭配早中晚熟品种，确保较长时间的橙汁原料供应，延长企业加工时间，提高企业生产效益。

二是建立自然风险防范体系，尽量避免冻害、干旱、洪水、台风、危险性病虫害、地质灾害等带来的脐橙减产和绝收。在园区规划时，要按照不同生态区发展适应品种。对于海拔400米以上地段、山谷低洼地以及风口、北坡地区，尽量不进行脐橙种植规划，以规避自然风险。在园区建设时，提高建园基础，强化防护林的建设，加强果园蓄水和灌溉设施建设，做好防冻技术的推广与应用。建立检疫性病虫害的预警和监控体系，强化苗木的管理和建设工作，推广无病毒苗木，防治检疫性病虫害的侵入，避免自然风险对产业造成不良影响。

（六）充分发挥政府的推动和引导作用

赣南各级政府在引导脐橙特色产业集群合理有序发展，创造一个有利于集群的良好环境等方面大有可为。必须注意的是，对集群的这种“干预”必须建立在市场经济体制的基础上，否则，只会起反作用。在集群培育、发展过程中，政府不仅要做“开明政府”，放手让集群发展；更要做“高明政府”，对此加以引导、扶持、促进。大体说来，赣州市政府要着重做好以下几方面的工作。

一是制定科学合理的脐橙产业发展规划。调整现有不合理的脐橙品种结构，审慎增加新品种，形成较为合理的脐橙产业布局。

二是按照区域经济一体化的发展思路，打破条块、区域分割，统筹功能布局，共建各种网络平台，尽可能做到公共设施共建共享，真正以市场规律配置各类要素资源。

三是提供良好的基础设施，为本地企业家的创业和外地企业家的投资创造良好环境，为外地客商前来采购提供尽可能的便利。

四是提供有效的公共服务，促进脐橙产业的成长与升级。如建立灾害预警和应急机制，做好预测、预报、防治服务，引入保险机制，开展果业灾害保险服务，收集脐橙行业的市场与技术信息，强化脐橙行业标准，提高脐橙质量意识与管理，建立公共培训机构，组织联合技术攻关，树立赣南脐橙的良好形象等。

五是制定针对性较强的有力措施，解决集群内企业共同面对的难题，如为群内企业提供融资、培训、国内外交流、市场调查、人才引进等服务。

第二节 扶持政策对龙南电子信息产业集群绩效影响研究

一、龙南电子信息产业集群扶持政策分析

（一）龙南电子信息产业集群扶持政策制定的背景

目前，电子信息产业已经发展为庞大的消费市场和产业集群，一直是美、日、韩等发达国家抢占的战略制高点。“十一五”时期，我国电子信息制造业充分利用国家经济社会发展和国际产业转移的重大机遇，克服金融危机等方面的不利因素，实现了自身的稳步增长，对经济社会发展起到越来越重要的作用。近年来，龙南电子信息产业较好地发挥了中部内陆通向沿海发达地区的“咽喉”区位优势，积极抓住珠三角沿海开放地区产业内移和延伸的机遇，策应海西经济区建设，取得了快速发展，产业集群已初具规模。但仍面临经济基础薄弱、基础配套设施不完善、人才匮乏等诸多现实问题。为保障龙南电子信息产业集群的有效发展，政府出台了一系列扶持政策来统筹、引导、监督，以期做大做强电子信息产业，促进龙南经济的腾飞。

1. 龙南电子信息产业集群规模

电子信息产业是龙南近几年来发展较快的一大产业，目前，全县拥有 16 家电子信息企业，其中，有 12 家企业已投产，4 家企业处于建设中，占开发区总量的 11%，达到了 11.07 亿元的工业总产值，占开发区经济总量的 7%；实现主营业务收入 11.16 亿元，占开发区总量的 7%。上缴了 0.5074 亿元的税金，占开

发区总量的 8%；从业人数 3971 人，占开发区全部从业人数的 12%，但拥有亿元以上主营业务收入的企业只有 3 家，企业数量相对较少，规模不大。

根据本书实地调研获得的资料，现以表格的形式呈现龙南电子信息产业发展依托的 4 个重点电子信息企业，宝辉科技（龙南）有限公司、骏德科技（龙南）有限公司、龙南盛德科技有限公司、江西广兴科技发展有限公司 2009~2011 年的产值和税收情况如表 8-2 所示。

表 8-2 宝辉、骏德、盛德、广兴 2009~2011 年的产值和税收情况

公司名称	年份	产值（万元）	税收（万元）	产品
宝辉科技（龙南）有限公司	2009	6575	117	电源供应器、变压器、线圈、马达组件等
	2010	16977	374	
	2011	30223	2658	
骏德科技（龙南）有限公司	2009	23722	485	高频头
	2010	32495	726	
	2011	28815	1101	
龙南盛德科技有限公司	2009	11361	306	天线
	2010	28899	536	
	2011	23391	788	
江西广兴科技发展有限公司	2009	14044	445	生产可记录光盘
	2010	15129	367	
	2011	11553	123	

2. 龙南电子信息产业链发展情况

龙南离子型重稀土的储量占世界总储量的 70%，是著名的“重稀土之乡”。随着珠三角地区产业转移的逐渐加快，龙南电子信息产业基础性项目、大项目逐渐增多，如伟腾、金冠；尤其是龙南稀土加工项目，如广东广晟、江西依路玛等公司加盟发展稀土加工项目，为其产业发展提供了资源，打下了坚实的基础。这几年，龙南县将稀土元素在稀土永磁材料、发光材料、稀土合金和贮氢材料等领域的开发利用作为打造“工业龙南”的重点来抓，为电子信息产业集群的发展提供了产业基础。但除了稀土发光材料和应用企业之外，很多其他电子加工企业设备低端，企业自动化程度不高；品牌建设不到位，没有自己的注册商标；分工合作不理想，关联度低，大部分处于封闭运行状态。总的来说，产业层次偏低、链条较短。

根据龙南电子信息产业发展现状及未来重点发展方向，龙南电子信息产业发展规划小组构建了其产业链图，如图 8-5 所示。

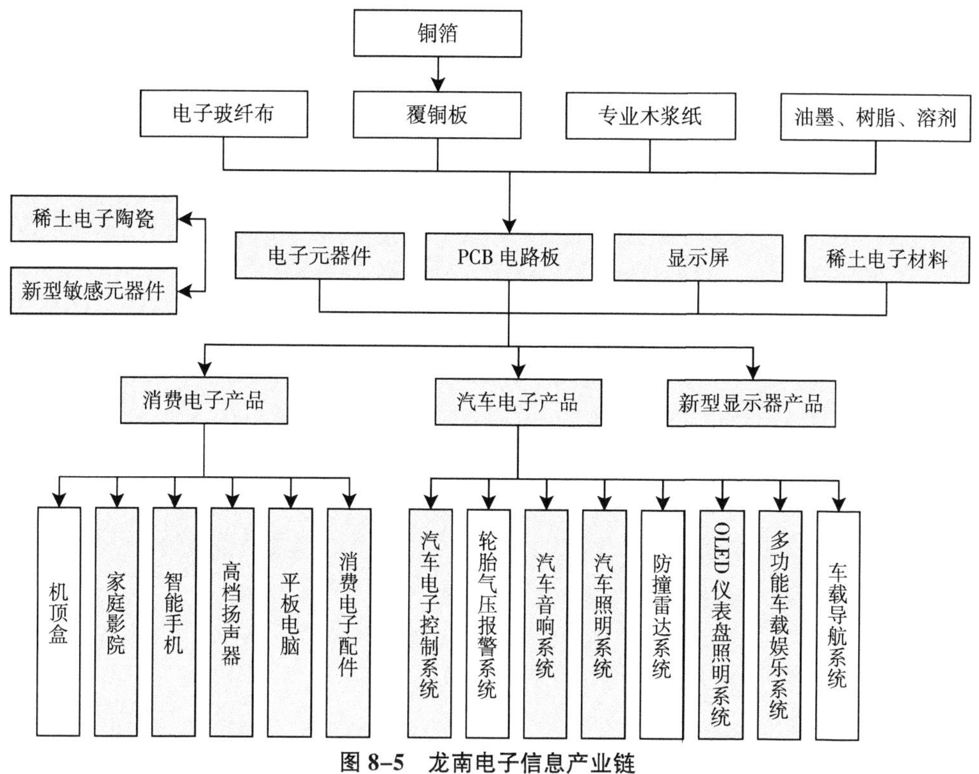

图 8-5 龙南电子信息产业链

注：着色部分为产业重点发展方向。

3. 龙南电子信息产业发展辅助性机构

龙南距离广州 290 公里，距离深圳 340 公里，赣粤高速、京九铁路、大广高速公路和 105 国道 4 条交通大动脉贯穿龙南县，形成了快捷的陆路交通网络，是江西的“南大门”。检验检疫机构、海关的完善服务，“铁海联运”业务的开通，大大予以龙南企业进出口货物报关和报检方便。龙南经济技术开发区基础设施也日趋完善，电子信息园和新圳稀土产业基地的设立，为发展电子信息产业集群提供了集聚与承载平台。但与发达地区县域相比，龙南电子信息产业基地基础设施还有待完善，需要多渠道融资才能达到开发建设的目的。

在技术上，龙南电子信息产业的主干企业已经和赣州市企业技术创新促进中心、江西理工大学等机构建立了永久的技术开发、交流和合作关系。但自主研发能力较弱，企业管理人员和高级技术人员匮乏。龙南正积极建立以电子信息产业为主体的技术创新体系和运行机制，加大技术方面的投入，提高技术装备水平和技术创新能力，促进资金、人才、技术和生产制造的对接和有机结合。

龙南紧密结合国家产业政策，以发展外向型和税利型非公企业为目标，以招商引资为手段，努力形成具有龙南县特色和优势的产业，壮大工业经济总量，为龙南电子信息产业集群提供了良好的发展环境。随着海西经济区及中部崛起战略的深入实施，尤其是《江西省十大战略性新兴产业发展规划》和《电子信息制造业“十二五”发展规划》的推出，龙南电子信息产业集群的发展将面临前所未有的机遇，抓住这一良机，必将有利于促进龙南电子信息产业集群的新一轮快速发展（张辉，2005）。

（二）龙南电子信息产业集群扶持政策的具体内容

笔者借助网络、报刊、杂志等搜集了政府为促进龙南电子信息产业集群发展而颁布的相关扶持政策，本书对龙南电子信息产业集群扶持相关政策（共 39 份）进行了系统的统计分析和研究，现按照时间的顺序排列整理，具体如表 8–3 所示。

表 8–3　扶持政策统计表

年份	扶持政策标题	发文单位等级	政策类型
2009	关于加快融入海峡西岸经济区的若干措施	县级	产业政策
2009	江西省十大优势高新技术产业发展规划	省级	产业政策
2009	江西省低碳经济社会发展纲要白皮书	省级	创新政策
2009	江西省十大战略性新兴产业发展规划	省级	产业政策
2009	国家发展改革委关于加快国家高技术产业基地发展的指导意见	中央	产业政策
2009 计数	5		
2010	龙南县土地利用总体规划（2006~2020 年）	县级	社会化服务政策
2010	2010 年度龙南县实施中小企业成长工程工作方案	县级	财税政策
2010	龙南县人民政府关于印发龙南县鼓励外商投资优惠办法的通知	县级	财税政策
2010	2010 年金融支持龙南经济发展的工作意见	县级	金融政策
2010	2010 年龙南县银行业金融机构支持县域经济发展考核奖励办法	县级	金融政策
2010	龙南县银行业金融机构对企业贷款资质条件培育辅导实施方案	县级	金融政策
2010 计数	6		
2011	江西省国民经济和社会发展第十二个五年规划纲要	省级	创新政策
2011	中华人民共和国国民经济和社会发展第十二个五年规划纲要	中央	创新政策
2011	产业结构调整指导目录（2011 年本）	中央	产业政策
2011	赣州市国民经济和社会发展第十二个五年规划纲要	市级	创新政策
2011	龙南县国民经济和社会发展第十二个五年规划纲要	县级	创新政策

续表

年份	扶持政策标题	发文单位等级	政策类型
2011	2011 年度龙南县实施中小企业成长工程工作方案	县级	财税政策
2011	关于印发《龙南县鼓励外商投资优惠办法》的通知	县级	社会化服务政策
2011	龙南县鼓励外商投资优惠办法	县级	财税政策
2011	关于切实做好赣州市政府下达我县重大项目开发、包装任务的通知	县级	财税政策
2011	龙南县关于打造优势产业集群工作的意见	县级	产业政策
2011	赣州市重点产业十二五发展规划（2011~2015 年）	市级	产业政策
2011	2011 年金融支持龙南经济发展的工作意见	县级	金融政策
2011	龙南县银行业金融机构对企业贷款资质条件培育辅导实施方案	县级	金融政策
2011	2011 年龙南县金融机构支持县域经济发展考核奖励办法	县级	金融政策
2011	物联网“十二五”发展规划	中央	社会化服务政策
2011	龙南县城市总体规划（2011~2030 年）	县级	社会化服务政策
2011	工业转型升级规划（2011~2015 年）	中央	产业政策
2011 计数	17		
2012	电子信息制造业“十二五”发展规划	中央	产业政策
2012	关于成立龙南县优势产业发展专项规划编制工作领导小组的通知	县级	产业政策
2012	江西省龙南县电子信息产业发展规（2012~2016 年）	省级	产业政策
2012	江西省龙南电子信息产业发展规划（2012~2016 年）	县级	产业政策
2012	关于印发龙南县创建省级生态工业园区工作方案的通知	县级	产业政策
2012	关于印发 2012 年龙南县推进民营经济四项工程建设工作实施意见的通知	县级	社会化服务政策
2012	国务院关于支持赣南等原中央苏区振兴发展的若干意见	中央	社会化服务政策
2012	建设赣南次中心城市	市级	社会化服务政策
2012 计数	8		
2013	关于成立龙南县开放性金融合作工作领导小组的通知	县级	金融政策
2013	关于做好 2013 年项目开发、储备工作的通知	县级	社会化服务政策
2013 计数	2		
2014	关于 2014 年县政府工作报告安排的通知	县级	社会化服务政策
2014 计数	1		
总计数	39		

资料来源：作者收集。

（三）龙南电子信息产业集群扶持政策实施情况

现对选取的 39 份扶持政策文本进行系统的分析，主要从三个角度着手：

第一，纵向研究，按照这 39 份文件各自出台的时间进行分类，从整个时间轴来研究政府对龙南电子信息产业集群发展的重视程度变化情况。

第二，横向研究，将 39 份文件整理归类，从发文单位等级进行分析，主要是哪些等级部门对龙南电子信息产业集群发展进行政策扶持。

第三，从各政策文件所发布的侧重内容，按照金融政策、创新政策、财税政策、立法支持、社会化服务政策以及产业政策进行分类统计，从中研究政府对龙南电子信息产业集群发展的扶持轻重程度分布状况。

1. 按时间纵轴顺序统计

将 39 份扶持政策文本按照颁布的时间进行分类，发现时间分布状况为：2009 年 5 份、2010 年 6 份、2011 年 17 份、2012 年 8 份、2013 年 2 份、2014 年 1 份，根据这些数据，制作出其时间分布图，如图 8-6 所示。

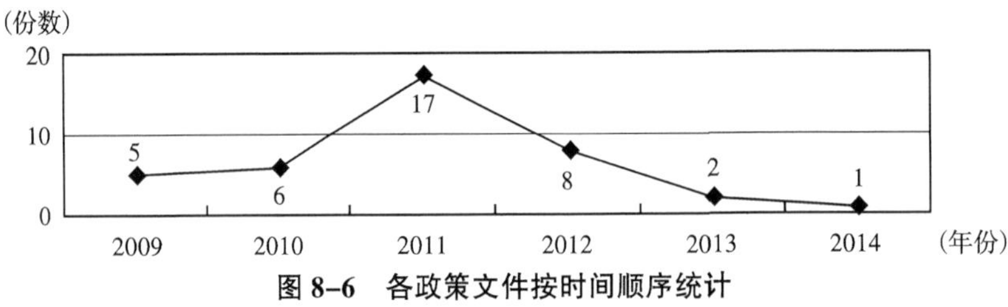

图 8-6　各政策文件按时间顺序统计

从图 8-6 中我们可以看出，龙南对电子信息产业集群的扶持政策数量呈先上升后下降趋势，2011 年数量最多，达到 17 份。出现这种情况的原因，笔者认为是 2009 年以来，为应对国际金融危机，各国的大 IT 企业纷纷进行战略改革重组，使电子信息产业逐步恢复壮大，我国也加强自主创新，实现了电子信息产业的稳步增长，至 2011 年我国电子信息产业发展良好，产业集聚效应明显。龙南在这样的产业氛围下，也不断发展自己的电子信息产业，政府也越来越重视，相继出台了相关的扶持政策，促进龙南电子信息产业集群的发展，直至 2011 年，在全国电子信息产业发展态势良好的有利环境下，龙南也达到了扶持电子信息产业集群发展的最高潮。随后，在龙南电子信息产业集群稳定发展的情况下，政府扶持的力度慢慢有所减弱。这一点需要引起重视和反思。

2. 按发文单位统计

将 39 份扶持政策文件按照发文单位所属级别进行统计，其分布情况是：中央 7 份，省级 5 份，市级 3 份，县级 24 份。依据上述数据，制作出扶持政策发文单位级别的分布图，如图 8-7 所示。

对图 8-6、图 8-7 进行分析，显而易见，县级出台的扶持政策数量遥遥领先，达到 24 份之多，其次是中央 7 份，再次是省级 5 份，最少的是市级，只有

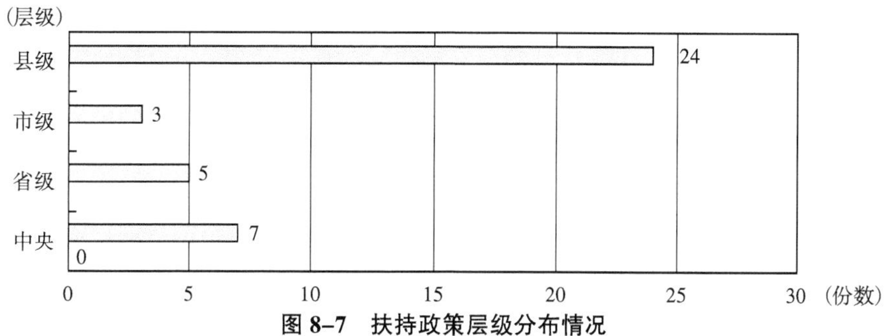

图 8-7 扶持政策层级分布情况

3 份。由此可见，各级部门都参与了对龙南电子信息产业集群的扶持。中央制定了《国家发展改革委关于加快国家高技术产业基地发展的指导意见》、《产业结构调整指导目录（2011 年本）》等政策，里面指出要扶持电子信息产业等高新技术产业的发展，实现其产业转型升级，随后省、市、县级也积极响应了中央的号召、宗旨，先后颁布了一系列扶持政策来促进龙南电子信息产业集群的发展。县级制定的扶持政策数量多，全面践实了国家的发展规划。省级和市级对扶持政策制定和贯彻有待加强。

3. 按政策类型统计

将扶持政策依照政策的内容细分为六大方面：产业政策、金融政策、财税政策、社会化服务政策、创新政策和立法支持（崔合义，2013）。本书在整理这 39 份扶持政策文件时发现，有部分文件的内容具有交叉性，所以对此类文件按它们的侧重内容进行归类，其大致分布情况是：产业政策 13 份，金融政策 7 份，财税政策 5 份，社会化服务政策 9 份，创新政策 5 份，立法支持 0 份。在此对各类文件占总数百分比进行统计分类，如图 8-8 所示。

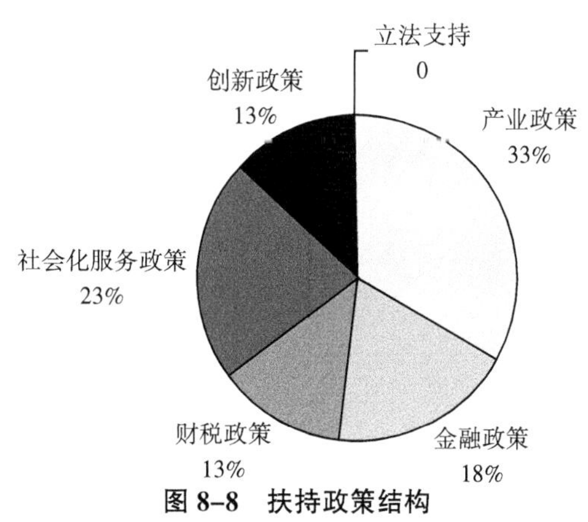

图 8-8 扶持政策结构

从图 8-8 可以直观地看出，首先龙南电子信息产业集群的扶持政策主要集中在产业政策，达到了 33%。电子信息产业结构调整是未来发展的方向，近年来，电子信息产业结构性矛盾日益突出，成为影响其进一步发展的障碍（王欣、高攀、孙冰、王珊珊，2011），需要不断优化其产业结构来保持电子信息产业集群的发展。显然，龙南电子信息产业集群也不例外。因此政府出台的扶持政策很大一部分侧重其产业结构调整、升级。其次是社会化服务政策，占 23%。由于信息网络和专业人才的培训等对电子信息产业发展有很大的推动作用，所以社会化服务政策也成为扶持政策的侧重点。另外，金融政策占 18%，无论电子信息产业集群发展处于哪个阶段，都不可避免地和资金相关联。因此有必要制定相关的扶持政策来解决龙南电子信息产业集群的融资、信贷、投资、担保等一系列问题。最后，财税和创新政策均为 13%，龙南电子信息产业集群发展还没有完全成熟，各方面未趋于健全。需要政府予以财政补贴和税收等方面的优惠政策来吸引外商投资，加大人才培养力度等。此外，电子信息产品更新换代快，其产业的持续发展需要技术、产品等各方面的不断创新来保障。所以，财税和创新方面的扶持政策也必不可少。立法政策不占比例，其实各类产业的发展如果有法律作为坚强后盾，其效应是不可小觑的。所以龙南电子信息产业集群的扶持政策应该在立法方面有所突破。

二、扶持政策对龙南电子信息产业集群绩效影响评价

（一）扶持政策对龙南电子信息产业集群绩效影响评价指标体系研究

借鉴前人关于产业集群绩效测度指标的相关成果，结合龙南电子信息产业集群的实际情况，本书设计了产业集群绩效的四个评价指标：聚集能力、竞争能力、合作强度及创新能力。

（1）聚集能力：从事电子信息产业的企业集群在地理位置上的集中程度及整合各种资源的能力。该能力越强，越有助于产业集群的发展。

（2）竞争能力：产业集群在研发、生产及销售的产业链中具有的技术、资金等优势及在市场上的占有份额和盈利能力。竞争力越强，表明产业集群的效益越高。

（3）合作强度：与相关企业、部门的合作的紧密度。合作越广泛，合作机会越多，所获的资助和帮助越多，越能促进产业集群的发展和绩效的提高。

（4）创新能力：在产品研发、技术、制度、管理等方面的创新水平（陈伟

伯、任秀芳、李腾龙，2007），创新能力越强，越具有优势，越能提升集群的竞争力，促进集群绩效的提升。

根据上述扶持政策及产业集群绩效的各个指标设计，本书采用模糊综合评价模型来建立扶持政策及龙南电子信息产业集群绩效之间的关系模型。根据前人的研究，本书选取企业数量、产业从业人数、地理因素作为聚集能力的因素集，即二级指标；选取企业数量、销售利润率、市场占有份额作为竞争能力的因素集，即二级指标；选取货物周转量、能源消费总量、贷款余额作为合作强度的因素集，即二级指标；选取研发费用、科研人数及科研机构数作为创新能力的因素集，即二级指标。则龙南电子信息产业集群绩效评价的四个指标及其细化的二级指标，如表 8-4 所示。

表 8-4 龙南电子信息产业集群绩效评价指标体系

项目	一级指标	二级指标
龙南电子信息产业集群绩效评价指标	聚集能力	企业数量
		产业从业人数
		地理因素
	竞争能力	企业数量
		销售利润率
		市场占有份额
	合作强度	货物周转量
		能源消费总量
		贷款余额
	创新能力	研发费用
		科研人数

（二）模糊综合评价的方法和步骤

1. 设因素集 U

将绩效评价对象的因素集 $U = (x_1, x_2, \cdots, x_n)$ 按属性划分为 m 个集合，分别记作 $U_1, U_2, \cdots, U_m$。称 $U = \{U_1, U_2, \cdots, U_m\}$ 为因素集。

2. 设评价集 V

确定评价集 $V = \{V_1, V_2, \cdots, V_n\}$，一般有 V = {大，中，小}/{高，中，低}/{优，良，劣}/{好，较好，一般，较差，差}。

3. 确定权重集 A

评价专家通过两两对比法或层次分析法讨论决定，各因素的权重为 $A_i = (a_{j1},$

a_{j2}，…，a_{jn}）。权重系数的确定很重要，它直接影响着最终的评价结果，所以实际中应该根据侧重点进行适当调整。

4. 专家评价

专家就每一项对应因素的程度进行评判。

5. 确定评价矩阵 R

将 U_j 视为一个因素，将 B_j 作为 U_j 的单因素评价，由此得出评价因素集 $U=(u_1, u_2, \cdots, u_j)$ 的评价矩阵为：

$$R=\begin{bmatrix} b_{11} & b_{12} & \cdots & b_{1n} \\ b_{21} & b_{22} & \cdots & b_{2n} \\ \vdots & \vdots & \ddots & \vdots \\ b_{n1} & b_{n2} & \cdots & b_{nn} \end{bmatrix}$$

R 即因素集 U 到评语集 M 的一个模糊关系。b_{ij} 表示 $U_j(j=1, 2, \cdots, n)$ 对评语等级的隶属度。

6. 确定综合评价模型

$B=AR=(b_1, b_2, \cdots, b_m)$

进行归一化处理，得出具有可比性的综合评价结果。

三、扶持政策对龙南电子信息产业集群绩效影响测度与分析

（一）扶持政策对龙南电子信息产业集群绩效影响测度

本书结合龙南实地调查数据，并根据专家打分法构造判断矩阵，计算得出各矩阵的特征向量并进行归一化处理。

1. 因素集 U

本书研究产业集群绩效的聚集能力、竞争能力、合作强度及创新能力的四个因素，设定它们的共同因素集为 U={扶持力度，扶持政策类型，扶持政策颁布部门所属的层级}。

2. 评价集 V

根据因素集，笔者取对应的评价集为 V={强，中，弱}，V={多，较多，少}和 V={高，中，低}。

3. 确定权重集 A

本书发放了 10 份调查问卷，有效问卷 10 份。利用专家打分法确定了因素集中各因素的权重值分别为 0.45、0.2、0.35，即 A={0.45，0.2，0.35}。

4. 专家评价

问卷中让上述相关领域的 10 位专家分别对 3 个因素根据本人的看法打“√”，待全部打完“√”后，进行分类统计，如“扶持力度”这一因素，有 6 人认为强，2 人认为中，2 人认为弱，将每一等级的人数除以 10，得到 0.6、0.2、0.2；其他两个因素也用这一方法，就得到全部评分情况，即隶属度。继而获得相应的评价矩阵 R。得出的就每一项因素的统计调查结果如表 8-5 所示。

表 8-5　专家评价结果

评价	扶持力度			扶持政策类型			扶持政策颁布部门所属的层级		
	强	中	弱	多	较多	少	高	中	低
聚集能力	0.6	0.2	0.2	0.4	0.2	0.4	0.6	0.2	0.2
竞争能力	0.4	0.3	0.3	0.2	0.8	0	0	0.8	0.2
合作强度	0	0.6	0.4	0.6	0.4	0	0	0.8	0.2
创新能力	0.3	0.5	0.2	0.2	0.4	0.4	0.4	0.2	0.4

5. 建立单因素评价矩阵

根据上述专家评价结果，得出对应评价矩阵为：

聚集能力：$R_1 = \begin{bmatrix} 0.6 & 0.2 & 0.2 \\ 0.4 & 0.2 & 0.4 \\ 0.6 & 0.2 & 0.2 \end{bmatrix}$

竞争能力：$R_2 = \begin{bmatrix} 0.4 & 0.3 & 0.3 \\ 0.2 & 0.8 & 0 \\ 0 & 0.8 & 0.2 \end{bmatrix}$

合作强度：$R_3 = \begin{bmatrix} 0 & 0.6 & 0.4 \\ 0.6 & 0.4 & 0 \\ 0 & 0.8 & 0.2 \end{bmatrix}$

创新能力：$R_4 = \begin{bmatrix} 0.3 & 0.5 & 0.2 \\ 0.2 & 0.4 & 0.4 \\ 0.4 & 0.2 & 0.4 \end{bmatrix}$

6. 综合评价

对于评价对象，模糊综合评价结果 B = A.R。

$$B_1 = A.R_1 = (0.45,\ 0.2,\ 0.35)\begin{bmatrix} 0.6 & 0.2 & 0.2 \\ 0.4 & 0.2 & 0.4 \\ 0.6 & 0.2 & 0.2 \end{bmatrix}$$

接下来计算模糊变量。

设有模糊矩阵：$R=\begin{bmatrix}0.5 & 0.3\\0.4 & 0.8\end{bmatrix}$ $S=\begin{bmatrix}0.8 & 0.5\\0.3 & 0.7\end{bmatrix}$

则 R 与 S 的并与交运算规则与集合运算相似，并运算为两中取大，交运算为两中取小。

$$R\cup S=\begin{bmatrix}0.5\cup 0.8 & 0.3\cup 0.5\\0.4\cup 0.3 & 0.8\cup 0.7\end{bmatrix}=\begin{bmatrix}0.8 & 0.5\\0.4 & 0.8\end{bmatrix}$$

$$R\cap S=\begin{bmatrix}0.5\cap 0.8 & 0.3\cap 0.5\\0.4\cap 0.3 & 0.8\cap 0.7\end{bmatrix}=\begin{bmatrix}0.5 & 0.3\\0.3 & 0.7\end{bmatrix}$$

模糊矩阵的乘积定义如下：记 C = R.S，则：

$$C_{ij}=\bigcup_k(r_{ik}\cap s_{kj})$$

$$R.S=\begin{bmatrix}(0.5\cap 0.8)\cup(0.3\cap 0.3) & (0.5\cap 0.5)\cup(0.3\cap 0.7)\\(0.4\cap 0.8)\cup(0.8\cap 0.3) & (0.4\cap 0.5)\cup(0.8\cap 0.7)\end{bmatrix}=\begin{bmatrix}0.5 & 0.5\\0.4 & 0.4\end{bmatrix}$$

根据上述运算规则，得：

$$B_1=A.\ R_1=(0.45,\ 0.2,\ 0.35)\begin{bmatrix}0.6 & 0.2 & 0.2\\0.4 & 0.2 & 0.4\\0.6 & 0.2 & 0.2\end{bmatrix}$$

$$=((0.45\wedge 0.6)\vee(0.2\wedge 0.4)\vee(0.35\wedge 0.6)(0.45\wedge 0.2)\vee(0.2\wedge 0.2)\vee(0.35\wedge 0.2)(0.45\wedge 0.2)\vee(0.2\wedge 0.4)\vee(0.35\wedge 0.2))$$

$$=(0.45\vee 0.2\vee 0.35\quad 0.2\vee 0.2\vee 0.2\quad 0.2\vee 0.2\vee 0.2)$$

$$=(0.45\quad 0.2\quad 0.2)$$

$$B_2=A.\ R_2=(0.45,\ 0.2,\ 0.35)\begin{bmatrix}0.4 & 0.3 & 0.3\\0.2 & 0.8 & 0\\0 & 0.8 & 0.2\end{bmatrix}$$

$$=((0.45\wedge 0.4)\vee(0.2\wedge 0.2)\vee(0.35\wedge 0)(0.45\wedge 0.3)\vee(0.2\wedge 0.8)\vee(0.35\wedge 0.8)(0.45\wedge 0.3)\vee(0.2\wedge 0)\vee(0.35\wedge 0.2))$$

$$=(0.4\vee 0.2\vee 0\quad 0.3\vee 0.2\vee 0.35\quad 0.3\vee 0\vee 0.2)$$

$$=(0.4\quad 0.35\quad 0.3)$$

$$B_3=A.\ R_3=(0.45,\ 0.2,\ 0.35)\begin{bmatrix}0 & 0.6 & 0.4\\0.6 & 0.4 & 0\\0 & 0.8 & 0.2\end{bmatrix}$$

$$=((0.45\wedge 0)\vee(0.2\wedge 0.6)\vee(0.35\wedge 0)(0.45\wedge 0.6)\vee(0.2\wedge 0.4)\vee(0.35\wedge 0.8)(0.45\wedge 0.4)\vee(0.2\wedge 0)\vee(0.35\wedge 0.2))$$

$$=(0\vee 0.2\vee 0\quad 0.45\vee 0.2\vee 0.35\quad 0.4\vee 0\vee 0.2)$$

$$=(0.2\quad 0.45\quad 0.4)$$

$$B_4=A.\ R_4=(0.45,\ 0.2,\ 0.35)\begin{bmatrix}0.3 & 0.5 & 0.2\\ 0.2 & 0.4 & 0.4\\ 0.4 & 0.2 & 0.4\end{bmatrix}$$

$$=((0.45\wedge 0.3)\vee(0.2\wedge 0.2)\vee(0.35\wedge 0.4)(0.45\wedge 0.5)\vee(0.2\wedge 0.4)\vee(0.35\wedge 0.2)(0.45\wedge 0.2)\vee(0.2\wedge 0.4)\vee(0.35\wedge 0.4))$$

$$=(0.3\vee 0.2\vee 0.35\quad 0.45\vee 0.2\vee 0.2\quad 0.2\vee 0.2\vee 0.35)$$

$$=(0.35\quad 0.45\quad 0.35)$$

7. 归一化处理

因为上述结果 $0.45+0.2+0.2=0.85\neq 1$，所以要进行归一化处理，得出具有可比性的综合评价结果。

$$B_1=(\frac{0.45}{0.85}\ \frac{0.2}{0.85}\ \frac{0.2}{0.85})$$

$$=(0.53\quad 0.235\quad 0.235)$$

表示对于聚集能力，有 53%的专家认为强，有 23.5%的专家认为中等，有 23.5%的专家认为弱。

同理得：

$$B_2=(0.38\quad 0.33\quad 0.29)$$

表示对于竞争能力，有 38%的专家认为强，有 33%的专家认为中等，有 29%的专家认为弱。

$$B_3=(0.19\quad 0.43\quad 0.38)$$

表示对于合作强度，有 19%的专家认为强，有 43%的专家认为中等，有 38%的专家认为弱。

$$B_4=(0.305\quad 0.39\quad 0.305)$$

表示对于创新能力，有 30.5%的专家认为强，有 39%的专家认为中等，有 30.5%的专家认为弱。

根据最大隶属度原则，从结果可以看出，龙南电子信息产业集群的聚集能力强，竞争能力强，合作强度中等，创新能力中等。

（二）扶持政策对龙南电子信息产业集群绩效影响测度结果分析

龙南电子信息产业集群的聚集能力评价是“高”，说明政府在制度与政策方面给予了电子信息产业大力支持。从前面的龙南电子信息产业集群扶持政策的实施情况可以知道，在过去6年里，政府都有相应的扶持政策推出来促进集群的发展。扶持力度还是挺强的，只不过后期每年的政策数量有所减少，扶持力度稍稍减弱了，这一点政府应该予以重视；而且就政策颁布部门所属层级而言，各个层级的部门都参与了，县政府制定的政策最多，中央居第二位，虽然省、市级的政策相对较少，但也都有参与。这说明各级政府部门的共同参与对龙南电子信息产业集群的发展及绩效的提高作用很大，对政府来说是一个很好的借鉴与警示；在政策类型方面，从前面的实施情况可以了解到，除了没有制定立法支持政策外，其余的政策都有颁布与实施，这也是让聚集能力变强的一个重要因素。

龙南电子信息产业集群的竞争能力评价是“高”，说明龙南的电子信息产业集群已经占有很大的市场，这与政府的大力支持密不可分。不仅每年都出台政策给予扶持，而且产业政策达到了最多，占33%，这说明产业扶持政策促进了龙南电子信息产业的结构调整和提升，进而提高了集群的竞争能力；另外，金融政策、财税政策、社会化服务政策及创新政策等给龙南电子信息产业集群的竞争力提供了资金、技术、机构组织保障等方面的支持，这对竞争能力的提升是一个关键要素。同时各级政府部门的积极参与为强大竞争能力的造就起到了不可忽略的作用。

龙南电子信息产业集群间的合作强度是“中等”，说明龙南电子信息产业集群的外部效应还没有得到充分发挥。虽然每年都有扶持政策来支持、保障产业集群的发展，但是近年来扶持政策数量逐渐减少，由2011年的17个扶持政策降到了2013年的2个，2014年的1个。扶持力度减小是产业集群间合作强度不够的原因之一；另外，就扶持政策颁布的层级而言，中央、省级这些更具权威性的部门制定的扶持政策相对较少，大部分是县级政府部门制定实施的，这就使得政策实施的有效性不能得到保证；从政策类型来看，虽然社会化服务政策占了最多，机构组织保障、培训辅导、社会化互助本应很健全，但出现合作强度不够的情况，原因可能是该类政策的实施没有落实，有效性不高，所以政策制定部门所属的层级还是很重要的；如果就权威性来说，缺乏立法支持也是产业集群间合作强度不够的一个重要原因，这就需要相关政府构建一个良好的合作平台，将企业间的合作列入法律，使之成文，具有法律效应，使企业能够相互协作、紧密联系，使它的贯彻实施效果达到更高水平。

龙南电子信息产业集群的创新能力评价是“中等”，说明龙南电子信息产业的自主创新能力还不是很强。回顾龙南电子信息产业集群扶持政策的实施情况，就扶持政策类型而言，创新政策占13%，所占比例不大，有待加强，这是影响创新能力提升的一个关键原因；而且扶持力度方面，因为近年来的扶持政策少了，相应地影响了创新政策的数量；另扶持政策颁布部门所属层级方面，高层级的扶持政策相对较少，影响了有关创新贯彻扶持政策的有效性。这些都阻碍了龙南电子信息产业集群创新能力的提高。

综上所述，龙南电子信息产业集群绩效良好，产业集群发展已具备了良好的基础，扶持政策的制定实施效果令人满意，保障并促进了集群绩效的提高。但还存在很多不足的地方，所以集群效应的真正发挥，还需要政府与企业共同商讨，提出促进产业集群发展的有针对性的扶持政策。

（三）扶持政策对龙南电子信息产业集群绩效影响的关键指标研究

1. 扶持力度对龙南电子信息产业集群绩效的影响

基于前面的扶持政策实施情况及测度结果分析，我们可知：扶持力度与产业集群绩效成呈相关关系，扶持力度越大，产业集群绩效就越高；反之，就越低。

这几年政府每年都制定扶持政策来促进龙南电子信息产业集群的发展，强劲的扶持力度使集群的集聚能力和竞争能力都处于高水平。但由于近两年的扶持力度减弱，集群的合作强度和创新能力仍处于中等水平，还有很大的上升空间。所以，扶持力度要保持强大的势头，不能懈怠，更不能消失。

2. 扶持政策类型对龙南电子信息产业集群绩效的影响

上述结果证明：扶持政策类型与产业集群绩效呈正相关关系，扶持政策类型越多，越有利于集群绩效的提高；扶持政策类型越不齐全，越不利于集群的发展。

政府制定出台的扶持龙南电子信息产业集群发展的政策包括了金融政策、财税政策、创新政策、产业政策和社会化服务政策，这些政策为龙南电子信息产业集群的发展提供了融资支持、财政补贴、税收优惠，鼓励产业集群进行技术、产品、制度等方面的创新，扶持产业结构的调整和提升，帮助其培训辅导、拓展市场等。相比较而言，龙南电子信息产业集群的扶持政策类型齐全，保障了集群聚集能力和竞争能力的提高。但由于缺乏立法支持，一些扶持政策的实施没有落实，效果不明显。加上创新政策等政策所占比例不高，集群的创新能力和合作强度不高。所以，扶持政策类型还需完善，不同类型政策的比重要合理分配。

3. 扶持政策颁布所属部门的层级对龙南电子信息产业集群绩效的影响

研究表明：扶持政策颁布部门所属层级与产业集群绩效呈正相关关系，扶持政策颁布部门所属层级越高，越能促进产业集群绩效的提升；反之，越有碍于集群绩效的提高。

龙南电子信息产业集群扶持政策的颁布部门所属层级涵盖了中央、省级、市级和县级，覆盖面广，其中中央 7 份，位居第二，仅次于县级的 24 份。由于中央的大力支持，龙南电子信息产业集群发展良好，集群聚集能力和竞争能力强，这也与各层级部门共同参与、支持密不可分。但由于县级的扶持政策占绝大多数，中央和省级的只占了一小部分，集群的创新能力和合作强度不是很理想，可能与扶持政策权威性不够强而导致实施力度不够所致。所以，中央、省级等较高政府部门应该多制定、实施一些扶持政策来支持龙南电子信息产业集群的发展，只靠县级政府来支持是行不通的。

四、完善龙南电子信息产业集群扶持政策的建议

龙南电子信息产业集群发展虽然效果比较好，发展态势良好，但仍处于起步阶段，各方面还不稳定，还有很多需要完善的地方，需要政府制定相关的扶持政策来予以支持和保障。在此，本书提出以下几点政策性建议。

第一，要加大并保持扶持力度的增强。政府应该每年多制定相关扶持政策来推动龙南电子信息产业集群的发展，毕竟有扶持政策的保障可以号召社会各部门各组织机构积极参与到龙南电子信息产业集群的发展中来，企业并不是孤军奋战，而是有盟军的配合与帮助，这可以加大电子信息产业集群的力量，加快产业集群的发展速度，促进集群绩效的提高。这里重要的一点就是扶持的力度必须是持续的而不是间断的，只有这样，扶持的效果才会明显有效。

第二，中央、省级政府部门应该更多地制定扶持政策来支持、保障龙南电子信息产业集群的发展。虽然中央、省级、市级和县级政府部门都制定了扶持政策来促进龙南电子信息产业集群的发展，但是县级的扶持政策占绝大部分，中央和省级的扶持政策占比重很小。一般来说，颁布实施扶持政策的政府部门越高，它们的权威性越高，号召力和影响力更强，实施的力度和效果会更好，更能提高产业集群绩效。在这一方面，高级政府部门的参与度有待加强。

第三，一方面需要增加立法支持的扶持政策来促进龙南电子信息产业集群绩效的提升；另一方面需要科学、合理地分配各类型扶持政策的比例来有效推动龙南电子信息产业集群的发展。立法支持具有法律效应，权威性很高，一方面更能

规范龙南电子信息产业集群发展的市场竞争环境，起到保护其发展的作用；另一方面也可以引导龙南电子信息产业集群的发展，确保其正规化、科学化。而不同类型的扶持政策的侧重不同，像处于发展阶段的龙南电子信息产业集群，它更需要的是金融政策、财税政策和创新政策的扶持。发展过程中需要大量资金，也需要财政补贴和税收优惠来给予企业发展的便利和保障，也少不了鼓励、帮助企业技术、产品、制度创新等政策来加快企业各方面的创新，增强企业的竞争能力，提升竞争的水平。所以相关政府部门应该加大金融政策、财税政策和创新政策的比重来促进龙南电子信息产业集群绩效的提高，当然其余类型的扶持政策也必不可少，需要制定、实施相关的扶持政策。

参考文献

[1] Aldrich H. and Martinez M. Many are Called, but few are Chosen: An Evolutionary Perspective for the Study of Entrepreneurship [J]. Theory and Practice, 2001 (25).

[2] Anthony J. Venables. Regional Disparities in Regional Blocs: Theory and Policy [M]. IDB Publications, Inter-American Development Bank, 2005.

[3] Asheim B. and Isaksen A.Localized Knowledge, Interactive Learning and Innovation: between Regional Networks and Global Corporations [M]. Ashgate Publishing Ltd. & Ashgate Publishing Company, Hampshire (England) & Burlington (USA), 2000.

[4] Arthur W. Brian. Increasing Returns and Path Dependence in the Economy [M]. University of Michigan Press, 1994.

[5] Barquero A. and Cala A. The Dynamics of Local Firm Systems: the Case of the Spanish Shoe Industry. Ashgate Publishing Ltd. & Ashgate Publishing Company, Hants (England) & Vermont (USA), 1997.

[6] Bell M. and Albu M. Knowledge Systems and Technological Dynamism in Industry Clusters in Developing Countries [J]. World Development, 1999, 27 (9).

[7] Biggiero L. Self-organizing Processes in Building Entrepreneurial Networks: A Theoretical and Empirical Investigation[J]. Human Systems Management, 2001, 20 (3).

[8] Belussi F. and Arcangeli F. A Typology of Networks: Flexible and Evolutionary Firms [J]. Research Policy, 1998 (27).

[9] Claus Steinele. When Do Industrial Cluster [J]. Research Policy, 2002 (31).

[10] David L. S. International Encyclopedia of the Social Science [M]. New York:

Macmillan, 1968.

[11] Hannan M. T. and Freeman J. The Population Ecology of Organizations [J]. American Journal of Sociology, 1977 (82).

[12] John Engler. A Governor's Guide to Cluster-Based Economic Development [R]. National Governors Association of USA, 2002.

[13] Maleki J. Technology and Economic Development: The Dynamic of Local, Regional and National Competitiveness [M]. Longman Scientific & Technical, New York, 1991.

[14] Malecki J.and Tootle B.Networks of Small Manufacturers in the USA: Creating Embeddedness [M]. Ashgate Publishing Ltd. & Ashgate Publishing Company, Hants (England) & Vemont (USA), 1997.

[15] Meyer Stameer. Clusters and Regional Specialization [M]. London: Pion Limited, 2007.

[16] Martin Bell. Knowledge Systems and Technological Dynamism in Industrial Clusters in Developing Countries [J]. World Development, 1999.

[17] Martina E. Bangalore. A Network Model for Innovation-oriented Regional Development in NICs? [M]. Ashgate Publishing Ltd., 1999.

[18] Martin R. and Sunley P. Deconstructing Clusters: Chaotic Concept or Policy Panacea? [J]. Journal of Economic Geography, 2003, 3 (1).

[19] Minniti M. and Bygrave D. The Social Dynamics of Entrepreneurship [J]. Entrepreneurship Theory and Practice, 2000, 24 (3).

[20] North Douglass C. Institution, Institutional Change and Economic Performance [M]. Cambridge University Press, 1990.

[21] O. E. Williamson. Markets and Hierarchies [M]. The Free Pree, A Division of Macmillan Publishing Cp.Inc, 1975.

[22] O. E. Williamson. The Economic Institution of Capitalism [M]. Free Pree, New York, 1985.

[23] Park S. and Sforzi F. Local Development and Innovation Strategies in the internet Era [R]. Presented to the IGU Conference on "Local Development: Issues of Competition, Collaboration and Territoriality", Turin, 2001.

[24] Porter M. E. Clusters and New Economics of Competition [J]. Harvard Business Review, 1998 (11).

［25］ Porter M. E. Location Competition and Economic Development［J］. Economic Development Quarterly，2000（2）.

［26］ Rappert B.，Webster A. and Charles D. Making Sense of Diversity and Reluctance：Academic-industrial Relations and Intekkectual Property［J］. Research Policy，1999（28）.

［27］ Rabellotti R. External Economies and Cooperation in Industrial Districts：A Comparison of Italy and Mexico［M］. Macmillan Press Ltd.，1997.

［28］ Saaty Thomas L. Applications of Analytical Hierachies［J］. Math and Comp in Simulation，1979（21）.

［29］ Scott A. The Collective Order of Flexible Production Agglomerations：Lessons for Local Economic Development Policy and Strategic Choice［J］. Economic Geography，1992（68）.

［30］ Steiner M. Cluster and Regional Specialization［M］. Pion Limited，London，1998.

［31］ Tichy G. Clusters：Less Dispensable and More Risky than Ever［A］. Cluster and Regional Specialisation［C］. London：Pion limited，1998.

［32］ Tim Padmore and Hervey Gibson. Modeling System of Innovation：A Framework for Industrial Cluster Analysis in Regions［J］. Research Policy，1998（26）.

［33］ 翁贞林，张爱萍. 工业化和城市化：江西农民收入增长的重要途径［J］. 江西社会科学，2003（1）.

［34］ 王克. 我国地方政府产业集群政策的研究［D］. 燕山大学管理学硕士学位论文，2009.

［35］ 王雷. 中国产业集群理论研究评述［J］. 重庆工商大学学报（社会科学版），2004（2）.

［36］ 王雷. 我国产业集群的风险防范与控制研究［J］. 中央财经大学学报，2004（7）.

［37］ 王雷. 产业集群创新能力增长机理的路径依赖［J］. 北京工商大学学报（社会科学版），2004（7）.

［38］ 王玉燕，李帮义，丁立波. 不对称信息条件下两层供应链的协调［J］. 统计与决策，2006（6）.

［39］ 王朝明. 城市化：农民工边缘性贫困的路径与治理分析［J］. 社会科学研究，2005（3）.

[40] 王缉慈. 关于地方产业集群研究的几点建议 [EB/OL]. 中国产业集群网，2003.

[41] 王缉慈等. 创新的空间——企业集群与区域发展 [M]. 北京：北京大学出版社，2001.

[42] 王晓玉. 关于中小企业信用体系建设的思考 [J]. 社会科学论坛，2009 (10).

[43] 刘艳. 我国地方政府促进产业集群发展研究 [D]. 燕山大学硕士学位论文，2009.

[44] 刘森. 美国城市发展对我国城市化的启示 [J]. 中共天津市委党校学报，2005 (4).

[45] 刘丽丽. 我国产业集群发展过程中的政府作用 [D]. 东北财经大学硕士学位论文，2003 (12).

[46] 刘善庆. 中国政府政策对景德镇陶瓷特色产业集群形成、演变的影响研究 [C]. The Conference on Web Based Business Management (WBM 2010).

[47] 刘善庆. 景德镇陶瓷特色产业集群技术进步的原因分析 [C]. The International Conference on E-Business and E-Government (ICEE2010).

[48] 刘善庆，叶小兰，陈文华. 基于 AHP 的特色产业集群竞争力分析 [J]. 中国软科学，2005 (8).

[49] 刘善庆. 基于路径依赖的特色产业集群自主创新 [J]. 科技管理研究，2008 (8).

[50] 刘善庆，叶小兰，陈文华. 基于路径依赖的景德镇陶瓷产业集群 [J]. 企业经济，2005 (11).

[51] 刘琪，沈磊，肖建国. 关于科技创新服务平台的作用及其发展中遇到问题的探讨 [J]. 中国科技投资，2012 (26).

[52] 谷延方，黄秋迪. 英国农村劳动力转移对我国城市化的启示 [J]. 黑龙江社会科学，2003 (3).

[53] 张丽，韦光，左停. 农业 Chaney 集群形成于政府的发展干预——京郊平谷区大桃产业集群的个案分析 [J]. 中国农业大学学报，2005 (4).

[54] 张辉. 产业集群竞争力的内在经济机理 [J]. 中国软科学，2003 (1).

[55] 张辉. 全球价值链下地方产业集群升级模式研究 [J]. 中国工业经济，2005 (9).

[56] 张纯，高静，刘智. 景德镇陶瓷工业核心竞争力的培育对策 [J]. 中国

陶瓷，2004（2）.

［57］张敏.国内外产业集群研究综述[J].全球视野（理论月刊），2009（10）.

［58］张颖.地方政府与产业集群发展关系的思考［J］.中国国情国力，2008（6）.

［59］张二震，方勇，马野青.城市化：江苏经济发展的重要推动力［J］.江苏社会科学，2001（2）.

［60］张晓第.中国产业集群共性技术创新理论与实践探析［J］.经济研究导刊，2008（4）.

［61］张秀凤.国外城市化实践对我国西部城市化的启示［J］.经济纵横，2009（2）.

［62］张俐俐，周丽丽，庞华.基于GEM模型的广州会展产业集群竞争力研究［J］.商业研究，2010（5）.

［63］张昆玲.对优化小城镇发展环境的思考［J］.中国经济导刊，2010（1）.

［64］张军扩，侯永志，刘培林.我国城镇化的基本态势、战略重点和政策取向［J］.经济界，2009（6）.

［65］张守凤，徐伟.柔性组织：面对动态竞争环境下企业的理性选择［J］.山东理工大学学报（社会科学版），2005（5）.

［66］张晓芬，宁露娇.辽宁省高新技术产业集群竞争力研究［J］.辽宁工业大学学报，2014（2）.

［67］张继彤，蒋伏心.基于时间、空间与产业维度的中小企业政策探索［J］.中国工业经济，2010（9）.

［68］张晓峰.论建立健全中小企业金融支持体系［J］.管理观察，2009（4）.

［69］苏振兴.谨防城市化的消极后果——兼论拉美国家城市化的教训及启示［J］.中国党政干部论坛，2006（6）.

［70］黄小勇，袁青云，刘小莲.2012年信丰县脐橙产业营销分析［J］.现代园艺，2013（7）.

［71］黄耀志，陆志刚，李清宇.生态网络与生态经济的一体化发展——江苏常州嘉泽镇生态网络建设与都市农业发展策略［J］.现代城市研究，2010（4）.

［72］黄祖辉，鲁柏祥.非农化和城市化：浙江现代化战略的重点［J］.浙江社会科学，2000（5）.

［73］曹春霞.城乡统筹背景下重庆市近郊区小城镇规划的探讨——上海“一城九镇”建设对重庆的启示［J］.城市发展研究，2009（2）.

[74] 朱东凤. 江苏小城镇人口发展的时空分异 [J]. 城市规划，2009 (12).

[75] 朱静芬，史占中. 中小企业集群发展理论综述 [J]. 经济纵横，2003 (9).

[76] 朱方伟等. 产业集群的核心要素演进分析 [J]. 科学学与科学技术管理，2004 (2).

[77] 付允，汪云林，李丁. 低碳城市的发展路径研究 [J]. 科学对社会的影响，2008 (2).

[78] 蔡铂，聂鸣. 学习、集群化与区域创新体系 [J]. 研究与发展管理，2002 (5).

[79] 聂鸣，李俊，骆静. OECD 国家产业集群政策分析和对我国的启示 [J]. 中国地质大学学报 (社会科学版)，2002 (1).

[80] 陈耀. 国际产业集群及其竞争优势 [J]. 中国纺织，2003 (11).

[81] 陈中凡. 论中国的陶瓷产业与技术装备 [J]. 山东陶瓷，2004 (2).

[82] 陈雪松. 产业集群的形成及其可持续发展 [D]. 暨南大学硕士学位论文，2003.

[83] 陈柳钦. 基于产业集群的技术创新机制研究 [J]. 学术交流与动态，2006a (4).

[84] 陈柳钦. 产业集群创新动力来源 [J]. 宁波经济：财经视点，2006b (12).

[85] 陈柳钦. 产业集群与产业竞争力 [J]. 产业经济评论，2005 (1).

[86] 陈剑锋，陈洋. 基于产业集群的知识管理研究 [J]. 科技管理研究，2003 (4).

[87] 陈剑锋，唐振鹏. 国外产业集群研究综述 [J]. 外国经济与管理，2002 (8).

[88] 叶小兰. 技术创新与景德镇陶瓷特色产业集群 [J]. 科技管理研究，2007 (12).

[89] 金碚等. 竞争力经济学 [M]. 广州：广东经济出版社，2003.

[90] 金雪涛，李琳. 超越交易成本理论与企业战略联盟 [J]. 商业经济，2005 (5).

[91] 盛军锋，叶向阳. 广东产业集群竞争力：机制与对策 [J]. 商业经济文荟，2004 (1).

[92] 柳剑能. 千年瓷都景德镇步履维艰：流水落花春去也？[N]. 南方周末，2004-08-05.

［93］柳文思. 我国政府在产业集群发展中的角色定位和政策建议［D］. 南京师范大学硕士学位论文，2007.

［94］柳晓明，周密. 产业集群成长过程中政府角色定位［J］. 经济师，2009（5）.

［95］臧良运. 企业知识溢出效应与产业集群竞争力分析［J］. 北方经贸，2004（11）.

［96］葛金芳等. 从原始工业化进程看宋代资本主义萌芽的产生［J］. 社会学研究，1994（6）.

［97］赵峥. 产业集群演变中的地方政府作用分析［D］. 首都经济贸易大学硕士学位论文，2006.

［98］赵红，陈绍燕，陈荣秋. 企业群落演替过程与企业生态对策及其优势度比较研究［J］. 管理评论，2004（8）.

［99］赵愚. 组织学习和知识创新对提升企业能力的研究［D］. 华中科技大学博士学位论文，2002.

［100］赵群毅. 城乡关系的战略转型与新时期城乡一体化规划探讨［J］. 区域与城市经济，2010（4）.

［101］赵国忻. 国外中小企业政策支持效果研究评述［J］. 经济学家，2007（2）.

［102］江华等. 景德镇老城区陶瓷历史文化遗产的保护和利用［J］. 南方文物，2003（1）.

［103］冯先铭. 中国陶瓷（修订本）［M］. 上海：上海古籍出版社，2001.

［104］李勇. 企业集群的发展动力及其创新能力的演进［J］. 科学管理研究，2004（4）.

［105］李刚. 中国产业集群发展中地方政府的作用［D］. 辽宁大学博士学位论文，2011.

［106］李刚. 试论产业集群的形成和演化：基于自组织理论的观点［J］. 学术交流，2005（2）.

［107］李柳. 地方政府在产业集群发展中的作用研究［D］. 广西民族大学硕士学位论文，2008.

［108］李庆华. 基于企业—社会因子互动关系分析的产业集群研究［J］. 中国软科学，2004（3）.

［109］李红刚. 从均衡到演化：经济分析方法演进的一条道路［C］. 2003 中

国年经济年会，2003.

［110］李国强，何友良. 当代江西五十年［M］. 南昌：江西人民出版社，1999.

［111］李祖春. 北流市陶瓷产业集群发展中的政府职能研究［D］. 广西大学硕士学位论文，2011.

［112］诺斯. 制度变迁与经济绩效［M］. 上海：上海三联书店，1994.

［113］马宁. 产学研创新体系中的核心企业研发配套模式分析［J］. 科技与经济，2006（1）.

［114］马士华，林勇，陈志祥. 供应链管理［M］. 北京：机械工业出版社，2000.

［115］田宇，朱道立. 物流联盟形成机理研究［J］. 特流技术，2000（2）.

［116］易树平等. 用模糊决策法分析企业组织设计的影响因素［J］. 工业工程与管理，2005（1）.

［117］何瑛. 虚拟团队管理［M］. 北京：经济管理出版社，2003.

［118］周静怡. 电子商务时代企业组织结构模式探析［J］. 情报方法，2003（3）.

［119］淘智. 景德镇陶瓷销售市场的历史和现状［J］. 景德镇陶瓷，2000（2）.

［120］梁磊. 中外组织生态学研究的比较分析［J］. 管理评论，2004（3）.

［121］梁志勇. 产业集群发展过程中的政府经济职能定位［J］. 山东工商学院学报，2005（12）.

［122］梁淼泰. 明清景德镇城市经济研究（增订版）［M］. 南昌：江西人民出版社，2005.

［123］仇保兴. 从绿色建筑到低碳生态城［J］. 城市发展研究，2009（7）.

［124］仇保兴. 小企业集群研究［M］. 上海：复旦大学出版社，1999.

［125］仇保兴. 论产业结构调整的有效途径［J］. 浙江经济，1999（4）.

［126］沈正平，刘海军，蒋涛. 产业集群与区域经济发展探究［J］. 中国软科学，2004（2）.

［127］毛艳华. 我国实施发展中小企业集群战略的研究［J］. 经济学家，2004（5）.

［128］冯德显. 产业集群及其对河南经济发展影响研究［J］. 地域研究与开发，2003（3）.

［129］冯邦彦，王鹤. 企业集群生成机理模型初探——兼论珠江三角洲地区

企业集群的形成［J］. 生产力研究，2004（6）.

［130］覃建雄. 四川旅游资源评价内容、指标及规范初探［J］. 成都理工学院学报，2002（2）.

［131］姚亚平. 加大体制创新与产业开放的力度，推动我市陶瓷产业快速发展——在全市陶瓷工作会议上的讲话［J］. 景德镇陶瓷，2002（3）.

［132］周文水. 瓷都千年痛［J］. 时代潮，2004（16）.

［133］周艳红，钟达峰. 赣南脐橙销售模式与网络营销对策研究［J］. 安徽农业科学，2012（3）.

［134］周建强，余惊雷，吴晓军. 区域特色农业产业化发展对策——基于对赣南脐橙产业的调查［J］. 农业发展与金融，2012（6）.

［135］周韶莎，武云亮. 论政府在推动特色农业产业集群发展中的作用［J］. 农业经济与科技，2010（21）.

［136］郭建晖. 陶瓷工业技术改造的重点及其保证体系［J］. 景德镇陶瓷学报，1995（3）.

［137］郭建晖. 景德镇陶瓷经济现状与发展对策研究［J］. 江西社会科学，1995（10）.

［138］中国社会科学院语言研究所词典编辑室. 现代汉语词典［M］. 北京：商务印书馆，1979.

［139］吴立. 宋磁州窑釉下彩绘和景德镇青花瓷的兴起［N］. 石狮日报，2005-03-09.

［140］吴向鹏. 产业集群理论及其进展［J］. 四川行政学院学报，2003（2）.

［141］樊树志. 明清江南市镇的实态分析——以苏州府嘉定县为中心［J］. 学术研究，1988（1）.

［142］彭寿. 让京九线把赣南脐橙运往四面八方［J］. 江西果树，1995（2）.

［143］俞云，池泽新，朱述斌. 对赣南脐橙优势产业区建设的若干思考［J］. 浙江柑橘，2004（1）.

［144］梅永红. 自主创新与国家利益［J］. 求是，2006（10）.

［145］梅强，沈杰，江耀生. 构建我国中小企业服务体系的研究［J］. 中国软科学，2000（11）.

［146］何友良等. 当代江西农业史略［J］. 农业考古，2004（1）.

［147］何先应. 付达杰. 赣南中央苏区发展现状与财税政策选择［J］. 经济研究参考，2013（55）.

[148] 何慧爽. 产业集群中政府作用分析 [J]. 市场论坛，2006 (2).

[149] 余得生，孙新. 赣南脐橙农产品区域品牌提升策略 [J]. 商业经济，2013 (2).

[150] 余祖球. 瓷石是奠定景德镇瓷都地位的物质基础 [J]. 陶瓷工程，1998 (10).

[151] 孙晖. 农业保险试点推动赣南脐橙产业发展 [J]. 江西农业，2013 (10).

[152] 程玉桂. 农产品加工产业集群内企业竞合关系分析——基于生态位理论 [J]. 江西社会科学，2013 (6).

[153] 魏晟，崔建刚. 关于我国产业集群发展的思考 [J]. 江西金融职工大学学报，2009 (22).

[154] 魏建美. 鄱阳湖生态经济区农业产业集聚研究 [D]. 江西农业大学硕士学位论文，2013.

[155] 魏丽华. 地方政府介入产业集群升级的必要性与必然性研究综述 [J]. 价格月刊，2009 (6).

[156] 魏守华. 产业群的动态分析及实证分析 [J]. 世界地理研究，2002 (9).

[157] 魏后凯. 对产业集群与竞争力关系的考察 [J]. 经济管理，2003 (6).

[158] 邱春娇，罗省根. 江西省 2011 年柑桔产销形势及对策 [J]. 中国果业信息，2012 (1).

[159] 傅宇峰. 地方政府的产业集群功能研究——以诸暨市珍珠产业为例 [D]. 上海交通大学公共管理硕士学位论文，2007.

[160] 迈克尔·波特. 国家竞争优势 [M]. 北京：华夏出版社，2002.

[161] 沈威. 产业集群发展与地方政府的作用 [D]. 大学公共管理 (MPA) 硕士专业学位论文，2004.

[162] 沈阳，杭冬婷. 地方政府在农业产业集群发展中的作用 [J]. 经济与管理，2011 (8).

[163] 蒋东仁. 论产业集群及其成长中政府行为 [D]. 南京理工大学博士学位论文，2005.

[164] 姜大鹏. 政府在产业集群不同发展阶段中的作用 [J]. 辽宁工程技术大学学报，2007 (9).

[165] 姜达洋. 国外产业政策研究的新进展 [J]. 天津商业大学学报，2009 (9).

［166］亚当·斯密. 国民财富的性质和原因的研究［M］. 北京：商务印书馆，1981.

［167］税伟，陈烈. 基于钻石系统的产业集群生命周期研究［J］. 商业研究，2009（9）.

［168］卞彬，倪春华. 论产业集群的培育与政府作用［J］. 重庆行政，2006（4）.

［169］丘海雄，徐建牛. 市场转型过程中地方政府角色研究述评［J］. 社会学研究，2004（4）.

［170］丘海雄，徐建牛. 产业集群技术创新中的地方政府行为［J］. 管理世界，2004（10）.

［171］崔宏伟. 我国政府在产业集群发展中的行为研究［D］. 吉林大学硕士学位论文，2006（4）.

［172］崔合义. 河北省气象防灾减灾绩效评价指标体系研究［J］. 河北大学，2013（5）.

［173］徐康宁. 开发经济条件下的产业集群及其竞争力［J］. 中国工业经济，2001（11）.

［174］齐向东. 高新产业园区产业集群竞争力分析模型［J］. 当代经济，2013（20）.

［175］池仁勇，许必芳. 中小企业政策演变特征与前沿研究［J］. 外国经济与管理，2006（11）.

［176］彭宇文，吴林海. 中小企业政策支持体系完善研究［J］. 现代管理科学，2007（3）.

［177］万兴亚，丁跃. 我国中小企业政策：演进过程与创新思路［J］. 税务与经济，2004（2）.

［178］谭剑. 我国中小企业政策沿革及评价［J］. 中国工业经济，1999（6）.

［179］郑健壮，吴晓波. 论传统产业集群知识转移途径［J］. 经济体制改革，2004（6）.

［180］郑代良. 改革开放以来中国高新技术产业政策研究——基于政策文本的分析［D］. 华中科技大学博士学位论文，2011.

［181］胡乃武，罗丹阳. 对中小企业融资约束的重新解释［J］. 经济与管理研究，2006（10）.

［182］严华好. 浙江省中小企业融资现状研究及政策建议［J］. 浙江金融，2009（8）.

后　记

本书得到四项基金资助，即2012年度江西省社会科学规划一般项目（项目编号：12GL35）；2013年度江西省社会科学规划社科重点研究基地项目；2013年度江西省高校人文社会科学研究项目（项目编号：GL1325）；2013年国家社会科学基金后期资助项目（第三批）。

本书著者除刘善庆外，还包括如下人员：魏英（第三篇第二章第二节作者；单位：江西广播电视大学工程职业学院）、柯芳（第四篇第一章第二节作者；单位：湖北省汉川市财政局）、吴雪燕（第二篇第一章第二节作者；江西师范大学商学院工程管理硕士）、刘孔柏（第三篇第二章第一节作者；单位：九江银行）、朱晓丹（第四篇第二章第二节作者；单位：江西师范大学商学院）、熊震宇（第三篇第一章第一节、第二节作者；单位：江西师范大学商学院）。

本书的出版得到经济管理出版社以及丁慧敏编辑的大力支持，在此一并表示感谢。

刘善庆

2015年4月